HET KAN OOK NOOIT NORMAAL

W0316896

LIEKE HESTER

Het kan ook nooit normaal

Belevenissen van een hoofdagent

HarperCollins

MIX
Papier van verantwoorde herkomst
FSC www.fsc.org FSC® C083411

Voor het papieren boek is papier gebruikt dat onafhankelijk is gecertificeerd door FSC®
om verantwoord bosbeheer te waarborgen.
Kijk voor meer informatie op www.harpercollins.co.uk/green.

HarperCollins is een imprint van Uitgeverij HarperCollins Holland, Amsterdam.

Copyright © 2022 Lieke Hester
Omslagontwerp: Pinta Grafische Producties
Omslagfoto's: Jaap Binsma
Haar en make-up: Georgina Hoppen
Bewerking: Studio NoHo
Zetwerk: ZetSpiegel B.V., Best
Druk: CPI Books GmbH, Germany, met gebruik van 100% groene stroom

ISBN 978 94 027 0967 4
ISBN 978 89 027 6448 2 (e-book)
NUR 320
Eerste druk mei 2022

HarperCollins Holland is een divisie van Harlequin Enterprises ULC.
® en ™ zijn handelsmerken die eigendom zijn van en gebruikt worden door de eigenaar van het handelsmerk en/of de licentienemer. Handelsmerken met ® zijn geregistreerd bij het United States Patent & Trademark Office en/of in andere landen.

www.harpercollins.nl

Niets uit deze uitgave mag openbaar worden gemaakt door middel van druk, fotokopie, internet of op welke andere wijze dan ook zonder voorafgaande schriftelijke toestemming van de uitgever. Het e-book is beveiligd met zichtbare en onzichtbare watermerken en mag niet worden gekopieerd en/of verspreid.

Het kan ook nooit normaal is gebaseerd op de ervaringen en herinneringen van Lieke Hester. Een ander zou dezelfde gebeurtenissen misschien op een andere manier hebben weergegeven. Het is dan ook een subjectieve weergave van de werkelijkheid. Om redenen van privacy zijn sommige namen van betrokken personen gewijzigd.

Inhoudsopgave

Woord vooraf

Hoi, ik ben Lieke. Geboren op 16 april 1988. Als ik mijn sterrenbeeld Ram mag geloven ben ik moedig, positief en een vrolijke doorzetter. Maar ook eigenwijs, egoïstisch, impulsief en koppig. Ik denk dat het allemaal klopt.

In januari 2007 begon ik aan de politieacademie in mijn o zo geliefde Amsterdam. Ik zou surveillant (politieagent zonder vuurwapen, en dus met een iets ander takenpakket) worden, want om hoofdagent te kunnen worden moest ik een havodiploma hebben. De havo was me echter niet zo goed afgegaan, en ergens buiten Amsterdam werken was absoluut geen optie voor me, dus ging ik voor surveillant.

Misschien was achttien wat aan de jonge kant voor de politieacademie, zeker als je kijkt naar de nu flink verharde maatschappij, maar spijt heb ik nooit gehad. Ik voelde me steeds meer thuis in dat ietwat vormeloze uniform. Het ging soms met vallen en opstaan, want mijn grote Amsterdamse smoel in combinatie met het onvermogen die smoel eens te houden én een groot rechtvaardigheidsgevoel brachten me wel wat keren in de problemen.

Mijn stages liep ik in Amsterdam-Zuidoost. Onder de veilige vleugels van mijn coaches zette ik daar mijn eerste stappen in uniform. Veilige vleugels, maar ook een harde leerschool. Mijn eerste knok-, steek- en schietpartij waren net als mijn eerste reanimatie in de Bijlmer, en in één woord samen te vatten: chaos. Toch is en was mijn baan niet alleen maar chaos en gekkigheid, ook mijn eerste bekeuring schreef ik in de Bijlmer. Ik deed er vele verkeerscontroles en nam er ook heel wat aangiftes op.

Als surveillant werkte ik onder andere op het cellencomplex, in het Team Openbaar Vervoer, bij de waterpolitie en op straat in verschillende stadsdelen in Amsterdam. Uiteindelijk keerde ik terug naar de politieacademie, deed mijn 'doorstroomopleiding' tot agent (en later hoofdagent) in Amsterdam-West en ging uiteindelijk werken waar mijn hart ligt: in het prachtige centrum van onze hoofdstad. Ik houd van de eeuwige chaos op straat: overal mensen. In de binnenstad is het een vrolijk zooitje ongeregeld: van daklozen, verslaafden, dealers en straatrovers tot prostitutie, horeca en natuurlijk bewoners en ondernemers. Veel mensen die leven op het randje van wat onze samenleving 'normaal' noemt, en als agent probeer je al die verschillende levenswijzen met en naast elkaar te laten bestaan.

Het kan ook nooit normaal is een boek vol verhalen over mijn ervaringen als agent in de grote stad, van surveillant tot hoofdagent. Je zult merken dat het een mix is geworden van allerlei soorten zaken waarmee we als agent te dealen hebben: soms hard, vertederend, beangstigend, misselijkmakend, spannend, grappig, grof of soms alleen maar 'bijzonder'. Ik schrijf beeldend, met veel details, en op deze manier hoop ik dat je het gevoel hebt dat je een beetje over mijn schouder en in mijn hoofd meekijkt, dus ook met de 'o ja, dat maakten we ook nog mee'-momentjes: beschouw mijn verhalen als twee in één, meer waar voor je geld.

Lang niet alle hoofdstukken zitten vol spanning en sensatie, er zijn juist ook veel kleinere en simpelere verhalen, maar tezamen vormen ze een beeld van het echte politiewerk zonder dat het een boek vol sensatie is. Je kunt het boek willekeurig openslaan en een hoofdstuk lezen, want het zijn allemaal losse verhalen. Bij de titel staan mijn werkplek en functie op dat moment. Veel ervaringen zijn van de afgelopen jaren in de binnenstad, maar er zijn ook een aantal oude verhalen over het cellencomplex, in Amsterdam-West, Zuidoost of ergens anders. Alles is uiteraard geschreven zoals ik het heb beleefd en gevoeld. Iemand anders kan dat natuurlijk anders ervaren hebben. Bij een aantal verhalen gebruik ik namen en bij andere niet. Sommige verhalen zijn vanwege privacyredenen ietsje veranderd, maar de strekking is uiteraard hetzelfde gebleven.

Ik heb met veel plezier mijn droom waargemaakt. Ik hoop dat jij dit boek met net zoveel plezier gaat lezen en hoor graag wat je ervan vindt.

Liefs, Lieke

Lieve jij

Ik schrijf open en eerlijk over mijn werk en ik wil je graag meenemen in allerlei politieverhalen. Voor je de verhalen gaat lezen, wil ik echter graag nog iets zeggen: een soort extra woord vooraf over geestelijke gezondheid.

Een aantal hoofdstukken vertellen een verhaal over zelfmoord, gedachten daaraan of pogingen daartoe. Ook zijn er veel verhalen over mensen die wij aantreffen in een kwetsbare positie: mensen die vaak acute geestelijke hulp nodig hebben. Er zijn echter gigantische wachtlijsten in de geestelijke gezondheidszorg en ook daar zijn ze aan een boel regels gebonden. Dit zorgt steeds vaker voor schrijnende, overlast gevende, gevaarlijke en vaak hartverscheurende situaties, veroorzaakt door mensen die eigenlijk hulp nodig hebben. Ook als politieagent voel ik vaak de onmacht die gepaard gaat met de wil iemand te helpen.

Ik vind dit een belangrijk onderwerp om over te schrijven, want het is tenslotte een deel van mijn werk. Dus ook bij deze onderwerpen kijk je mee over mijn schouder en in mijn hoofd, en dat kan misschien triggerend zijn als je zelf donkere gedachten hebt of aan zelfmoord denkt. Ik heb via Instagram en mijn blog al heel vaak mensen gesproken die het leven niet meer zien of zagen zitten. Voor jullie is dit stukje in mijn boek, een 'Lieve jij'. Je kunt dit stuk uiteraard overslaan als je jezelf hierin niet herkent. In dat geval wens ik je alvast veel leesplezier. Voor alle anderen: lieve jij, dit hoofdstuk is voor jou, namens mij, de Lieke in uniform, maar ook de Lieke buiten haar uniform. Want zoals je in dit boek zult lezen: er zit een mens in dat politie-uniform.

Lieve jij,

Het feit dat je mijn boek open hebt geslagen, betekent dat je tot nu toe al je zwaarste dagen in je leven hebt overleefd. Al die dagen waarvan je hoopte dat er een einde aan kwam of dat de pijn ondraaglijk was: je hebt ze overleefd. Daar ben ik trots op, en daar mag jij ook trots op zijn.
In dat kader wil ik je iets meegeven en iets vragen. Als je geen licht ziet in je donkere tunnel en het ooit zover komt dat je op het punt staat een einde te maken aan je eigen leven: weet dat er altijd een oplossing is. Ik ben in mijn carrière genoeg mensen tegengekomen die achteraf heel blij waren dat hun poging niet is gelukt, of dat ze op het laatste moment zijn tegengehouden door wie dan ook. Ik ken deze mensen, ik heb ze gesproken, privé en ook vaak tijdens mijn werk. Ik ben altijd weer blij als ik hoor of zie dat ze weer gelukkig zijn, of hard op weg zijn naar gelukkiger zijn.
Mocht je ooit op het punt belanden dat je leven in gevaar is door je eigen donkere gedachten, stemmen in je hoofd of je eigen handelen: bel alsjeblieft 112, of zoek contact via de app 112NL. In welke geestelijke toestand of situatie dan ook: bel! Vertel dat je op het punt staat een einde aan je leven te maken en vertel aan de meldkamer waar je bent. We komen je opzoeken en helpen.

Ik heb dit al eerder gedeeld, en vaak krijg ik te horen dat mensen denken dat ze ons lastigvallen of denken dat we wel iets beters te doen hebben. Maar hoe gaaf een achtervolging of het op heterdaad betrappen van een inbreker ook is: een leven redden wint het van alles. De meldingen waarbij een leven gered kan worden – en soms draait het om seconden – maken het echte verschil.

Als je het vanuit ons standpunt bekijkt: we komen liever vooraf, als we je leven nog kunnen en mogen redden, dan dat we achteraf komen en je levenloze lichaam aantreffen. Het zien van iemand die zich heeft verhangen of voor een trein is gesprongen; het zoeken naar een identiteitskaart; het lezen van afscheidsbrieven of juist het ontbreken daarvan en vragen die onbeantwoord blijven; het slechtnieuwsgesprek met de mensen die van je houden: geloof me als ik je zeg dat we écht liever je leven redden. Natuurlijk, ik besef dat dit niets met ons te maken heeft. Wat wij als agenten liever willen doet er niet toe, maar jouw leven wél! Heel veel zelfs. Je bent geen last voor ons, ook als je het misschien ooit wel zo hebt ervaren: geef je leven nog een kans.

Ik kan in niemands hoofd of leven kijken, maar geef ons de kans je te helpen. Ook als je misschien eerder slechte ervaringen hebt gehad met de politie of de geestelijke gezondheidszorg. Ik ben me ervan bewust dat ik op dit gebied ook lang niet altijd alles goed heb gedaan (en doe). Ook ik heb stomme dingen gezegd, of dingen níét gezegd die ik wel had moeten zeggen, of vragen niet gesteld omdat ik bang was voor het antwoord. Soms was het puur ongemak, en vaak zelfs onwetendheid. Elke situatie is anders, en niet iedereen in een crisissituatie vindt dezelfde

aanpak prettig. Tegelijkertijd zijn wij als hulpverleners aan regels en protocollen gebonden. Het is dus altijd zoeken naar de juiste balans, en soms moeten we ons op glad ijs begeven. Wat de een fijn vindt om te horen, vindt een ander misschien totaal niet oké. Mocht je tot die laatste categorie behoren: ik hoop dat je onze hulp dan toch nog een keer een kans wilt geven. Omdat je dat verdient, en omdat wij – mijn collega-hulpverleners en ik – ook maar mensen zijn. We doen ons best, dat kan ik je beloven, ook al hebben we het in jouw ogen een keer – of vaker – verpest.
Vraag hulp, zoek hulp, vecht voor die hulp! Heb je hulp maar voelt je psycholoog of behandelplan bijvoorbeeld niet helemaal 'matchend'? Zoek verder. Je bent het waard. En nogmaals: als je ooit op het punt staat jezelf van het leven te beroven, bel 112. Loop je al langs het spoor? Bel alsjeblieft alsnog. Dat je nu misschien geen licht in de tunnel ziet, zegt niets over licht in de toekomst. Je bent het waard.

Nu je mijn boek toch al in handen hebt: ik zou het fantastisch vinden als je het nu ook daadwerkelijk leest. Ik heb triggerwaarschuwingen gezet bij de hoofdstukken waarin geestelijke gezondheid een grote rol speelt. Op die manier kun je besluiten die hoofdstukken over te slaan. Ook dat is goed voor jezelf zorgen.
Vraag je je af waarom ik deze verhalen dan niet gewoon uit mijn boek heb weggelaten? Ik vind het onderwerp 'geestelijke gezondheid' heel belangrijk en ik hoop een steentje bij te kunnen dragen door er wel over te schrijven. Het hoort bij mijn werk, het hoort bij de maatschap-

pij en het is nodig dat we erover schrijven, vertellen, het delen. Dat is de enige manier waarop we kunnen leren. En ja, ook ik. Vanaf die eerste dag in januari 2007 tot aan de dag van vandaag leer ik nog steeds elke dag. Ik leer van mijn eigen fouten – en geloof me, ik maak er veel – maar ik leer ook veel online. Ik las verschillende boeken en volg online ervaringsdeskundigen als het gaat over geestelijke gezondheid. En misschien leer ik ook wel van jou. Zolang het praten over geestelijke gezondheid en het krijgen van de juiste hulp niet net zo makkelijk is als het praten over een gebroken enkel en het laten ingipsen daarvan, hebben we nog een boel te winnen.

Samen sterk, sterk samen.

Liefs, Lieke

1

That escalated quickly

Werkplek: Amsterdam-Centrum
Functie: hoofdagent

Vanavond ben ik ingeroosterd op de noodhulp: het rijden van de 112-meldingen. Terwijl wij nog gebrieft worden voor de nachtdienst, komt Rachèl van de middagdienst al vragen of de 1101 ingezet kan worden: de noodhulpauto van bureau Burgwallen. Men houdt een vermoedelijke zakkenroller vast bij een café in onze wijk.

Nog voor ik mijn slappe thee opheb en op de portofoon heb ingelogd, zitten mijn maatje Jan en ik al in de auto. Als we zijn aangekomen bij het café blijkt het inderdaad om een zakkenroller te gaan: hij heeft niet alleen zijn eigen telefoon in zijn zak, maar ook die van iemand anders. De aanhouding gaat niet zonder verzet en de zakkenroller bijt Jan in zijn arm. Gelukkig is het koud en geen kortemouwenweer, dus Jan heeft geen letsel of pijn. Maar prettig is anders.

Nadat we de – overduidelijk dronken – eigenaar van de telefoon eindelijk hebben overtuigd van het feit dat hij aangifte moet doen, gaat hij naar het bureau. Achteraf hoor ik van de collega die de aangifte opnam dat ze de man het bureau uit gezet hebben omdat hij heel grof en beledigend werd. Welkom in Amsterdam.

Kort na de zakkenroller krijgen we een melding van een chic bedrijfsetentje in de binnenstad dat uit de hand is gelopen. Het feest was bedoeld om de goede jaaromzet te vieren, maar helaas heeft een van de werknemers last van een kwade dronk. 'Hij zit volledig onder het bloed,' vertellen andere werknemers aan de meldkamer. 'Hij is door een raam gevallen en aan het schreeuwen. We krijgen hem niet rustig.' Als we de auto uit stappen, horen we het geschreeuw al.

'Het wordt weer zo'n nacht, Jan,' zeg ik voordat we naar binnen gaan.

Wegens de aard van de melding stuurde de meldkamer direct nog een auto met ons mee. Jan en twee andere collega's houden de man in afwachting van een ambulance onder controle. Ik richt me tot zijn collega's en de organisator van het feest. 'Heeft hij drugs gebruikt?'

'Nee, hij heeft echt alleen alcohol gedronken,' antwoorden ze.

Ik geloof er geen snars van. Ik probeer de collega's van de man een beetje op afstand te houden, want die willen het liefst allemaal aan hem zitten en hem geruststellen. Na weer een woede-uitbarsting mompelt de man vijf seconden later: *'I love you.' Well, that escalated quickly.*

Op het ene moment zit de man rustig te wachten met Jan en de twee andere collega's, en vijf seconden later geeft hij Jan ineens vanuit het niets een trap tegen zijn been. Weer vijf seconden later is Jan zijn beste vriend. Ik krijg nog meer twijfels bij het 'alleen alcohol'-verhaal van zijn collega's. En dan zegt een van zijn collega's opeens schoorvoetend: 'Ik weet natuurlijk niet wat-ie op het toilet nog heeft gedaan. Daar waren wij niet bij…'

Heel vaak zijn mensen – vooral toeristen of mensen die denken dat ze een bepaalde reputatie hoog te houden hebben, zoals deze chique restaurantgangers – bang om ons te vertellen dat ze drugs hebben gebruikt. Maar net zoals in dit geval vragen we het alleen voor iemands eigen bestwil. Wel of geen drugsgebruik is belangrijke info voor de ambulance, info die voor het toedienen van medicatie cruciaal kan zijn. En eerlijk is eerlijk: voor ons als politie maakt het niet uit. Als jij zichtbaar het kalk van de muren gesnoven hebt en ons dan vertelt dat je alleen maar een biertje gedronken hebt, neem je alleen jezelf in de maling.

De ambulanceverpleegkundige moet het even later ook ontgelden. In een minuut tijd gaat het van *'I fucking hate you, bitch!'* naar een huwelijksaanzoek. That escalated quickly. *Again.*

We houden de man in bedwang en hij krijgt een rustgevend middel toegediend. Niet heel veel later ligt hij rustiger (en ingesnoerd) op de brancard op weg naar het ziekenhuis. Een collega van ons gaat achter in de ambulance mee en de andere rijdt erachteraan. Dit doen we om de veiligheid van de ambulanceverpleegkundigen te garanderen. Het komt helaas te vaak voor dat patiënten agressief zijn tegen de mensen die hen juist willen helpen.

Soms is agressief gedrag 'kloppend' bij het ziektebeeld dat ze hebben. Soms ontstaat agressie tegen ambulancepersoneel omdat mensen zo dronken of onder invloed van drugs zijn dat ze ervan overtuigd zijn helemaal geen medische zorg nodig te hebben – terwijl ze ongeveer aan het doodbloeden zijn. En soms hebben we gewoon te maken met idioten die nul respect hebben voor de mensen die hen proberen te helpen. Hoe dan ook: de agressie richting ambulancepersoneel is ongekend. Verbaal én fysiek.

Daarom heb ik ook zoveel respect voor ambulancepersoneel. Ze krijgen zoveel voor hun kiezen, terwijl ze mensen écht alleen maar willen helpen. Ik vind het keer op keer verbazingwekkend dat er zoveel agressie naar juist hen is. Agressie naar de politie is natuurlijk ook vreselijk, maar vreemd genoeg kan ik die wel beter begrijpen.

Het is druk vanavond. Zodra we de ene melding afronden, worden we alweer geroepen voor de volgende. Toch geniet ik. Ik zit met m'n maatje in de auto en samen doen we het mooiste werk van de wereld. Tussen de meldingen door stop ik het ene na het andere snoepje in Jans mond. Elke keer zegt Jan: 'Maar dit is de laatste.' Op sommige momenten besef ik ineens hoeveel ik van mijn werk houd, en dit is een van die momenten. Terwijl ik Jan zijn tiende en wederom laatste snoepje geef, ben ik dankbaar voor ons bizarre maar o zo gave werk.

We liggen krom van het lachen als we, al kauwend op ons snoep, samen met een motoragent zoeken naar een man met het volgende signalement: 'Zwarte jas, loopt een beetje raar, heeft een hand continu op zijn hoofd. De melder maakte zich er zorgen over of het wel goed ging met de man. Verder was er weinig informatie.'

Wanneer we de Nieuwendijk op willen, hebben we ruzie met de verzinkbare palen die de ingang van de straat blokkeren. De transponder doet het weer eens niet. We stappen uit en lopen scheldend verder. Ik zie het al voor me: 'Sorry, de ambulance komt ietsje later want de paal gaat niet naar beneden.' De man met zijn hand op zijn hoofd vinden we niet. Misschien heeft-ie inmiddels wel zijn hand van zijn hoofd gehaald. Dan heb je alleen nog maar een man met een zwarte jas die een beetje raar loopt. En daar heeft Amsterdam er genoeg van.

We rijden snel terug naar het bureau, in de hoop even wat te eten voor het nog drukker wordt. Als Jan een paar happen van zijn broodje genomen heeft en ik twee keer mijn tong heb verbrand, krijgen we alweer een nieuwe melding van de meldkamer: 'Er is een raam vernield. De melder zegt dat er nog steeds ruzie of in ieder geval geschreeuw is bij de desbetreffende kroeg.'

Ik druk het deksel terug op mijn bloedhete bak eten, Jan stopt zijn broodje terug in het zakje en daar gaan we weer. Dit soort meldingen zijn tijdens de nachtdiensten eerder regel dan uitzondering. Met drank en drugs wordt er nou eenmaal een boel vernield en een boel geschreeuwd. Dat vinden we bijna niet eens meer bijzonder en we gaan er dan ook niet met een verhoogde hartslag naartoe. We kletsen nog wat en lachen om het feit dat het echt altijd hollen of stilstaan is. Of je komt niet toe aan eten, of je baggert bij wijze van spreken je hele neus leeg uit verveling. Ondanks het feit dat ik in een mopperend mormel verander als ik honger heb, hoef ik geen seconde na te denken wat ik liever heb: doe mij maar drukte!

Als we ons op een paar honderd meter afstand van de kroeg bevinden, zien we een auto dusdanig idioot rijden dat-ie direct onze aandacht trekt. 'Wie aandacht vraagt, kan aandacht krijgen,' was een van de eerste dingen die ik van mijn coach leerde toen ik mijn eerste stage liep.

We hebben het vermoeden dat dit voertuig betrokken is bij de melding van het vernielde raam en de ruzie. Het voertuig een stopteken geven hoeft niet: ze stoppen zelf al, half tegen een geparkeerde auto aan. Twee mannen stappen de auto uit en laten beide deuren openstaan, en als we hen aanspreken en vragen waar ze mee bezig zijn, reageren ze wazig en ontkennend. Ik heb er geen goed gevoel bij.

We vragen de mannen om een legitimatiebewijs. Dat verloopt net zo soepel als hun parkeerkunsten: man één begint Jan vanuit het niets volledig verrot te schelden. Ik sta ondertussen te bakkeleien met man twee, die een wazig verhaal vol overduidelijke leugens ophangt. Zelfs een kleuter met zijn snoet vol Nutella die ontkent Nutella gegeten te hebben liegt beter. Dan vliegt man één ineens op Jan af, alsof hij bezeten is. What the fuck! Jan gebruikt zijn pepperspray, maar dat heeft maar weinig effect.

Dit redden Jan en ik niet alleen. Snel pak ik mijn portofoon erbij om hulp in te roepen.

Jan wordt door de man als een beest belaagd. Ik ren erop af en probeer de man van Jan af te trekken. Dat lukt niet. Ik merk direct dat ik het qua spierkracht sowieso niet ga winnen. Kut.

Ik trek mijn pepperspray uit de houder en hoop dat de man niet strak staat van de drugs, want dan werkt pepperspray soms niet. Maar mijn pepperspray is nu sowieso geen optie: de kans dat ik Jan ook raak is te groot. Bovendien had Jan het ook al geprobeerd.

De man graait naar Jans hoofd en trekt al dan niet doelbewust het oortje dat gekoppeld is aan zijn portofoon uit Jans oor. Dat is klote, want zo hoort hij het portofoonverkeer niet meer. Het dopje bungelt nutteloos omlaag.

Dit is een bizarre situatie. Die klootzak moet van Jan afblijven! Er zit niets anders op: het wordt een ordinaire knokpartij. Ik duik erbovenop en hang met twee armen tegelijk aan de bovenarm van die klootzak, de arm die op Jan inbeukt. Er staat gigantisch veel spierspanning op: ik kan eraan gaan hangen wat ik wil, maar het haalt niets uit. Tussen onze auto die midden op de weg staat en de netjes ingeparkeerde andere auto's hebben we maar weinig bewegingsruimte.

De man blijft als een bezetene op Jan inrammen. Van mij trekt hij zich niet veel aan, maar hij merkt wel dat ik probeer hem tegen te houden. Ik sla hem, in mijn optiek hard, en schreeuw in Plat-amsterdams: 'Blijf met je poten van me collega af, tyfuslijer!' Het komt vanuit mijn tenen. Ik word er niet netter op als ik boos ben. En ik raak langzaam in paniek, want niets lijkt te werken.

Hij geeft een paar harde trappen naar achteren en raakt mijn been hard. Op dat moment is er gelukkig de adrenaline. Ik voel de pijn nog niet.

We belanden op de grond. Op straat. Als ik één ding haat in ons werk, is het op de grond belanden in een situatie waar je totaal geen controle over hebt. Gelukkig zijn er op dit moment weinig omstanders. Dat is weleens anders in het politiewerk.

Na een tijdje hebben we de man eindelijk onder controle, maar we hebben nog steeds met spoed collega's nodig. De handen van de man graaien voortdurend richting Jan. We liggen in een rare wokkel op de grond, verre van ideaal. Ik ben echt geen slappe tante, maar de man is één bonk spieren en agressie. En drank. (En waarschijnlijk ook drugs...) Geen beste combinatie in ieder geval.

Hij blijft zich helemaal op Jan richten. Hij graait in de richting van Jans vuurwapen terwijl ik zijn hoofd op de grond druk. Zonder nekklem, want die gebruik ik liever niet sinds die in Nederland in opspraak is gekomen door de dood van Mitch Henriquez. Het is een techniek waarbij je iemands nek met je arm vasthebt om diegene onder controle te brengen, maar ik vind het moeilijk en gebruik haar dus niet.

'Liek, m'n wapen...' hoor ik Jan roepen. Ik vraag over de portofoon op het districtskanaal waar de collega's blijven en versta niet helemaal goed wat Jan tegen me zegt. Jan roept over zijn portofoon iets tegen de meldkamer. Dan hoor ik eindelijk sirenes. Yes! Dan blijkt dus dat de man nog steeds Jans wapen te pakken wil krijgen.

Nu gaat het snel. We kijken in de koplampen van een politiebus die met gierende banden naar ons toe rijdt. En nog een auto, en nog een... Dat gevoel is fantastisch. De blauwe familie die elkaar komt helpen.

De collega's nemen de nog altijd agressieve man over, ze proppen hem in de bus en rijden met spoed naar het cellencomplex terwijl er achter in de bus een collega met een beenklem boven op de man zit en anderen zijn bovenlijf onder controle houden.

Ik blaas even stoom af tegen de collega's en kan weer een beetje lachen. Als een boerin met heel veel kiespijn, want ook dit escaleerde nogal snel...

'Die andere vent heeft me van achteren in mijn ballen getrapt,' zegt Jan.

'Huh, wat? Echt? Wanneer dan?' Ik voel me direct vreselijk schuldig omdat ik dat niet gezien had. Ik focuste me op klootzak nummer één, terwijl klootzak nummer twee van achteren aanviel. Vanaf nu noem ik hem dus maar Laffe Klootzak. Ik stamel vol ongeloof nog wat scheldwoorden, want ik was hem alweer bijna vergeten – en dat gaf hem de tijd om er lafhartig vandoor te gaan.

'Wat is zijn signalement?' vragen de collega's. Nog verfrommeld van de knokpartij en nog overrompeld van wat er gebeurd is, probeer ik na te denken.

Eh... shit. Het is alsof m'n brein het maar half heeft opgeslagen. Ik kom niet veel verder dan de kleur van zijn jas en zijn huidskleur. Het lijkt wel een black-out, want vlak voordat het misging, stond ik met Laffe Klootzak te praten. Of in ieder geval te luisteren naar zijn slappe lulverhaal. Ik heb hem aangekeken, bekeken... en ik kan me niks meer herinneren, verdomme. En precies die man heeft Jan pijn gedaan. Ik baal als een stekker.

Dan ineens komt mijn brein tot leven en haal ik bijna triomfantelijk Laffe Klootzaks paspoort tevoorschijn. In het heetst van de strijd had ik dat in mijn zak gestopt. Ik doe een klein vreugdedansje, want ik ben denk ik nog nooit zo blij geweest met een paspoort in mijn handen. Maar hoe fijn het ook is dat we nu weten hoe Laffe Klootzak heet, waar hij woont en dat hij een lijst antecedenten heeft waar je de komende maand je kont mee kunt afvegen, we willen hem nu honderd keer liever gewoon op heterdaad aanhouden.

Terwijl de adrenaline nog door ons lijf giert, beginnen we onze zoektocht. Voor mijn gevoel is het halve korps er om ons te ondersteunen. Een oplettende man die nog even bij de kroeg op de hoek is blijven hangen, weet te vertellen dat hij de man heeft zien wegrennen. Hij wijst een richting aan, maar het is te lang geleden. Hij is weg. Ik gooi een creatieve reeks scheldwoorden het luchtledige in. Niemand kijkt er gek van op, want ik sta niet bepaald bekend om mijn subtiliteit. Ik wens de man allerlei zaken toe, zoals chronische jeuk aan zijn anus en korte armpjes.

Wanneer we teruggaan naar het bureau verlaat de spanning langzaam mijn lichaam en krijg ik hoofdpijn. Alles moet zwart-op-wit worden vastgelegd: een proces-verbaal, de aangifte, getuigenverklaringen, de hele rataplan. Als de adrenaline helemaal is weggezakt, voel ik de pijn aan mijn been waar klootzak nummer één me heeft geraakt.

Het verhaal staat op papier en Jan print het uit. Ik heb de gekke gewoonte dat als iemand mij iets geeft wat ik moet ondertekenen ik altijd een eigen pen pak. Ook als diegene me al een pen aanreikt. Jan weet dit inmiddels en we moeten er samen om gniffelen. Ik ben blij dat we weer kunnen lachen. En dat Jan nog heel is. Al met al ben ik flink geschrokken. Het is me nog steeds compleet onduidelijk waarom Jan zo uit het niets werd aangevallen. Waarom de situatie ineens zo escaleerde.

'Als we de geluidsopname van de bodycam gebruiken, heb ik in ieder geval een nieuwe ringtone,' merkt Jan droog op. Hij doet mijn stem na met een piepstem en een hoog viswijfgehalte: 'Blijf met je poten van me collega af!'

Ik geef hem een stomp op zijn bovenarm. 'Dat is heus niet grappig, klootzak!'

'Jawel, je bent lief!' zegt Jan terwijl hij me tegen zich aan trekt voor een knuffel.

Dan maken alle schrik en adrenaline plaats voor dankbaarheid. Dankbaarheid voor mijn vrienden en vriendinnen bij de politie, van wie Jan er één is.

Hoe gek ik ook ben op de drukte, de chaos en de gekkigheid in ons werk, aan het eind van de dag wil ik niets liever dan veilig weer naar huis. En dat geldt natuurlijk ook voor alle collega's.

Als ik eindelijk op de fiets stap, geef ik Jan een extra dikke knuffel. Het is fijn om samen te werken met je vrienden, maar verdomme zeg, ze moeten wel weer heel naar huis.

'App je als je thuis bent, Liek?' vraagt hij, en dat doe ik. Ben thuis, love you en welterusten. Ik plaats er een geel hartje bij. Mijn lievelingskleur.

Morgen weer nachtdienst. En ik heb er gewoon weer zin in, maar eerst even slapen.

2

Sta op, klootzak!

Werkplek: Amsterdam-Zuidoost
Functie: aspirant, in opleiding voor surveillant

Het mes in zijn rug is goed zichtbaar. Het is een drugsgerelateerde steekpartij, maar dat weet ik op dat moment nog niet. Als aspirant ben ik nog groen in het blauw als mijn eerste steekpartij in de Bijlmer een feit is. Gebiologeerd staar ik naar het mes in de man. Hij lijkt van achteren neergestoken te zijn en daarna voorover te zijn gevallen. Een grote man, gevloerd, hartstikke dood op het koude gras met kale plekken. Daar lig je dan, tussen de hondenstront, als slachtoffer van vermoedelijk een geëscaleerde drugsruzie.

Er hangt al politielint. Duidelijk in grote haast opgehangen, want het hangt slap en rommelig.

Mijn taak klinkt simpel: er mag niemand onder het lint door. Toch leidt het altijd tot zinloze discussies met mensen die extreem zwaarwegende redenen hebben waarom ze vooral wél onder dat lint door moeten. 'Maar anders moet ik helemaal omfietsen,' zegt de een. 'Ja maar, mevrouw, ik heb haast,' zegt de ander. Hoewel het niet een van je officiële taken is, word je als student al snel tot 'chef lint' of 'chef hek' gebombardeerd.

Ineens staan er twee vrouwen voor mijn stukje lint. De ene lijkt niet zo aangedaan en is vooral als steun mee voor de andere vrouw. Die is in tranen. Ze lijkt in zichzelf te praten terwijl ze steeds even kijkt naar het laken waaronder de dode man ligt. Al huilend begraaft ze haar gezicht in de armen van de andere vrouw, die haar liefdevol troost. Ik maak me op voor een emotionele discussie, maar ze blijven op enkele meters afstand staan.

Ineens begint de vrouw vol hoorbare pijn te schreeuwen: 'Sta op, klootzak!'

Dat doet hij natuurlijk niet. Toch blijft ze het hem smekend vragen. Huilend. Haar stem wordt steeds zwakker. Alsof het geluid in een film wordt weggedraaid en je in slow motion naar een hartverscheurende scène kijkt. De andere vrouw houdt nog steeds haar armen om haar heen. Haar gezicht is verbeten, alsof ze zich voor haar vriendin groot probeert te houden. Vechtend tegen de emotie dirigeert ze haar vriendin weg van de plaats delict.

Zonder iets te zeggen of mij iets te vragen lopen ze weg.

De rest van de collega's ter plaatse lijkt dit ongeveer wekelijks mee te maken, maar ik krijg een brok in mijn keel. Intens verdriet wanneer je iemand om wie je geeft bent verloren, dat ken ik. Maar niet in deze omstandigheden: wanneer iemand van wie je houdt in koelen bloede wordt vermoord.

Het tafereel zet me aan het denken. Het politiewerk is zoveel groter dan ik me voor had kunnen stellen. En ik heb nog veel te leren. Het lijkt me vreselijk moeilijk om als politieagent het slechte nieuws te moeten brengen aan nabestaanden. Ik ben voor mijn gevoel, samen met nog een medestudent, als enige echt onder de indruk van het hele tafereel. Ik heb nog een hoop te leren.

Fast forward, vijftien jaar later.

Inmiddels heb ik zelf meer dan genoeg slechtnieuwsgesprekken moeten voeren. Onlangs had ik een mooi gesprek met een nieuwe student. Ze keek overduidelijk naar de ervaren collega's zoals ik destijds ook naar hen keek toen ik mijn stukje politielint stond te bewaken: vol bewondering. In de hoop dat ik 'als ik later groot ben' ook zou handelen zoals zij deden. En met 'zij' bedoel ik dan iedere collega die als agent geboren lijkt te zijn. Ik ben inmiddels vijftien jaar ouder, en ik ben gegroeid. Gegroeid als mens en als politieagent.

Dat 'als ik later groot ben' gebruik ik nog steeds regelmatig. Ik denk dat ik dan nu op zijn minst een beetje groot ben. Ik ben gegroeid als het gaat over geloof in mezelf. Die groei kwam niet uit het niets, en ik kreeg die niet cadeau. Maar gedurende de rit heb ik me ontwikkeld en ben ik meer in mezelf gaan geloven. Niet dat ik nu direct de grootste boevenvanger van ons korps ben, en ik schrijf ook zeker niet de meeste bonnen. Ik kom niet met de tofste ideeën en ik ben als het over wetskennis gaat ook zeker niet de beste. Ik heb ook niet de drive om me als een carrièretijger naar boven te vechten binnen ons korps. Kortom, ik ben geen geboren politieagente.

Maar waar ik vroeger altijd ontzettend opkeek tegen de in mijn ogen bijna perfecte collega's, doe ik dat allang niet meer. Het zijn de samenwerking, de diversiteit en de kracht van alle soorten collega's die ons een tot goedlopend geheel maken. En gelukkig is daarin ook ruimte: van diehard boevenvangers tot creatieve denkers en van echte hulpverleners tot supergoede rechercheurs. En alles daartussenin.

Mijn bewondering voor collega's is nooit weggegaan. Maar wel veranderd. Ik geloof niet dat we allemaal bijna perfect moeten zijn. Ik geloof wel dat we van elkaar kunnen leren: zowel van nieuwe collega's als van de ouwe rotten in het vak, en van zowel kleine als grote dingen. En dus vind ik het mooi om deze nieuwe student te horen praten over hoe ze ooit hoopt te worden.

Ze zegt dat ze mij al enkele keren in mijn eentje 'op de bike' door de wijk heeft zien gaan. 'Ja, ik vind biken in mijn eentje fijn,' zeg ik, en daar is geen woord aan gelogen. Ik vind het heerlijk om zonder enig overleg met wie dan ook te doen wat ik wil. Ze zegt dat ze zich daar maar weinig bij voor kan stellen: het lijkt haar onprettig en – ze zegt het twijfelend – een beetje eng... Ik leg uit dat dat vertrouwen in jezelf met de jaren komt. Ik zou dat toen ik net bij de politie zat ook niet hebben gedaan. En niet hebben gemogen ook, gok ik zo.

Ik vind in mijn eentje door de wijk biken dan wel heerlijk, maar ik vind alleen surveilleren in de auto op de een of andere manier helemaal niet fijn.

'Hoezo dan?' vraagt ze. 'In de auto ben je toch veel veiliger dan op de fiets?'

Ik snap haar gevoel, maar ik ervaar het anders. Voor mij gaat het niet om een gevoel van veiligheid. Op de fiets maak ik makkelijk contact, en ik maak met iedereen een praatje. Ik fiets naar meldingen in en rond de wijk en ik voel me prima bij het idee dat ik in mijn eentje iemand aan moet spreken. Ik voel me verbonden en makkelijk aanspreekbaar, vrij, rustig en zelfverzekerd tegelijk. Wel geef ik alles via de portofoon door als ik bijvoorbeeld in mijn eentje bij een melding sta, zodat men extra alert is als ik hulp nodig heb. Ik voel me fijn in mijn eentje op de fiets. Niet omdat ik mijn eigen gezelschap nou per se altijd het beste vind, hoor (want zelfs ik ben mezelf weleens zat), maar wel omdat ik vertrouwen in mezelf heb gevonden. Ik voel me veilig op straat, ook in mijn eentje tussen allerlei mensen. Ik ben niet meer het onzekere meisje aan het politielint. Ik ben niet meer groen als gras en niet meer nat achter mijn oren.

De studente met wie ik sta te praten vindt mijn compliment fijn: zoals ik haar beschrijf en hoe ze op mij overkomt, zo voelt ze zich zelf helemaal nog niet. Ik zeg haar dat ik zeker weet dat dit snel zal komen.

Een paar weken na ons gesprek kom ik haar weer tegen, bij een melding van geluidsoverlast. Ze voert een strak en duidelijk gesprek met de betrokkenen. Ze luistert naar het verhaal van de overlastgever, stelt een duidelijke grens en wenst hem nog een fijne avond.

Ik glimlach naar haar, en ik weet zeker dat ze weet waarom: ze doet het hartstikke goed. Ik zie dat ze het zelf ook voelt en ik krijg een grote glimlach terug.

3

Steen, papier, schaar

Werkplek: Amsterdam-Centrum
Functie: hoofdagent

Disclaimer: niet geschikt voor tijdens het eten, of als je slecht tegen vieze verhalen kunt. Maar omdat ik je nu gewaarschuwd heb, vind ik eigenlijk dat je het gewoon moet lezen.

Ik ben geen kerstliefhebber. Daarom vind ik het geen probleem om met de kerstdagen te werken, zodat mijn collega's – die wel om kerst geven – lekker vrij kunnen zijn.

Op eerste kerstdag kom ik het bureau binnen met enorme honger. Ik heb uitgeslapen en gesport, maar had geen tijd meer om fatsoenlijk te eten. Kerstbrood is in mijn ogen echter ook zeer fatsoenlijk, dus zodra ik omgekleed en wel binnenkom, snijd ik meteen twee stukken af. Ik smeer de amandelspijs uit over de ene plak en plamuur de andere plak met een dikke laag roomboter. Mijn maatje voor deze dienst is Bas, dus het wordt sowieso gezellig.

'Liek, we hebben een melding!'

'O, ja, oké, wacht, ik kom eraan,' mompel ik met volle mond.

Bas heeft zijn portofoon op de gespreksgroep van de meldkamer staan. Hij hoort dus dat we een melding krijgen en hij praat met de meldkamer. Op mijn gespreksgroep – een soort van babbelbox voor de hele binnenstad – is het hartstikke stil. Zou het stilte voor de storm zijn?

Ik heb in mijn ene hand een beker thee en in mijn andere hand nog een snee kerstbrood. 'Wat hebben we voor een melding? Ik ben nog aan het eten…'

Bas springt achter het stuur en we rijden weg. Vanaf het scherm in de auto lees ik de volledige melding voor, met mijn mond vol kerstbrood.

We komen ter plaatse en daar staat de zoveelste toerist die het gek vindt dat zijn autoruit is ingetikt terwijl hij een paar Bijenkorf- tasjes op de achterbank heeft laten staan. Het is een Belgische jongeman en hij heeft geen flauw benul van wat hij nu moet doen. Wij helpen hem verder. We verwijzen hem door naar het bureau voor aangifte en stellen hem gerust. Het zoveelste en zeker niet het laatste slachtoffer van een autokraak.

'Dat wordt geen *merry Christmas* voor die Belg. Wie laat dan ook die tasjes zo in het zicht staan?' verzucht Bas. Het blijft verbazingwekkend hoe ontzettend veel toeristen slachtoffer worden van een auto- inbraak. Maar soms roepen ze het bijna over zichzelf af, zoals deze Belgische gozer. Ze kopen voor duizenden euro's cadeaus bij de Bijenkorf: dure tassen, jassen, horloges, schoenen en portemonnees. En terwijl ze zelf ergens een hapje gaan eten, laten ze die Bijenkorf-tassen zo vol in het zicht op de achterbank van de auto staan. Naast de rest van de geshopte spullen. In een dure auto met een buitenlands kenteken.

Rond de feestdagen is de binnenstad een waar autokrakerswalhalla, als Amsterdam overspoeld wordt met toeristen. Het is in de winkelstraten nog drukker dan normaal en de Bijenkorf doet zijn naam eer aan: het zoemt er. En niemand praat nog Nederlands. Maar vooral: er staan nóg meer dikke bakken op de grachten en in de parkeergarages dan anders.

Als we verder rijden en ik weer eens vals meezing met de radio begint Bas lachend te klagen. 'Ik ga niet de hele tijd naar dat kattengejank van je luisteren, dus ik hoop dat er snel een nieuwe melding komt!'

We rijden een rondje over de Wallen. Bas drukt de deur van binnenuit op slot. 'Straks pikken ze je,' grijnst hij. Ik moet daar altijd gierend hard om lachen en vind het lief tegelijk.

'Krijgen ze gauw genoeg spijt van,' antwoord ik bloedserieus. Bas haalt lachend zijn schouders op.

Het is stil wat betreft meldingen en we besluiten koekjes uit te delen aan daklozen. Een beetje kerstspirit voor iedereen. Na een pitstop bij de supermarkt en gewapend met meer dan genoeg kerstkoekjes gaan we op zoek naar daklozen. Het is gigantisch druk op straat met toeristen, maar vandaag is er geen dakloze te bekennen.

'Normaal struikel je over ze en nu is er niet een. Zouden ze op kerstvakantie zijn?' merk ik droog op, en Bas kijkt me vermanend aan.

Ik prop de koekjes al bijna in mijn eigen mond als we drie daklozen op een bankje zien zitten. Ik spring de auto uit, met mijn kerstmuts op. Een kerstmuts leek me vandaag een ontzettend leuk idee, tot ik bijna over mijn eigen voeten struikel en met een pak kerstkoekjes in mijn handen voor de daklozen sta. Ik voel me ineens echt ontzettend kinderachtig. Misschien ben ik dat ook wel. Maar ach, daklozen beoordelen je niet op hoe je eruitziet, en tenslotte vrolijk ik hun dag een beetje op.

Bas vlucht ondertussen de Starbucks in. Hij moest echt heel nodig plassen, zei hij. Stiekem vrees ik dat hij gewoon niet met mij en mijn kerstmuts gezien wil worden. Ik kan het hem niet kwalijk nemen. De daklozen op het bankje zijn in elk geval blij verrast en er vliegt direct een half pak koekjes doorheen. Gelukkig hebben we er genoeg.

We rijden verder, op zoek naar nog meer daklozen en nog steeds in afwachting van een nieuwe melding. Het lijkt alsof alle daklozen zich vandaag verstopt hebben, want op de bekende plekken vinden we ze nauwelijks. Vermoedelijk zitten ze ergens aan een van de kerstlunches die worden georganiseerd vanuit meerdere inloopcentra.

Dan krijgen we eindelijk een melding, een zogenoemde 'geen gehoor'-bewoner. Dit is vaak geen goed nieuws. Niet voor de bewoner en niet voor zijn naasten. Want met grote regelmaat betekent dit dat iemand dan dood in zijn of haar woning ligt. Soms is dat het gevolg van een tragisch ongeval en soms is het een natuurlijke dood. Soms is het ook helemaal niks. Dan is de bewoner gewoon op vakantie, of ligt hij of zij met een gebroken heup in het ziekenhuis. En heel soms is de bewoner met de noorderzon vertrokken.

De meldkamer geeft ons portofonisch steeds meer informatie. De bewoner leeft als een kluizenaar. Hij heeft al drie weken zijn vuilnis niet buitengezet, terwijl hij dit altijd netjes op tijd doet. Hij is flink op leeftijd. Hij heeft geen familie. De buurman ruikt een vreemde geur.

Bas en ik kijken elkaar veelbetekenend aan en de opsomming van informatie over deze bewoner maakt dat we moeten lachen. 'Die is dood,' roepen we in koor.

De dood is natuurlijk niet grappig, maar we gebruiken in dit soort situaties vaak humor. Het is een manier van met dingen omgaan; zwarte humor en bijpassende grappen horen heel erg bij ons werk. Het maakt het soms zware werk wat lichter, en makkelijker om mee te dealen. Zolang we lachen, en bijvoorbeeld iets heel smerigs op een sarcastische manier 'lekker' noemen, is het allemaal goed te relativeren. Dan voelt het minder zwaar. Uiteraard te allen tijde buiten gehoorafstand van mensen die dit eventueel zou kunnen kwetsen. Want het is natuurlijk niet uit te leggen om hardop 'Die kon niet vliegen' te roepen bij iemand die na drugsgebruik uit het raam gevallen is. Of 'Hé, lekkere hersensoep' als iemands schedel gespleten is en je de hersenen ziet liggen... En toch is het soms nodig en doen we het onderling. Dat klinkt hard en het is vaak lastig uit te leggen aan iedereen die niet in de zorg of hulpverlening werkt. Het is absoluut geen disrespect voor de dode of gewonde persoon over wie het feitelijk gaat, al kan ik me voorstellen dat sommige mensen het zo kunnen opvatten.

Over de portofoon horen we dat de bus van ons wijkteam, de 1109, met ons meerijdt. Zij zijn net iets eerder bij het adres en ik hoor over de portofoon dat de deur open is. Ik trek te snel conclusies en denk meteen dat onze inschatting niet klopt. Scheelt een boel werk, denk ik opgelucht. In gedachten vraag ik me alweer af waar we daklozen kunnen vinden om onze kerstkoekjes aan uit te delen.

We parkeren de auto en stappen uit. We staan in de weg maar er past nog nét een auto langs, als je een beetje kunt rijden en niet in een tank rijdt. Die mazzel hebben we maar af en toe in de smalle Amsterdamse straatjes, want vaak blokkeren we een straat compleet omdat we simpelweg niet tweehonderd meter verderop kunnen gaan staan, voor het geval we een spoedmelding krijgen, zoals een reanimatie bijvoorbeeld.

De deur die genoemd werd over de portofoon bleek niet de deur van de 'geen gehoor'-bewoner te zijn, maar de algemene toegangsdeur beneden. Die was opengedaan door de melder.

Voor het pand zie ik Rachèl van de 1109 met haar hand naast haar hoofd een beweging maken. Ze heeft een verraste blik met opengesperde ogen en ze wijst dringend naar haar hoofd.

Het kwartje valt. Shit. *Abort mission* kerstmuts! Ik trek de kerstmuts in een nanoseconde van mijn hoofd, gooi hem op het dashboard en loop door alsof er niets aan de hand is. Ik moet even grinniken bij de gedachte hoe ongepast het zou zijn als ik daar vrolijk met een kerstmuts op mijn hoofd zou komen aansjokken. Niet dat die waarschijnlijk dode man het nog zou merken, maar toch. Gelukkig zien ze mijn kerstsokken niet. Met een afbeelding van de Grinch erop, gekregen van een van m'n beste vriendinnetjes, Charmain. Ook zij weet dat ik niet van kerst houd.

Het pand heeft meerdere verdiepingen en de melder heeft ons binnengelaten via de hoofdingang. Ik houd mijn neus bij de kieren van de deur van het huis van de bewoner en weet nu honderd procent zeker dat hij dood is. De ietwat zure en weeïge lucht van een lijk is onmiskenbaar. Zodra je die penetrante geur voor het eerst hebt geroken, herken je hem voortaan uit duizenden. Je neus zal de geur van een rottend lichaam nooit meer vergeten. Het is oprecht de smerigste geur die ik ken.

Als we een vers lijk aantreffen, hebben we mazzel; dat stinkt meestal nog niet. Een lijk zwelt echter al snel op, gaat rotten, en als het echt heel lang blijft liggen, dan rot alles wat kan rotten weg en blijven er alleen nog uitgedroogde resten over. Dat is fascinerend om te zien, maar ook hartverscheurend. Want die persoon is al zo lang niet door iemand gemist dat hij of zij helemaal is ingedroogd. Merry Christmas.

We hebben geen reden om deze deur met grof geweld open te slopen. Achter de deur wacht de dood, en de dood heeft de tijd.

Wanneer de deur eindelijk open is en we naar binnen stappen, komt de lijklucht ons ongenadig tegemoet. Zuur lachend trekken we een paar vieze bekken naar elkaar, want er wacht ons een flinke klus. 'Het aroma komt je tegemoet wanneer je de voordeur opendoet,' zingen we zachtjes...

Zo op het eerste gezicht is deze woning van boven tot beneden volgestouwd met rommel. Een verzameling van je-noemt-het-op-en-het-staat-er. Ik struikel bijna over een losliggende stekkerdoos. Wat een bende. Het is er daarnaast ook nog eens schemerdonker. Daglicht komt er nauwelijks binnen. Het weinige licht dat door de kieren van de gordijnen naar binnen valt, schijnt op het stof in de lucht. Ook zonder de misselijkmakende lijklucht was het er vast al jarenlang een muffe bedoening en rook het er allesbehalve fris en schoon. Ik heb te doen met degene die hier in deze staat gewoond heeft.

We moeten op zoek naar waar in deze verzameling van van alles en nog wat het lijk ligt. Ik loop richting een trap naar beneden. Als ik ervoor sta, neem ik even een paar seconden de tijd om in stilte te schelden.

Het is een wenteltrap, en ik haat wenteltrappen. En dit is nog een gammel exemplaar ook. En niet erg breed, als je het mij vraagt. Wat een feest in het schemerdonker. Ik duim dat ik niet van de trap val, want dat talent bezit ik. En ik duim nog harder dat de bewoner niet drie weken geleden van de trap is gevallen en met een gebroken nek op de benedenverdieping ligt. En ik duim dat het geen combinatie van die twee gaat worden: het zal je gebeuren dat je van de trap valt en dan boven op een opgezwollen lijk – dat er al drie weken ligt – ploft. In het lijkvocht, tussen maden, vliegen en rottend vlees.

Mijn humor is af en toe zo zwart, smerig, verknipt en morbide dat ik het bijna niet durf op te schrijven. Maar goed, sarcasme en slechte en zwarte humor zijn mijn ding. Humor hoort ook echt bij ons werk. Zolang we er niemand mee kwetsen, kan het mijns inziens ook geen kwaad. Het is een overlevingsmechanisme.

Het smerige plaatje dat ik voor me zag zet ik snel uit mijn hoofd. Het is net motorrijles: niet ín de bocht kijken maar erdoorheen, want anders crash je ergens in de bocht. Ik loop dus rustig de gammele trap af, zonder te vallen. *I got this*, ik crash níét in de bocht.

Ik zie nog geen lijk. Ik adem even diep in als ik beneden de laatste trede af gestapt ben. Pfoe, *I made it.* Maar... de lucht is niet meer te harden. Dat diepe inademen van opluchting was geen goed idee, maar dat besef ik te laat. Gadverdamme, de lijklucht brandt bijna in mijn longen.

Wat is doodgaan toch onmenselijk. Nou ja, doodgaan an sich niet. Maar doodgaan en dan heel lang dood liggen wel. Ga je dood, lig je daar drie weken te rotten, en niemand die je mist – hartverscheurend.

Ik moet aan mijn lieve oma denken. Die kon me gelukkig vlak voordat ze doodging nog vertellen dat ze moe was. Echt heel moe. En dat het wel goed was geweest zo. Oma heeft gedag kunnen zeggen. En dat heeft bijna iedereen gedaan van wie ik tot nu toe afscheid moest nemen. Mocht nemen, is het eigenlijk. Want het is een voorrecht om afscheid te kunnen nemen. Ik moet ook denken aan mijn overleden vriendin, veel te jong uit het leven gerukt. Maar ze mocht wel afscheid nemen van iedereen die ze liefhad, hoe oneerlijk en hard het ook was. Dat heeft deze onbekende naar wie we nog zoeken niet gekund. Die is vrijwel zeker helemaal alleen doodgegaan, en ik hoop voor hem zonder pijn, angst of paniek. Ik heb in de loop der jaren veel manieren van doodgaan meegemaakt. De dood is vaak hard en meedogenloos.

Ik adem door de stof van de mouw van mijn politiepolo heen en inhaleer de geur van Dior. Dior J'adore, mijn favoriet. Niet dat het helpt, want ik ruik de penetrante lijklucht erdoorheen.

Dan hoor ik boven gerommel. Zouden ze hem toch boven gevonden hebben? Maar omdat ik nog niemand iets hoor roepen, zoek ik verder. Wat roep je trouwens als je een lijk gevonden hebt in een donker huis? Bingo? Dat roep ik ook als ik de zoveelste geluidsoverlastmelding krijg van de meldkamer, maar in het geval van een lijk vinden lijkt het me toch iets minder gepast.

Onderaan de trap is het nog donkerder dan boven. Geen schemerdonker meer. Fuck. Ik schijn een beetje in de rondte met mijn zaklamp voor ik een paar stappen de volgestouwde ruimte in stap. Ik vloek binnensmonds op mijn zaklamp. Ook dat nog: de batterij is bijna leeg en dat kreng geeft te weinig licht.

Maar dan heeft mijn neus gevonden wat we zochten: de geur is absoluut niet meer te harden. In een klein slaapkamertje ligt hij. Tenminste, volgens de buurman die de melding gedaan heeft, is het een hij. Als je maar lang genoeg dood bent, dan verkleur je niet alleen, je zwelt door gasvorming ook helemaal op. Dus is het lastig te herkennen of het een hij of een zij was.

Hij ligt op een eenpersoonsbed. De lattenbodem eronder is elektrisch, want het bed staat half omhoog en de afstandsbediening ligt op zijn schoot.

Dooier kan niet, denk ik bij mezelf. Ook dat is een uitdrukking die we met regelmaat gebruiken als iemand echt al langer dood is. Zo dood dat je niet meer hoeft te checken op een hartslag of een ademhaling. Gewoon op zicht en/of geur al dood. Mijn ogen zien het slecht in het licht van mijn beroerd werkende zaklamp. Ik sta nog niet eens helemaal in de deuropening, maar één ding is zeker: deze man is dood.

Ik draai me om richting die gammele wenteltrap. ‘Ik heb hem gevonden hoor, jongens,’ roep ik naar boven. Ik weet niet of het te triomfantelijk klinkt. Het is nou niet bepaald de pot goud aan het einde van de regenboog. Maar gevonden is gevonden. Opgezwollen en verkleurd tot een vage combinatie van groenig, zwart, donkergeel en donkerblauw met vlekken... Het heeft toch iets weg van die regenboog.

Ik stap uit de deuropening vandaan, want de lijklucht is zo intens dat ik er steeds misselijker van word. Die paar happen kerstbrood komen bijna naar boven... Ook Rachèl hoor ik kokhalzende geluiden maken. Bas lacht. Een ietwat sadistisch lachje, maar zo gaan we met elkaar om. Geloof me, het is een vorm van houden van elkaar. Ik loop al kokhalzend de wenteltrap weer op. Mijn maaginhoud zit er nog in, maar als ik hier nog langer binnenblijf, duurt dat niet lang meer.

Dan begint het wachten. De rechercheur moet komen voor het onderzoek, en de arts voor de lijkschouwing. Ja, we kunnen heus wel zelf vaststellen dat deze meneer dood is, maar daar zijn allerlei protocollen voor. Want de doodsoorzaak kan natuurlijk van alles zijn, en misschien is het wel door iemands toedoen.

We staan voor de deur. Nu alle neuzen weer wat frisse lucht hebben opgesnoven, is iedereen weer wat vrolijker. Ikzelf heb alweer trek. Dat is een goed teken. Als ik geen honger meer heb, dan gaat het niet goed met me. Die twee naar binnen geschrokte plakken kerstbrood zijn alweer even geleden.

Er komt een nieuwsgierige buurtbewoner even klagen dat onze auto geparkeerd staat op de plek waar zij haar Canta altijd neerzet. We kunnen helaas nooit iedereen tevreden houden, dus ik leg de vrouw uit dat ik voor nu hoop dat zij hem eventjes voor of achter onze auto wil parkeren, en hem dan over een paar uur wil verplaatsen.

Als iemand eenmaal in een klaagmodus over onze parkeerkunsten zit, blijft diegene daar vaak in hangen. Dan kun je uitleggen wat je wilt, maar het komt niet binnen en het helpt niet. Deze Amsterdamse is anders.

'O ja, is goed, meissie…' Ze maakt een knikje met haar hoofd richting de woning waar we voor staan.

'Het is kerst, hè. Jullie zijn toch wel een beetje lief, hè?'

'Ja hoor, mevrouw.'

De vrouw steekt haar hoofd bijna uit het autootje en kijkt nog even rond. 'Getverderrie, er is toch niets ernstigs… Het is kérst!' zegt ze dan. Ze spuugt het woord 'kerst' uit.

'Ook met kerst gebeuren er soms nare dingen,' zeg ik rustig. Ik probeer mijn woorden op een goudschaaltje te wegen voor ik ze uitspreek. Ik hoop dat ze snapt dat ze het onderwerp misschien beter kan laten voor wat het is.

'O, meissie. Nou, ik hoop dat jullie straks lekker gezellig met elkaar eten om de ellende te vergeten.'

'Dat komt helemaal goed!' zeg ik opgelucht en vrolijk. Want 'Sorry, je buurman van een paar huizen verderop ligt al weken te rotten' zou het niet goed doen, denk ik zo. Beetje een kerstmoodkiller.

'Dag, meissie! Werk ze nog en vat geen kou, hè! Trouwens… lekker ding wel hoor, je collega! Potverdoooorie!' Ze geeft er een vette knipoog achteraan richting Bas.

'Ja! Lekker, hè? Ik neem hem als kersttoetje straks, mevrouw!' grap ik als ze wegrijdt. Het blijft tenslotte een feestdag en daar horen toetjes bij.

Bas en ik lopen naar de auto en proppen allebei een paar kerstkoekjes in onze mond. De geur van het lijk zit nog vers in mijn neus, maar hé, Lieke zou Lieke niet zijn als ze niet toch gewoon honger had. Lachend en hoofdschuddend kijken we elkaar aan. De situatie is best bizar, maar ach… Lang leve de kerstkoekjes voor de daklozen.

'Gelukkig hebben we er genoeg,' zegt Bas terwijl-ie er nog een paar in zijn holle kies stopt. Bas is te gek, een heerlijk vrolijke, fanatieke collega om mee te werken. Ook zonder melding hebben we altijd genoeg te lachen en te kletsen. En Bas is ook van de grove humor. 'Het kan ook nooit normaal, hè, Liek?'

'Nee,' beaam ik, 'maar we moeten zo meteen weer terug naar binnen, hè...'

Bas haalt zijn schouders op. 'Dat kunnen wij.'

En hij heeft gelijk, dat kunnen wij zeker. Samen sterk.

Gewapend met een gasmasker en plastic neusdopjes met pepermuntgeur gaan we weer naar binnen voor de lijkschouw en de recherche. Het is mensonterend hoe erg een lijk gaat stinken naarmate de tijd vordert.

Bas en ik doen beneden in de hal het spelletje steen, papier, schaar. Iedereen die me kent, weet dat ik echt geen fluit geef om spelletjes. Zo deed ik bijvoorbeeld vroeger met risk volledig mijn eigen ding; tot grote ergernis van de rest van de spelers hield ik me totaal niet aan 'mijn missie'.

Maar nu hoop ik keihard dat ik win. De winnaar krijgt namelijk het gasmasker. De verliezer moet het doen met die middelmatige pepermuntdopjes. We hebben allebei liever het gasmasker. We spelen bloedfanatiek en ik win. Schaterlachend en ongepast blij trek ik triomfantelijk het masker over mijn hoofd en met een grijns steek ik mijn middelvinger op naar Bas.

Ik worstel met het masker. De laatste keer dat ik zo'n ding op mijn hoofd had, was tijdens een heftige brand met pikzwarte rook en geen enkele mogelijkheid om fatsoenlijk uit de rook te staan doordat de wind continu alle kanten op leek te waaien.

Bas propt de pepermuntdopjes in zijn neus en trekt er een rare kop bij. 'Hadden we maar een vak moeten leren, hè, Liek.'

'Houd je bek,' zeg ik, maar we lachen allebei want we zijn gek op ons vak. Ook als het stinkt.

Er vliegen een paar dikke zwarte vliegen uit het kamertje waar de man ligt. Die had ik eerder niet gezien. Ik duik met een gil weg, omdat een van die vliegen op mijn gezicht afkomt. Zo'n vieze dikke 'lijkenvlieg'. Lijkenvliegen zijn net gemuteerde supervliegen en ze leggen eitjes op het lijk. Het schijnt dat vliegen de geur van ontbinding ontzettend goed ruiken, en dus zijn ze er als de kippen bij. Of vliegensvlug, om de woordgrap wat passender te maken.

Ze leggen dan eitjes in de holtes van het lijk, waar het vochtig is. En dan duurt het natuurlijk niet lang of er ontstaat een nieuwe plaag van vliegen, die ook allemaal weer nieuwe eitjes leggen. Het gebeurt dan ook regelmatig dat een lijk wordt ontdekt omdat er allemaal vliegen ergens binnen op een raam zitten. Dan weten wij al hoe laat het is: tijd om medelijden te hebben met iedereen die daar onderzoek moet gaan doen.

Het haar van de man is van zijn schedel af gegleden en de maden kruipen ongestoord rond. Het is te smerig voor woorden. Een dikke vlieg vliegt gedesoriënteerd tegen me op. Die zat net nog op dat lijk. Er loopt een rilling over mijn rug.

Het is mensonterend dat deze man er nu zo bij ligt. Het klinkt misschien raar, maar ik voel er geen emotie bij. Geen verdriet, geen onmacht, geen woede. Het is ook niet de eerste keer dat ik een lijk zie dat er al weken ligt en echt ontzettend smerig is. Twee zomers geleden stond ik met mijn maatje Sander twee straten verderop, waar het lijkvocht letterlijk onder de voordeur door kroop. De bewoner was direct achter de voordeur gestorven. Er was een hittegolf en door de grote ramen waar de hele dag de zon op stond, was het huis een soort sauna. Door de warmte was het lijk héél snel gaan ontbinden.

Ik weet van mezelf wanneer dingen me wel raken. Als er familie bij zou zijn, of vrienden. Als er mensen zijn die hem zouden gaan missen. Emotie. Gek genoeg is het feit dat hij niet gemist wordt en geen familie heeft heel erg zielig, maar voor ons heel erg fijn. Dan hoeven we geen slechtnieuwsgesprekken te voeren. Dan hoeft er geen collega ergens aan te bellen, wetende dat met een paar woorden soms de grond onder iemands voeten wegzakt. Nu is er gewoon iemand dood. En afgezien van het feit dat het ontzettend stinkt, is het gelukkig niet heel heftig.

Ik heb veel respect voor de recherche. Als zij pech hebben, dan gaan ze op een dag van lijk naar lijk. Soms gaat het om net doodgeschoten slachtoffers van een brute moord, maar soms dus ook om een 'ligt er al ik weet niet hoeveel weken'-lijk.

De dood is iets fascinerends. De dood brengt soms veel emoties met zich mee. En soms alleen maar stilte. En stank. En morbide humor. En vliegen natuurlijk. En maden, en dus nog meer vliegen.

Ik moet vol schaamte grinniken om een situatie jaren geleden. Bij dat lijk krioelden er maden uit de oogkassen. Ontzettend ranzig. Een collega zei vol overtuiging, wijzend naar die maden: 'Zo, zulke dikke maden heb ik nodig als ik ga vissen komend weekend!' Ik – smeerlap die ik er ben – liep natuurlijk vol overtuiging een paar stappen naar voren en zei: 'Ik zal er even een paar voor je verzamelen!' Ik schaam me soms voor mijn grove humor, maar zoals ik al aangaf: juist door die humor kunnen we ermee omgaan.

Weer terug op het bureau spuiten Bas en ik allebei een half flesje parfum leeg. Het is veel te veel, maar ik stink liever een uur in de wind naar parfum dan dat er iemand langs me loopt en die lijklucht ruikt. Misschien zit het alleen tussen mijn oren. Toch neem ik het risico maar niet. Die parfumdouche maakt ook dat ik me iets minder smerig voel, want vaak is het ook gewoon een kwestie van gevoel.

De dienst gaat door, en er moet nog gegeten worden. Want wat er ook gebeurt: eten doe ik. Als ik niet meer eet, dan mag je je zorgen gaan maken.

De maaltijd is gemaakt door mijn tweede thuis, restaurant Olijfje. Daar werk ik ongeveer een dag per week en de eigenaar, Can, is een van mijn liefste vrienden én een collega bij de politie. Veel mensen begrijpen er niets van, want waarom zou je in de bediening gaan werken als je bij de politie een goede baan met allerlei carrièremogelijkheden hebt? Het antwoord daarop is simpel: het maakt me blij! Dat iets je blij maakt, is wat mij betreft genoeg reden om het te doen.

We eten met zijn allen dus lekker een diner van Olijfje. Aan het begin van de kerstdiensten wordt er onderling van alles geregeld met de bureaus zodat we met alle collega's in de dienst op een bureau kunnen eten. Nu wachten zakkenrollers, winkeldieven, straatrovers en anderen niet per se tot wij klaar zijn met eten. En ook aanrijdingen, lijkvindingen, ruzies en verwarde personen hebben geen boodschap aan ons kerstdiner. We regelen daarom altijd met de diverse bureaus dat we even elkaars noodhulp waarnemen. Zo ook nu. Collega's van een ander bureau nemen de meldingen van Bas en mij tijdelijk waar. En dat wisselen we af, zodat iedereen in ons district ongestoord met zijn of haar blauwe familie een kerstdiner kan eten. Tenzij er iets groots gebeurt natuurlijk, dan is het jammer. Dan rent iedereen weer van hot naar her en moet het kerstdiner later in de magnetron.

Vandaag hoeft dat niet en Bas en ik kunnen rustig eten. We rollen uiteindelijk met onze buikjes propvol de auto weer in. 'Ik kan niet meer,' verzuchten we lekker dramatisch in koor.

We gaan weer op zoek naar daklozen die we kerstkoekjes kunnen geven, inmiddels ook gewapend met twee warme maaltijden die over waren van ons gezamenlijke kerstdiner. Ook die gaan mee, met wat brood en smeersels.

Ik vind dat extra mooi, want Can doet ontzettend veel aan liefdadigheid. Hij heeft een ontzettend groot hart en is altijd bereid om mensen die het minder goed hebben te helpen. Ik vind het dan ook fijn als we een al wat oudere dakloze vinden in een druk straatje vol toeristen op de Wallen. Zodra Bas op de rem trapt, veert hij op. Ik vermoed dat hij denkt dat we hem komen wegsturen of bekeuren. Ik stap snel uit met een maaltijd en wat koekjes.

'Ik ga al weg, ik ga al weg!' roept hij me toe.

'Nee,' zeg ik, 'dat hoeft niet! We komen eten brengen. En kerstkoekjes!' De verwarring duurt een seconde. Dan ziet hij de kerstmuts op mijn hoofd en haalt zijn schouders op. Ik zet het bakje eten voor hem neer en besef dat we geen bestek hebben... Bas bedenkt blijkbaar hetzelfde, want hij rent het Chinese restaurant binnen waar de dakloze met zijn rug tegenaan zit. Ik maak ondertussen een praatje met de man, die al een broodje in de saus heeft gedoopt.

'Moet lukken zonder tanden zo, toch,' zegt hij lachend. Ik geniet van zijn blije, tandeloze lach. Hij zit al te smullen als hij bestek krijgt van Bas.

Het hele tafereel trekt een boel aandacht. Een paar mensen maken een foto. Iemand roept dat we de man met rust moeten laten en een paar mensen geven de man wat kleingeld. Een voorbijganger geeft hem een tientje. *'Merry Christmas, God bless you!'* roept de dakloze man naar de gulle gever.

Het tientje wordt snel weggestopt, in zijn onderbroek. Je ziet hem glunderen. 'Wauw, wat een geluksdag! Een tientje! Dat is voor mij veel geld, man!' Ik besef maar weer hoe goed we het hebben. Hoe goed ik het heb. Dat ik dat tientje zonder na te denken uitgeef aan iets wat ik echt niet nodig heb.

We kunnen allemaal zo op straat belanden. Er loopt in de Amsterdamse binnenstad een dakloze rond die meerdere universitaire studies heeft afgerond en in een prachtig grachtenpand woonde. Van de ene op de andere dag ging het bedrijf waarvan hij onderdirecteur was failliet. Zijn vrouw overleed datzelfde jaar aan leukemie. Hij begon te drinken: steeds meer, steeds sterker. Het einde was al snel zoek. Nu verblijft hij in een van tentdoek gemaakt hutje op een plek die ik niet ga noemen, omdat ik niet wil dat de gemeente het hutje opruimt. Universitaire studies zeggen dus helemaal niks.

Het feit dat deze man het geld in zijn onderbroek stopt, zegt wel iets. Het leven op straat is hard. Mensen roven elkaars schoenen als ze de kans krijgen en de nood hoog is.

Ik kwam jaren geleden aan het begin van een ijskoude ochtenddienst een bekende dakloze uit de binnenstad tegen. Ik herken hem altijd van een afstand: mager en met een bos lange donkere krullen. Hij liep die dag op blote voeten. Ik bood hem een kop koffie en een broodje pindakaas aan op het bureau en wilde schoenen voor hem regelen via een van de opvangcentra in onze wijk. Of zoeken naar een paar verlaten dienstschoenen of zo. Maar dat wilde hij niet, want hij moest en zou eerst gebruiken. En met 'gebruiken' bedoelde hij heroïne. Slecht aanspreekbaar, gejaagd en echt op jacht naar drugs. Ik probeerde hem aan zijn verstand te brengen dat hij op blote voeten liep terwijl het echt ijskoud was. 'Weet ik, die zijn vannacht gejat toen ik ze voor het rooster had gezet om te laten drogen,' zei hij achteloos.

Ik weet welk rooster hij bedoelde. Door dat rooster komt warme lucht en hij slaapt daar vaak tegenaan. Mijn hart brak een beetje. Maar hij is óf dronken óf high. En als hij niet een van de twee is, dan is hij op weg om het te worden. Hij had tijdens ons korte gesprekje niet één keer naar zijn blote voeten gekeken. Terwijl ik niet kon stoppen met kijken. Ik twijfelde of ik hem niet met een of ander lulverhaal aan kon houden en zo voor de nodige zorg en een paar schoenen kon zorgen. Maar tijdens het twijfelen hakte hij voor mij de knoop door: hij stak me zijn elleboog toe. Zijn manier van mij gedag zeggen. Ik tikte mijn elleboog tegen die van hem. Met tegenzin, maar ik voelde dat het wel oké was zo.

'Ik ga straks nieuwe schoenen vragen bij Blaka,' zei hij, zichtbaar om mij gerust te stellen.

Blaka Watra, een opvanghuis met gebruikersruimte. Mijn beste vriendin Charmain werkte er een lange tijd. Ook zij had een zwak voor hem. En hij voor haar.

Op blote voeten verdween hij de kou in. Hij keek nog even om en zwaaide vrolijk. Alsof de kou hem niets kon schelen. Daar stond ik dan, in mijn thermolegging, winterdienstbroek en politiemuts van nepbont over mijn oren heen getrokken, alsof ik in min twintig moest zien te overleven. Ik vond mezelf nog wel dapper toen ik vanmorgen op de fiets stapte. Die dienst heb ik maar niet meer geklaagd over kou of slecht slapen.

Bas en ik gaan vroeg terug naar het bureau; eerste kerstdag zit erop. Morgen weer een dag.

Het was een gezellige dienst. Ik ben de stinkende lijkvinding alweer bijna vergeten. Zo gek kan dat lopen. Het is intens op het moment en een van de heftiger meldingen die je kunt hebben, maar toch voelde het niet zwaar. De chef van dienst maakt wel een MIG aan, een melding ingrijpende gebeurtenis. Daarin staat in het kort wat er gebeurd is en wie er bij aanwezig waren. Dan gaat er een mailtje naar de wijkteamchefs en de zorginspecteurs. We zien elkaar natuurlijk niet dagelijks, maar zo blijft de leiding op de hoogte van de heftige incidenten waar je bij bent. Misschien heb je nu geen last van een incident, maar later ineens wel. Dan is het toch goed om te zien of je misschien in een korte periode wel erg veel op je bordje gehad hebt.

Dat is tegenwoordig – met meer werk, soms echt structureel te weinig personeel en veel heftige meldingen – steeds belangrijker om in de gaten te houden. Als de chef van dienst aan ons vraagt hoe het gaat, roepen we in koor: ‘Prima!’ We vertellen gierend van het lachen ons schaamteloze steen-papier-schaarverhaal in het portiek van de lijkvinding. Het is zo fijn dat hard lachen op het bureau altijd kan, maar huilen ook oké is.

Misha, mijn zorginspecteur, trekt me een paar dagen later nog even aan mijn mouw vanwege de smerige lijkvinding. Hij heeft de MIG gelezen. Ik vertel hem in geuren en kleuren over de dienst. Hij lacht en zegt hoofdschuddend: ‘Wat ben je toch smerig.’

Ik lach nog harder en stik bijna in de droge rijstwafels die ik eet.

‘En jij stond ernaast koekjes te eten?’ Hij houdt het bijna niet meer.

Ik houd van deze man en zijn zorg voor iedereen die in zijn zorggroep zit. ‘Nee,’ zeg ik, ‘we waren koekjes aan het uitdelen aan daklozen. Het was toch kerst!’

‘Weet ik toch, lieverd. Ben trots op je!’

Volgend jaar doe ik weer kerstdienst.

4

Slaap, kindje, slaap

Werkplek: Amsterdam-Zuidoost
Functie: aspirant, in opleiding voor surveillant

Het is een bloedhete dag en ik ben ingeroosterd voor verkeerscontrole. Alles wat verkeerd kan gaan, gaat vandaag verkeerd bij mij. Ook lijkt het alsof de hele Bijlmer vandaag een extra kort lontje heeft. En dat terwijl ik nog student ben, bezig met het oefenen voor het examen waarbij we een verkeerscontrole moeten houden.

Iemand vraagt me hoe hoog de boete is van de bekeuring die hij kreeg. Als hij het bedrag hoort, wordt hij nog bozer dan hij al was. Hij schopt tegen zijn eigen auto. Ik probeer de man te kalmeren, terwijl er een paar collega's toesnellen omdat ze het lawaai horen. De man kalmeren lukt niet echt, want het gaat van kwaad tot erger met zijn woede. Het duurt niet lang of de man schopt nog een keer, flink hard deze keer. De man heeft Timberlands aan, en iedereen die die schoenen kent, of soortgelijke, weet dat je daar best een aardige trap mee kunt geven. Het resultaat is een flinke deuk in zijn eigen auto. Hij kijkt er even naar en trapt nog een keer, vergezeld van een boel scheldwoorden.

'Wat ben ik stom,' verzucht hij als hij eindelijk is uitgeraasd. Hij wrijft een beetje over de toch best diepe deuk en concludeert: 'Dat kan er ook nog wel bij. Mijn vriendin vermoordt me.' Hoofdschuddend biedt hij vervolgens zijn excuses aan voor zijn eigen gedrag.

Ik sta er vast een beetje beduusd bij, want hij biedt ook nog zijn excuses aan voor het feit dat hij ons liet schrikken met zijn gedrag. Hij rijdt uiteindelijk hoofdschuddend weg, met het gele papiertje van zijn bon nog in de hand. Ik wil even iets drinken voor ik weer klaar ben om het volgende voertuig te controleren en loop naar de bus. Ik kan mijn tasje met waterfles echter niet vinden. Ik staar een beetje versuft naar de zon. Het wordt warmer en warmer. Gelukkig biedt een collega me zo'n miniblikje cola aan uit een – de held! – koeltasje. Ik drink vrijwel nooit prik, maar dankbaar en oververhit sla ik dit blikje in twee slokken achterover en ik loop weer terug.

Bij de controleplaats achter ons controleren twee collega's een grote witte bestelbus. Die lijkt op zo'n busje waarmee in films altijd mensen ontvoerd worden. Ik hoor zacht gezang naast de bus: 'Slaap, kindje, slaap, daar buiten loopt een schaap.' In de schaduw van het voertuig staat een vrouw in een prachtige felgekleurde jurk, met een baby in een draagdoek. Ze wiegt het kindje zacht heen en weer. Ik zie de zweetdruppels op haar voorhoofd staan en haar haarband, die matcht met de kleuren van haar jurk, is nat van het zweet. Ze glimlacht naar me en zegt dat ze de baby in slaap probeert te wiegen in de draagdoek, maar dat het nogal warm is. Ik heb weinig verstand van baby's, maar ik kan me zo voorstellen dat het kindje het bloedheet moet hebben. De vrouw lijkt mijn gedachten te kunnen lezen, want ze zegt dat de baby alleen maar slaapt in de draagdoek. Ik wil iets terugzeggen, maar als ik mijn mond opendoe, komt er out of the blue een gigantische colaboer uit mijn keel. Ik schrik er zelf van.

Dit is het moment dat de grond open moet gaan zodat ik erdoorheen kan zakken. Maar de grond gaat niet open en ik kan alleen maar met een knalrode kop mijn excuses maken. Ik stamel dat ik normaal nooit cola drink. De vrouw glimlacht en zegt dat het oké is. Ik weet niet hoe gauw ik weg moet lopen. Ik besluit nooit meer cola te drinken.

Als ik terug kom lopen, vraagt een van mijn medestudenten lichtelijk geïrriteerd waar ik was. Ik vertel wat er is gebeurd, maar laat voor het gemak de gigantische boer maar even achterwege. We gaan verder met de controle en een soortgelijk busje als zojuist wordt door een motoragent de controleplaats op begeleid. De bus heeft een afgeplakt achterraam, met zo'n barst in het lelijk geplakte folie. De motorrijder stopt naast ons en zegt buiten gehoorafstand van de bestuurder: 'Net zo'n busje uit een film, je weet wel, straks ligt er een lijk achterin.'

Gelukkig, denk ik, ik ben niet de enige met een op hol geslagen fantasie.

De bestuurder blijkt de vader van een student die zijn zoon helpt verhuizen. Achter in het busje liggen de doodnormale bezittingen van een jongen van een jaar of achttien. Geen lijk. Wel de spijkerjas van de vader, evenals zijn rijbewijs en een pakje shag met zo'n vettig geworden leren hoesje eromheen. Als de man een sjekkie opsteekt, zegt zijn zoon: 'Als ik één ding niet ga missen, dan is het dat smerige gerook van jou, pap.'

Het blijft warm, maar spannend gaat het niet meer worden vandaag. Het is niet elke dag feest.

5

Politietaxi

Werkplek: Amsterdam-Centrum
Functie: hoofdagent

Ik heb een weekendnachtdienst met mijn maatje Jan. We zijn voor de derde dienst achter elkaar samen ingeroosterd, en grappen over of we al getrouwd zijn en wanneer de baby's komen, worden nog maar zelden gemaakt. We zijn gewoon heel goede vrienden.

Ik slaap altijd beroerd na de nachtdienst, of beter gezegd: kort. Als ik na een nacht werken om halfacht 's morgens in mijn bed lig, dan ben ik om twaalf of uiterlijk één uur 's middags weer wakker. Maar als ik nog wat overwerk heb en bijvoorbeeld pas om elf uur 's morgens naar bed ga, dan ben ik ook rond lunchtijd gewoon weer wakker.

Ik ben niet de enige met zo'n onregelmatig en vervelend slaapritme. Er lopen vaak zat collega's direct vanuit de personeelsingang naar de koffieautomaat. En geloof me, de koffie uit die automaat, die wil je liever niet drinken. Het is beter om zelf cupjes mee te nemen voor het Nespresso-apparaat dat we bij elkaar hebben gespaard met FreeBees. Ik denk dat op bijna alle bureaus wel ergens een Nespresso-apparaat staat, want bijna niemand vindt de koffie uit de automaat lekker. Ik zeg met regelmaat: 'Je kunt nog beter de Oudezijds Achterburgwal leegzuipen op een zondagochtend.' En geloof me, met iedereen die daarin pist tijdens de zaterdagnacht: je wilt het niet.

Het is makkelijk om ook hier grappen over te maken, maar feit blijft dat onze koffie gewoon niet erg lekker is. En ik ben ook nog eens een verwende koffiedrinker. Een van mijn motto's is dan ook: beter verwend dan verwaarloosd. Dus we trakteren onszelf maar al te graag op lekkere koffie buiten het bureau om de dienst te starten met wat kwaliteitscafeïne.

Het is een niet heel bijzondere nachtdienst. Wel een gezellige, zoals altijd. We kletsen heel wat af. Ik zing als een valse kraai mee met de muziek en Jan kraakt mijn zangkunsten af. Niets bijzonders dus.

We rijden een paar overlastmeldingen: geluidsoverlast en overlast van individuele personen. Een dronken tor is midden op de weg gaan zitten.

'*I like this place*, mevrouw, echt waar,' zegt de man in kwestie met dubbele tong.

'Ja, oké...' zeg ik. 'I like this place ook heel erg, maar je moet toch echt een andere plek zoeken om te gaan zitten, want dit is een beetje gevaarlijk.'

Schouderophalend gaat hij ergens anders zitten.

Ik zwaai naar de man en spring lachend weer naast Jan in de auto.

Een van de redenen waarom ik zoveel van dit werk houd, zijn dit soort kleinigheidjes. Natuurlijk vang ik ook liever een straatrover, maar dit soort incidenten ter afwisseling zijn fantastisch en we lachen ons vaak een ongeluk. Dit soort gekkigheid komt veel voor in Amsterdam, en het is niet iets waarvan onze hartslag op hol slaat. Maar toch maakt het me blij. Het hoort bij onze stad, en ik kan niet zonder.

Elk weekend moeten we wel ergens op een feestje uitleggen dat er ook in het weekend mensen zijn die de volgende dag vroeg op moeten, en dat die mensen hun luidruchtige feestjes tot diep in de nacht niet echt kunnen waarderen. 'Maar het is weekend,' is het standaardantwoord. Dat dat niet voor iedereen geldt, lijken veel overlastgevers niet te snappen.

We voeren deze avond een kleine discussie bij een studentenhuis. Het duurt niet lang voordat een van de jongens zegt: 'Mijn vader is advocaat en ik studeer rechten.'

'Leuk voor jou en je vader,' antwoord ik droogjes, 'maar het feestje is nu klaar.'

Man, man, man, denk ik. Als we toch een euro op onze bankrekening gestort zouden krijgen voor elke keer dat iemand dat tegen ons zegt… Op de een of andere manier krijg ik altijd de neiging te zeggen: 'En mijn vader werkt bij McDonald's.' En dan het liefst met een zeurderig stemmetje. Maar ik doe het niet. Nog niet…

Het is trouwens altijd weer een uitdaging om je niet boos te laten maken door al die dronken studenten. Meestal ga ik voor de strakke en duidelijke aanpak, zonder ruimte voor discussie. De discussie aangaan is soms wel grappig, maar dat is echt maar heel soms. Het is ze hier gelukkig direct duidelijk en wij gaan weer door naar een volgende overlastmelding.

We mopperen allebei dat het rustig is, en ik gaap. Nu al. Ik app Mandy, een vriendin in Rotterdam die ook nachtdienst heeft, maar dan als verpleegkundige: Heb jij niet een shotje adrenaline voor me, rechtstreeks in de aderen? Ik val in slaap van de rust.

Mandy appt direct terug: Kom maar halen, vriendin. Ik kan ook een infuus aanleggen als je wilt. Stuiterend de nacht door. Even de meldkamer om toestemming vragen voor een ritje 010 en weer terug.

Het is goed om mensen te kennen die soms in hetzelfde schuitje zitten. Nachtdiensten zonder actie kunnen erg lang duren.

We doen het zoveelste rondje over de Oudezijds Voorburg- en Achterburgwal. Er staan twee prostituees te werken, die ik ken omdat ze onlangs een conflict hadden met een toerist die agressief was geworden. Ik zit in het prostitutieteam van de Burgwallen. Dat wil zeggen dat ik onder andere ben opgeleid om signalen van mensenhandel en andere misstanden in de prostitutie te herkennen. Ik doe dit nog niet heel lang, maar ik vind het ontzettend boeiend en belangrijk. Elke keer als ik voor een melding of voor een bestuurlijke controle bij een prostituee kom, probeer ik een praatje te maken. 'Gewoon' slap ouwehoeren over van alles: van het weer tot de kapper en van vakantie tot familie.

Nu ik in de auto weer langs ze rijd, steek ik even mijn duim op, met een vragend gezicht erbij. Ze snappen wat ik bedoel en steken allebei hun duim op, knikkend en zwaaiend.

Zo houden we het contact goed. Als er een keer wel iets is, dan weten ze me hopelijk te vinden. Het is voor beide partijen belangrijk om contact te onderhouden en op deze manier hebben we een vertrouwensband voor als er iets is. Ze hebben ook een rechtstreeks nummer om ons te kunnen bereiken. Dat is een mobiele telefoon, de prostitelefoon of zedentelefoon genoemd, die altijd aanstaat en op het politiebureau ligt. Dit nummer is gereserveerd voor prostituees – zowel in het legale als in het illegale circuit – kamerverhuurders en een aantal ketenpartners die voor de rechten en gezondheid van sekswerkers opkomen. Als er iets gaande is, kunnen zij naar dit nummer bellen, zodat we snel en adequaat hulp kunnen bieden. Ook kunnen prostituees ons op deze manier laagdrempelig benaderen met vragen of problemen. Op deze manier hoeven ze weinig uitleg te geven, niet doorverbonden te worden vanaf de meldkamer en hebben we meestal aan een half woord en de naam van de gracht of het kamernummer genoeg om er iemand naartoe te sturen.

Het is en blijft vannacht stil op de portofoon. Op de meldkamer krijgen de stembanden van mijn collega's ook even rust, want normaal verwerken ze melding na melding. Nu zegt Jan zelfs: 'Als ik niet beter zou weten, zou ik bijna denken dat mijn portofoon stuk is.' Zo stil is het.

Ik baal van stilte in de nachtdienst. Want hoe lief ik Jan ook vind en hoe gezellig het ook is, ik heb liever drukte, adrenaline, gekkigheid. Kom maar door met die knokpartijen, autokrakers, reanimaties, inbraken, onwelle personen, ruzies, dealers of wat dan ook. Natuurlijk wil ik niet dat er iemand doodgaat of dat er iemand in elkaar wordt geslagen, maar ik werk niet bij de politie om urenlang in rust rondjes te rijden. Dit klinkt vast een beetje gek, en ook preventief zichtbaar aanwezig zijn is natuurlijk goed, maar de brandweer heeft ook liever een grote brand dan een potje kaarten. En de ambulance of het Mobiel Medisch Team staat vast ook liever niet wortel te schieten op de post.

We rijden door de Warmoesstraat, tussen de Dam en het Centraal Station. Ook daar is het vandaag rustig. We staan even te praten met twee collega's en twee vrouwen op straat, en stappen weer in de auto. Als we wegrijden, horen we ineens een soort geeuw, alsof er iemand ligt te slapen en zich een beetje uitrekt.

We kijken elkaar aan en direct door naar de achterbank. What the fuck?

Er zit een volslagen vreemde op de achterbank. We zien hem nog net zijn mond dichtdoen na die uitgebreide geeuw. Ik voel mijn hart letterlijk een slag overslaan. Ik kom van schrik los van mijn stoel en bevries half, alsof mijn brein niet kan verwerken hoe die man daar terecht is gekomen. Tegelijkertijd moet ik ontzettend hard lachen. Zenuwachtig lachen, van de schrik.

Ik rol de auto uit en zak van het lachen en de shock door mijn benen. Mijn brein kan dit niet zo snel verwerken. Jan is gelukkig daadkrachtiger en trekt de gapende grote onbekende van de achterbank. De man heeft geen flauw benul van wat er gaande is. Hij loopt – als we het politioneel zouden zeggen – onvast ter been verder de Warmoesstraat in. Slaapdronken of stomdronken, of misschien een combinatie van beide.

We komen tot de conclusie dat hij vermoedelijk zo stomdronken was dat hij dacht dat onze auto een taxi was. Het gekke is dat we geen van beiden, en ook de collega's op de fiets en de twee jongedames met wie we stonden te praten niet, hebben gezien dat hij bij ons op de achterbank kroop.

Het realisatiemoment komt enkele minuten later, als de man in kwestie alweer in de nacht is verdwenen. Ik zie opeens horrorscenario's voor me waarbij een van ons ineens vanaf de achterbank gewurgd wordt door die idioot. Hoe is die kerel nu zonder dat wij het doorhadden zomaar op de achterbank geploft? Wat nou als hij stilletjes tegen de deur aan had liggen slapen, wanneer waren we er dan achter gekomen?

Die shot adrenaline van Mandy heb ik in ieder geval niet meer nodig. Ik denk oprecht dat ik in al die jaren bij de politie nog nooit zó geschrokken ben van zoiets simpels. Ik ben wel eerder geschrokken toen een inbreker zich in een gootsteenkastje had verstopt. Ik verwachtte hem daar niet omdat het me fysiek onmogelijk leek. Maar dat is toch wat anders. Op zo'n moment doorzoek je een huis op jacht naar een inbreker, dus je bent voorbereid op verrassingen. In de veiligheid van je eigen dienstauto verwacht je zoiets niet.

Noem me een aansteller, maar ik moet echt even van dit avontuur bijkomen. Ik check werkelijk nooit de achterbank voor ik in de auto stap. Ik check alleen de achterbank nadat ik een verdachte op de achterbank heb gehad: dan check je of er geen drugs of andere zaken zijn achtergebleven, voor je een nieuwe verdachte laat plaatsnemen. Op dat moment zeg je het ook hardop: 'Ik heb de achterbank van de auto gecheckt, dus als je nu iets weg denkt te moffelen, dan vinden we het bij het uitstappen.'

Sinds die dag check ik dus geregeld of er niet per ongeluk een dronkenlap stiekem op de achterbank gekropen is. Een saaie nacht is één ding, maar onbedoeld als politietaxi fungeren is weer het andere uiterste.

6

Rotmeid!

Werkplek: Amsterdam-West
Functie: surveillant, in (doorstroom)opleiding tot agent

Het is een druilerige ochtenddienst. Ik ben deze week al twee keer doorweekt thuisgekomen en heb geen droog uniform meer in de kast liggen. Ik heb nog wel droge sokken. Dat is ook wat waard.

Ik neem de aangifte op van een dame op leeftijd. Haar fiets is gejat.

'Lekker, lief kind!' zegt ze als ik haar een kop zwarte automatenkoffie aanbied. Vol enthousiasme neemt ze een slok, maar al snel hoor ik: 'Wat een bocht. Zijn ze helemaal mesjogge hier dat je dat moet drinken?'

'Geen zorgen,' antwoord ik lachend. 'Ik lust alleen goede koffie met melk. Ik ben een beetje verwend.'

'En mij geef je deze bocht, lekker dan!' klinkt het in onvervalst Amsterdams.

'Thee dan maar?' zeg ik, en samen lachen we erom.

Ik zet in het keukentje water op. In mijn tas heb ik lekkere thee, die ik fijner vind dan de saaie smaakjes die we op het werk hebben. Ik bied de vrouw ook een theezakje aan.

'O, dank je, wat ben je een lief kind!'

Ze heeft een jute boodschappentas bij zich, die ze ondeugend opendoet. 'Ik ben net een Pietje, hè,' zegt ze, 'maar weet je, ik heb me toch lekkere koekjes. Och, och, och, laat mijn zoon ze maar niet zien.'

Gniffelend trekt ze een papieren zak uit haar tas. 'Vers van de bakker! Wil je met chocola of met kokos?'

Ik heb de ruggengraat van een naaktslak en vind dat ik wel wat lekkers heb verdiend na twee keer te zijn natgeregend.

'Ik lust alles, mevrouw. Wat lief van u!' zeg ik.

'Zeg maar "je" hoor, anders voel ik me zo'n oude taart.'

'Als het dan maar wel een lekkere taart is, mevrouw. Niet zo'n slappe slagroomtaart uit de vriezer.'

'Nou, ik wil wel zo'n taart in het gezicht gooien van die hufter die mijn fiets heeft gestolen!'

We lachen samen hardop. Heerlijke aangifte, nu al, en ik heb nog geen letter op papier.

De computer loopt vast en ik mopper een beetje in het luchtledige. De vrouw lacht erom. Ik merk aan mezelf dat ik ontzettend geniet. Ik ben zelf ook een enorme ouwehoer, dus ik vind dit ontzettend gezellig. Ik zet nieuwe thee en vraag waar en wanneer ze de fiets voor het laatst gezien heeft. Ineens zie ik wat lichte twijfel ontstaan bij de vrouw.

Ik wil haar geen vervelend gevoel geven, dus ik zeg er snel achteraan dat het niet uitmaakt als ze het niet meer precies weet.

'Nee hoor, kind, maar weet je, ik heb het gevoel dat er iets niet klopt.'

Ik laat de stilte die valt voor wat die is en prop het laatste stuk koek in mijn mond.

'Laatst had ik ook al een nieuw pak koek gekocht,' vervolgt ze, 'maar de oude waren nog niet op. Ik denk dat ik een beetje jeukende hersenen heb.'

'Ach, beter te veel koeken dan te weinig!' antwoord ik. Deze oude vrouw is net mijn oma, en voor ik er erg in heb, ligt er alweer een nieuwe koek voor me. Ik protesteer niet: als ik iets goed kan, dan is het koek eten.

'Dat is zo, kind. Dat is helemaal waar,' hoor ik, maar ik zie dat ze aan het piekeren is. Ik voel dat er iets niet klopt aan haar verhaal.

Ik besluit samen met de vrouw de dag van de fietsendiefstal door te nemen. Dat idee neemt ze echter erg letterlijk, en ze tettert er vrolijk op los. Ze vertelt wat ze doet zodra haar wekker gaat: direct uit bed en door naar het koffiezetapparaat. Als de koffie klaar is, schenkt ze haar eerste bakkie in en duikt ze met koffie en al terug in bed. Dit doet me aan mijn beste vriendin Sylvia denken. Die zet een halve liter thee en kruipt dan ook weer onder de wol. Ik doe dit zelf ook regelmatig, mits ik niet bruut om vijf uur 's morgens gewekt word door de wekker voor een ochtenddienst.

Ik durf haar nauwelijks te onderbreken, want het verslag van haar dag is ontzettend aandoenlijk. Ik laat de vrouw haar hele routine vertellen. Misschien komen we zo tot het punt waarop ze haar fiets voor het laatst gezien of gebruikt heeft. Het is daarnaast buiten nog steeds hondenweer, er staan geen andere aangiftes gepland en ik verwacht ook niet dat er nog veel mensen binnen komen wandelen. Nou ja, misschien iemand die aangifte wil komen doen tegen Piet Paulusma, die gisteren met droge ogen voorspelde dat het vandaag goed barbecueweer zou worden. Ik neem dus de tijd. Mevrouw vertelt van alles over haar dag, en we vliegen van sesambroodjes van de bakker – iets anders blieft ze niet – naar de dagelijkse was – soms op de hand en soms in 'het apparaat'. Op zondag verschoont ze haar beddengoed, en daarna gaat ze lekker vroeg 'haar mandje' in. Want dan ruikt het zo lekker naar wasverzachter. Maar voor ze gaat slapen, is het nog tijd om even op de iPad te spelen. Ze scrabbelt, doet ook zo'n kaartspelletje en ze heeft zelfs een digitale dierentuin, vertelt ze me.

'Ik vergeet ze soms te verzorgen, maar dan geeft die iPad een geluidje en dan staat er dus dat ze dorst hebben! Dat is toch grappig, hè... digitale dorst!'

De thee is op en ik zet weer nieuwe. Het lijkt wel een theekransje en het heeft voor mijn gevoel niets met politiewerk te maken. De vrouw ratelt maar door en er staat nog altijd geen letter op papier. Ik zie opmerkingen als 'En dat allemaal van míjn belastinggeld' al voor me, maar ik heb het enorm naar mijn zin.

Zou het een soort ingebouwd respect voor oude mensen zijn, zoals je dat voor je opa en oma kunt voelen? Alsof je ze moet beschermen, terwijl je ook van hun gezelschap geniet, van ze leert en het tegelijkertijd ook bewonderenswaardig vindt dat ze al zo oud zijn en je je afvraagt of je die respectabele leeftijd zelf wel gaat bereiken. Dat laatste vraag ik me misschien vooral af als ik nachtdiensten draai en probeer uit te rekenen hoeveel jaar van mijn leven het kost om elke keer weer mijn biologische klok een rotschop te geven.

Van oude mensen blijf je af, is mijn stelregel. Ik hoop dat iedereen dat kan beamen. Laatst was er een melding van een beroving van een oudere vrouw. Bij ons komt er dan een extra 'blijf met je klauwen van oude mensen af'-motivatie naar boven. In dit geval heeft een van de beste motorrijders die ik ken die klootzak in het Vondelpark in zijn kraag gegrepen. God, wat was ik blij en trots toen hij binnenkwam en zijn helm afzette, met zijn blonde haar volledig in de war.

'Lekker gewerkt, pik,' riep de chef van dienst. En zo is het: van oude mensen blijf je af.

We zijn aangekomen bij het moment dat haar zoon koffie komt drinken.

'Ja, lief, hè? Elke dag komt mijn zoon of mijn dochter wel op bezoek. Ze wisselen elkaar af.'

Ze pakt haar telefoon uit haar tas en toetst razendsnel een

wachtwoord in. Ze ziet me verbaasd kijken en zegt trots: 'Ja, kind, ik ga met mijn tijd mee hoor!'

Ze vertelt dat ze dat allemaal van haar dochter heeft geleerd, ook de digitale dierentuin, en dat ze net een nieuw verblijf voor de kippen heeft gebouwd.

'Gisteren was mijn dochter er,' ratelt ze verder. 'Ik had lekker verse slagroomsoesjes gehaald.'

Deze vrouw geniet intens van het leven en ik vind het geen enkel probleem dat het een lange aangifte wordt. Ineens roept de vrouw uit het niets: 'Och, hemeltjelief! Kind! Mijn fiets is helemaal niet gestolen!'

Ik begin hardop te lachen. 'U hebt hem geruild voor een pak koeken?'

'Koeken! Wat ben jij een rotmeid!'

Ik ben dol op die Amsterdamse uitspraken. Rotmeid, dat heb ik al een tijdje niet gehoord.

De vrouw tegenover me valt stil en houdt dan een hand vol gouden ringen voor haar mond: 'Och, hemeltjelief, hoe kan ik dat nou vergeten?'

Ze blijft deze zin maar herhalen, terwijl ik inmiddels wel benieuwd ben naar waar de fiets is. Het antwoord laat nog even op zich wachten, want op dat moment gaat de telefoon van de vrouw. Ze neemt supersnel op.

Direct daarna verandert haar stem in het stemmetje dat we allemaal hebben: de stem die je gebruikt tegen kleine kinderen, of zoals ik tegen Munk, mijn kat, praat: poeslief.

De vrouw kwebbelt een eind weg met haar kleinekinderstem en dan zegt ze ineens: 'Liefie, oma moet mama even aan de telefoon hebben, hoor.' Haar stem verandert.

Ik snap nog steeds maar weinig van de situatie, maar het is me inmiddels duidelijk dat de fiets niet gestolen is. Ik sluit de computer weer af; het gaat definitief geen aangifte worden. De vrouw praat tegen haar dochter alsof ze zojuist een valse aangifte heeft gedaan en ik op het punt sta alle mensenrechten te negeren om haar voor de rest van haar leven op te sluiten in Guantánamo Bay. Ik probeer haar een paar keer zachtjes in de rede te vallen met 'Het is allemaal niet erg, we zijn niet boos', maar ze lijkt me te negeren.

Als ze uiteindelijk ophangt, ben ik bijna bang dat er straks een demonstratie van Amnesty International voor de deur staat, met 'Free Oma Koek' of iets dergelijks. Dat wil na het ontruimen van een kraakpand nog weleens gebeuren, dat er na een aanhouding ineens een lawaaiprotest voor de deur van het politiebureau of cellencomplex gaande is. Dat is nu natuurlijk niet aan de orde: ik ga deze fantastische oma natuurlijk niet aanhouden voor het doen van een valse aangifte. Ik zou eerder een fanclub willen oprichten of me laten adopteren als kleinkind, want deze vrouw is één groot feest. Zo iemand heb je nodig in je leven.

Ze legt het verhaal eindelijk aan me uit. Haar dochter was gisteren met de tram naar haar toe gekomen, maar op de terugweg was er een probleem met de bovenleiding, dus de trams reden niet. Ze was teruggewandeld naar het huis van haar moeder en had haar fiets geleend. En dat herinnerde ze zich pas toen we haar dagindeling samen bespraken.

'Sorry, sorry, sorry, lief kind,' blijft ze maar zeggen.

'Nee joh, nergens voor nodig. Ik vond het gezellig om al kletsend koek met u te eten op deze druilerige dag,' antwoord ik naar waarheid.

Ik heb weleens nuttelozer dingen gedaan dan een oudere dame geruststellen. Zoals die keer dat we langs de deuren moesten om advies over inbraakpreventie te geven. Op kerstavond. Niet het slimste idee ooit. De meeste mensen kregen een hartverzakking omdat ze dachten dat we slecht nieuws kwamen brengen. Andere keken ons meewarig aan, met een hoofd van: 'Je wilt nu serieus een inbraakpreventiepraatje komen houden terwijl we net met de hele familie aan de kersttafel zitten?'

In mijn ogen net zo nutteloos als de aangifte van de oude vrouw, maar een stuk minder gezellig.

Als Oma Koek de deur uit is, moet ik nog even glimlachen om het voorval. Het is een typisch voorbeeld van de magie van oude mensen. Een tijdje terug stond ik bij een verkeersongeval, maar in mijn hoofd was ik bij mijn vriendin Mandy, die in het ziekenhuis lag. Het is natuurlijk de bedoeling dat de mensen op straat niets merken van mijn privésores, maar die middag kwam er direct een oudere vrouw naar me toe, met hetzelfde soort slofachtige schoenen als mijn oma altijd aanhad, de Uggs onder het omaschoeisel: hartstikke lelijk, maar ze zitten vast fantastisch.

'Wil je een kop koffie of thee, lieverd? Jullie staan hier al zo lang,' begon ze. 'En wil je er ook een plak cake bij?'

Dat lang staan viel in mijn optiek wel mee, en ik bedankte dan ook vriendelijk, hoewel ik de cake stiekem natuurlijk wel wilde aannemen. Lieke de kliko had een momentje ruggengraat. Dat mag genoemd worden.

'Jullie dragen niet alleen de ellende van alles wat jullie proberen op te lossen, maar ook jullie eigen verdriet, hè,' ging ze verder.

Ik was even afgeleid door mijn gedachten, want ik antwoordde niet.

Ze vervolgde: 'Vroeger zei men veel vaker dank je wel. Dank je wel dat je je werk doet, ondanks je eigen pijn. Maar jouw pijn mag er zijn, liefje.'

Die laatste woorden kwamen bij me binnen en ik stond letterlijk te vechten tegen de tranen, midden op straat.

Ik kon niets anders dan oprecht glimlachen naar die lieve oude vrouw. Het was voor mij een typisch moment van die oudemensenmagie waar ik zo gevoelig voor ben. Hoewel ik er nog steeds spijt van heb dat ik die plak cake niet heb aangenomen. Hij was vast lekker.

Dit keer blijf ik wel met een gevulde buik in de aangiftekamer achter. De oudere dame zegt nog minstens honderd keer sorry en ik nog honderd keer dat dat niet nodig is. Ik maak nog wat grappen en zeg dat ze altijd welkom is, mocht haar fiets wel een keer gestolen zijn.

'Rotmeid ben je! Jij wilt gewoon mijn lekkere koeken, hè!' Haar lach buldert door de hal van het politiebureau.

Ik open de deur voor haar en roep veel te vrolijk: 'Tot volgende week, hè! Zelfde plek, zelfde tijd.'

Ze zegt nog een keer 'Rotmeid' tegen me en loopt lachend het bureau uit.

De volgende dag is ze al terug. Ze komt nog een pak koeken brengen. Het zijn soms de kleine dingen die een grote impact maken.

7

Stoere ballerina

Werkplek: Amsterdam-Centrum
Functie: hoofdagent

Soms gebeuren er dingen waardoor de tijd even stil blijft staan. Zoals de gebeurtenissen in Luik op 29 mei 2018. Benjamin Herman – wat mij betreft niks geen Benjamin H. of zwart balkje voor zijn ogen – schoot twee van mijn Belgische collega's en een voorbijganger dood. Eerst viel hij ze van achteren met een mes aan, waarna hij het vuurwapen van een van de twee vrouwelijke agenten afpakte. Daarmee vermoordde hij hen en een man in een voorbijkomende auto, waarna hij een vrouw in een nabijgelegen school gijzelde. Hij verklaarde later dat hij handelde zoals IS dat 'voorschreef'. Hij werd uiteindelijk doodgeschoten door de inmiddels in groten getale ter plaatse gekomen politie. Het verhaal grijpt me nog steeds naar de keel.

Tegen iemand met een mes in zijn handen die als enig doel heeft om jou aan te vallen kun je betrekkelijk weinig doen, helemaal als de aanval van achteren komt. Bij ons hebben alle politieagenten in het trainingscentrum een messenprogramma gevolgd, waarbij er wordt geoefend met een mes met een ingebouwde minitaser. Als je geraakt wordt, is het dus echt even schrikken, en je voelt ook daadwerkelijk 'angst' voor dat mes. Er is ook een mes dat verf achterlaat op je uniform, waarmee wordt geïllustreerd hoe razendsnel je meerdere steekwonden op kunt lopen. Ik weet nog dat ik helemaal onder de verf zat; de opdracht een oud overhemd mee te nemen was niet voor niets...

Als die casus toen realiteit was geweest, was ik compleet overhoopgestoken en zou het bloed uit me zijn gegutst – een steekwond of zes, geloof ik. Het is bizar om je te realiseren dat een mens dat een ander mens kan aandoen. En het zet je ook weer met beide benen op de grond en laat je beseffen hoe kwetsbaar we eigenlijk zijn, met of zonder uniform, dag in, dag uit.

Het vreselijke incident in Luik deed me veel. Niet alleen omdat het verhaal op zich al angstaanjagend is, maar ook omdat het een overeenkomst had met de verkrachting van en de moord op Anne Faber een paar maanden eerder, een zaak die me ook echt flink had aangegrepen.

De moordenaar van Anne Faber had in mijn ogen niet vrij rond mogen lopen. Hij zat in een kliniek in Den Dolder wegens onder andere twee verkrachtingen, maar had toch – als je het mij vraagt te veel – de vrijheid om te gaan en staan waar hij wilde.

Dit geldt ook voor draaideurcrimineel Benjamin. Hij had niet vrij rond moeten lopen. Hij zat sinds 2003 min of meer aaneengesloten in de gevangenis en zijn eigenlijke straf zou nog lopen tot 2020, maar hij had toch een uitgaansvergunning. Dat klinkt net zo gezellig als een horecavergunning: de deur uit voor een hapje en een borrel, maar in realiteit is het het voortraject van een terugkeer naar de maatschappij, een voorproefje op een reclasseringstraject. Maar waarom krijgt een behoorlijk doorgewinterde draaideurcrimineel een reclasseringstraject? En waarom krijgt hij daar een voorproefje op? In mijn ogen heeft zo iemand allang laten zien dat hij níét functioneert in de maatschappij. Het maakt me ontzettend boos en verdrietig. Hoe is het mogelijk dat er in de maatschappij zulke levensgevaarlijke idioten rondlopen, die al ruimschoots hebben laten zien hun leven niet aan te willen passen? Waarom zou je hun dan een traject geven om nog maar een keer te proberen terug te keren in de maatschappij, waar ze alleen maar meer schade aanrichten? Het maakt me kwaad, verdrietig en gefrustreerd. Waar gaat het mis, waarom gaat het mis en wat kunnen we eraan doen? Waarom verandert het rechtssysteem niet, zodat we dit soort ellende kunnen voorkomen?

Medegevangenen verklaarden dat Benjamin in de gevangenis geradicaliseerd is. Ze noemden hem gevaarlijk. Is dit de gevangenisleiding nooit opgevallen of is het nooit gemeld? Is het echt gewoon dikke pech of had deze gruweldaad voorkomen kunnen worden?

Ook ik heb de afgelopen jaren 'risicovolle' diensten gedraaid, zoals tijdens of na terroristische aanslagen in de landen om ons heen. Ook zijn er soms extra drukke diensten of dagen met veel te weinig personeel, of er zijn festiviteiten of demonstraties in de stad waarbij we weten dat we als politieagenten risico lopen. Het zijn diensten met net een beetje extra zweet in de bilnaad. De 'blij dat je weer veilig thuis bent'-diensten, of als een 'risicovolle' dag (bijvoorbeeld de Dodenherdenking) zonder grote ordeverstoringen verloopt. Voor al dit soort diensten wordt ons tijdens de briefing altijd extra op het hart gedrukt goed op elkaar te letten, goed naar de portofoon te luisteren en alert te reageren. Het belangrijkste van elke dienst is altijd hetzelfde: veilig weer naar huis, en daar valt soms een schram, een kras, een pleister, een blauwe plek of een beurse knie onder. Na aanslagen op collega's in landen om ons heen is iedereen altijd net wat alerter: kom je aan een van ons, dan kom je aan ons allemaal. De woede als een van ons in persoon wordt aangevallen is dan ook groot, de verbondenheid is sterk. Het 'kom niet aan mijn blauwe familie'-gevoel is dan heel tastbaar.

Vandaag moet ik enkele uren na dat vreselijke incident in België werken. Met zwaailicht en sirene zijn mijn collega Bilal en ik onderweg naar een verkeersongeval op een drukke kruising. Er is een jong meisje gewond geraakt bij een fietsongeval. Ik rijd vandaag nog net iets harder: zo werkt dat bij mij met incidenten waar kinderen bij betrokken zijn.

Het blijkt gelukkig mee te vallen. Het meisje – in balletpak – is gelukkig niet gewond, maar haar moeder heeft wel medische aandacht nodig. Het meisje is bezorgd om haar moeder, die in paniek is. Ze klemt haar armen stevig om mijn nek, met tussen ons in het traumabeertje dat ik haar heb gegeven. We hebben deze knuffelbeertjes altijd in de auto liggen: om kinderen die iets naars meemaken te kunnen afleiden, troosten en geruststellen.

'Komt het wel goed met mama?' vraagt ze me met tranen in haar ogen. Grote donkere ogen met wimpers waar ik direct jaloers op ben kijken me verwachtingsvol aan. Ik vind het bijzonder hoeveel vertrouwen ze in mij heeft al sinds de eerste minuut dat ik contact met haar maakte.

'Het komt goed met mama,' zeg ik. 'Ze is erg geschrokken omdat ze dacht dat jij veel pijn had. Maar jij bent een superstoere meid.'

Ze lijkt tevreden met mijn antwoord en vervolgt: 'Ik heb twee chocolaatjes. Eentje voor mama als ze straks na de ramadan weer mag eten. En ook eentje voor mezelf.' Het is even stil en dan zegt ze: 'Jij mag mijn chocolaatje wel. Ik vind jou heel erg lief!'

Ik smelt. Ik zeg dat ik geen chocolaatje hoef en dat zij het straks lekker zelf mag opeten, samen met haar mama.

Terwijl haar moeder in de ambulance onderzocht wordt, laat ik het meisje op alle knopjes in de politieauto drukken. Ik veeg haar nat gehuilde wangen droog en maak een foto van haar om later aan haar mama te sturen. Ze heeft een grote glimlach op haar snoetje, een groot contrast met even eerder, toen ze nog tranen met tuiten huilde.

Trots houdt ze haar traumabeertje omhoog: 'Die moet ook op de foto.'

Het traumabeertje heeft ze de naam gegeven van de ambulanceverpleegkundige, 'want die maakt mama beter'.

Ze drukt op alle knopjes en vraagt bij ieder knopje wat het is. Dan wijst ze naar mijn uniform. 'Wat is dat allemaal?'

We gaan mijn hele koppel af. Daar zit meer aan dan je denkt. Mijn rozegeverfde handboeien vindt ze ontzettend interessant en voor de wapenstok heb ik ook een mooie uitleg. Dan wijst ze naar mijn vuurwapen. 'Is dat een echt pistool?'

Shit, denk ik. Deze ballerina in de dop is veel te jong om met pistolen in aanraking te komen. Ik denk dus goed na voor ik het meisje antwoord durf te geven.

'Ja, liefje, dat is een echt pistool.'

'Waarom dan?' antwoordt ze direct. Haar grote ogen kijken me vol verbazing aan.

'Voor als er mensen zijn die heel slechte dingen doen,' antwoord ik, een soort van naar waarheid.

'Zijn ze ook weleens slecht voor jou dan?' vraagt ze ongerust.

'Nee, gelukkig niet,' zeg ik met een lach, en ik zie dat ze zich ontspant.

'Gelukkig maar! Ik vind jou echt heel erg lief, dus ik snap wel dat ze dat niet doen!'

Ik ben privé altijd een beetje onhandig met kinderen, maar in mijn werk doe ik echt mijn best om ze zo min mogelijk te traumatiseren met onze aanwezigheid, ons optreden en soms ook gewoon ons hele voorkomen. Ik zwaai altijd naar kinderen die blij naar onze politieauto kijken, doe soms zelfs de zwaailichten even voor ze aan en probeer altijd vriendelijk en benaderbaar over te komen. Ik baal er dan ook ontzettend van dat sommige ouders hun kinderen bang maken voor ons en met dingen dreigen als: 'Als je nu niet luistert, nemen ze je mee, hoor. Dan moet je naar de gevangenis.'

Een vriendelijk verzoek aan die ouders: stop daarmee. Wij willen juist heel graag dat je kind ons om hulp durft te vragen. We zijn niet van de 'eet je bord leeg'-politie.

Dit meisje voelt geen enkele angst voor ons en dat doet me goed. We staan tegenover het hoofdbureau en Bilal zet samen met het meisje de fiets op slot. Met haar handje stevig in zijn hand steken ze samen het zebrapad over. De kleine dappere ballerina vertrouwt ons volledig en ik vind het mooi om te zien.

Wij brengen moeder en dochter daarna naar huis. Ik doe de gordel bij het meisje om en prop de traumabeer er ook nog tussen. 'Zo, jullie zitten veilig, liefje.'

'Zeker weten,' zegt ze stoer. Van de eerdere dikke tranen over haar wangen zien we niets meer terug en dat is fijn. De ballerina kijkt met een stoere grijns naar Bilal. Haar moeder zit er in stilte naast. Ze is flink geschrokken van het ongeval, maar gelukkig valt het allemaal mee.

Onderweg naar de volgende melding praten Bilal en ik nog even na.

'Wat een pienter, lief en dapper meisje,' zeg ik.

'En wat is ons werk soms toch mooi. We konden echt het verschil maken voor deze kleine ballerina en haar moeder.'

Ik moet denken aan Luik. Ik kende de agenten niet, maar toch horen ze bij mijn blauwe familie. Deze collega's mogen nooit meer traumabeertjes uitdelen, nooit meer uitleg geven over alle spullen die we bij ons dragen, nooit meer schelden op loze meldingen, nooit meer lachen om dronken mafkezen, nooit meer kokhalzend door de cellengang omdat de lucht niet te harden is, nooit meer collega's in de zeik nemen. Nooit meer hun stem gebruiken tegen onrecht. Ze gaan nooit meer naar huis. Nooit meer hun geliefden knuffelen. Nooit meer…

De klootzak, denk ik.

Rust in vrede, dappere collega's uit Luik. *We'll take it from here.* En kleine ballerina, ik hoop zo dat je voor altijd zo stoer en lief blijft.

8

Het was geen thee

Werkplek: cellencomplex hoofdbureau
Functie: surveillant

Als surveillant heb je geen vuurwapen. Je bent wel politieagent, maar hebt een net iets ander takenpakket. Ik werk met regelmaat als arrestantenverzorger op het cellencomplex in het hoofdbureau op de Elandsgracht in Amsterdam. Het pand huisvest niet alleen het cellencomplex, maar ook bijvoorbeeld de korpsleiding (door ons de Gouden Gang genoemd), de jeugd- en zedenpolitie, Bureau Integriteit (door ons het VIK genoemd – de afdeling Veiligheid, Integriteit en Klachten voor interne en disciplinaire onderzoeken binnen de politie) en het Operationeel Centrum (afgekort het OC, of gewoon de meldkamer). Ik ben er graag, omdat er zoveel reuring is van verschillende afdelingen die bij elkaar over de vloer komen of vlak bij elkaar werken.

In het cellencomplex gebeurt van alles rondom de aangehouden verdachten, zoals de insluitingsfouillering, het loggen van hun bezittingen in de politiesystemen, de maaltijd- en koffie-en-theerondes, de arrestanten laten douchen en laten luchten, hen naar hun verhoor, advocaat of reclassering brengen, of het begeleiden van het bezoek van een ouder of voogd bij minderjarigen. Ook het zogenaamde boekjes rondbrengen hoort erbij. 'Koffie, thee, vieze boekjes!' galmt het dan door de gangen. Ondanks het feit dat het geen echte 'vieze boekjes' zijn, blijven we graag lachen. En 'Koffie, thee, vieze boekjes' klinkt nou eenmaal leuker. Desondanks plakken de bladzijden van de *Panorama* regelmatig aan elkaar, dus ik laat de arrestanten dan ook bijna altijd zelf hun lectuur pakken en terugleggen.

We schakelen ook met verpleegkundigen, in het geval van ongemakken en medicatiegebruik van arrestanten. Bovenal zorgen we ervoor dat het bovenstaande allemaal ordelijk verloopt. En dat is met regelmaat een uitdaging.

We hebben helaas vaak te maken met agressieve arrestanten of arrestanten die keer op keer terugkomen. We kennen de zogenaamde draaideurarrestanten bij naam, weten wat ze eten – 'Vier witte boterhammen met pindakaas en extra boter. En koffie met extra suiker!' – weten wie weigert te douchen en met wie het altijd gezeik is. Sommige arrestanten proberen ons bijvoorbeeld elke keer weer te shockeren met piemelzwaaierij. Een van die mannen werd zo vaak aangehouden dat ik een keer zodra hij de arrestantenbus uit stapte al zei: 'Zo, meneer, laat je apparaat direct maar even zien, dan hebben we dat ook weer gehad.' Of het erg professioneel van me was? Mwah. Maar voor hem was de lol er wel af. Na die opmerking heb ik zijn piemel gelukkig niet meer hoeven te aanschouwen.

Vandaag is het een relatief koude middagdienst. Ik draag een coltrui, want die hoef je niet te strijken. De coltrui wordt officieel alleen gedragen door motoragenten, maar via via heb ik er ook eentje bemachtigd. Ik heb een enorme hekel aan strijken; vrijwel mijn hele garderobe is strijkvrij. Ik heb sinds de invoering van ons nieuwe uniform niet eens meer een strijkplank in huis, alleen zo'n klein handstoomapparaatje. Met het oude uniform was dat wel anders: strijken was een dagelijkse irritatiebron. Op die vervloekte witte overhemden zag je ook heel goed bloed-, kots-, pis- of gewoon koffievlekken. Poep zag je overigens ook erg goed, weet ik helaas uit ervaring. Ja, ik heb echt het mooiste werk van de wereld.

Als de collega's van de ochtenddienst naar huis zijn, loop ik een rondje over de cellengang. Eerder die ochtend was er een arrestant continu aan het schreeuwen. Hij zit in een cel vlak bij ons 'kantoortje' en drukte elke paar seconden op het belletje in zijn cel. Gelukkig keerde de rust korte tijd later weer terug. Ik doe mijn gebruikelijke koffie-en-theeronde en de boze arrestant doet inmiddels weer een beetje normaal. Als ik hem een kop thee geef, vraagt hij me om paracetamol. Hij maakt nog een beetje een opgefokte indruk op me en gezien zijn gedrag eerder vandaag ben ik op mijn hoede.

'Waar heb je pijn?' vraag ik hem. Ik moet dat invullen op de lijst voor de verpleegkundige.

'Dat gaat je niks aan,' antwoordt hij kortaf.

Ik vraag het hem niet voor niets, dus ik vraag het nog een keer.

'Geef me die fucking paracetamol, godverdomme!' schreeuwt hij met zijn hoofd vlak bij het luikje van de cel.

Ik doe een paar stappen achteruit, want ik heb geen zin om in mijn gezicht getuft te worden. Dat gebeurt helaas iets te vaak.

'Mevrouw,' gaat hij met zichtbaar ingehouden woede verder. 'Ik word lijp van de kiespijn! Het maakt me fucking gek!'

Ik heb zelf net twee weken lang kiespijn gehad en ik kan me levendig voorstellen dat hij een pijnstiller wil. Ondanks zijn geschreeuw gedraagt hij zich verder niet echt gek. Ik loop naar het aanspreekpunt van de dienst in ons kantoortje en zeg: 'Ik geef 014 twee paracetamol, goed?'

'Weet je het zeker?' reageert mijn collega. 'Hij doet gek, hè? Dit deed-ie ook al bij de collega's van de ochtenddienst.'

Ik ben me ervan bewust, maar heb het naar mijn idee wel honderd keer gekker meegemaakt. Deze arrestant schreeuwt alleen. Ik antwoord dat ik zelf recent ook verging van de kiespijn en dat ik hem dus wel begrijp.

Ik doe het luikje open. Misschien ken je die luikjes wel uit series of films: zo'n dertig bij dertig centimeter en op ooghoogte. Ik heb twee paracetamol in mijn hand. Ik wil ze op het luikje neerleggen, maar krijg de kans niet: razendsnel gooit 014 de inhoud van zijn bekertje over me heen. Ik probeer nog enigszins weg te duiken, maar duidelijk te laat. Ik voel de warmte van de thee die ik hem net heb gegeven over me heen. En dan registreert mijn brein de geur: het was geen thee. Fuck. Hij heeft een beker lauwe pis over me heen gegooid. Gadverdamme! Mijn gezicht en mijn borst zitten volledig onder de urine. Zonder nadenken trek ik mijn coltrui en ondershirt over mijn hoofd. Daar sta ik dan, in mijn beha op de cellengang.

Ik neem een hap lucht zodat ik voldoende zuurstof heb en de komende minuut niet door mijn neus hoef te ademen, en ren razendsnel de keuken in, waar ik mijn kop onder de kraan gooi. Ik verzuip mezelf bijna en proef alleen nog maar handzeep, zoveel gebruik ik ervan. Terwijl het water nog van me af druipt, loop ik al scheldend naar de kleedkamer om te douchen. Ik voel me allemachtig goor en vernederd, en dat terwijl ik die klootzak alleen maar paracetamol wilde geven tegen zijn kiespijn.

Woedend en vol walging sta ik onder de douche. Ik heb al veel ranzige dingen meegemaakt, maar dit is de overtreffende trap.

De rest van de dienst loop ik chagrijnig in mijn joggingpak rond. Ik moet aangifte doen en ben zo ontzettend boos, juist omdat ik weet hoe naar kiespijn kan zijn en ik hem ondanks zijn gedrag toch een pijnstiller wilde brengen. Dit is stank voor dank. Letterlijk.

9

Onderbuikgevoel

Werkplek: cellencomplex hoofdbureau
Functie: surveillant

Voor dat we aan een nieuwe dienst beginnen, krijgen we altijd een briefing over de arrestanten die op dat moment vastzitten. Vandaag krijgen we te horen dat een vaste bezoeker van het cellencomplex weer in een cel zit. Deze man kost elke keer een hoop tijd, want werkelijk niets gaat zonder moeite.

We zitten vandaag zo goed als vol. Er kunnen nog twee arrestanten bij en dan zijn alle cellen bezet. Snel beginnen we aan alles wat er gebeuren moet, terwijl de altijd vervelende vaste klant alweer bezig is het bloed onder onze nagels vandaan te halen. Hij heeft de eerste collega al uitgescholden bij het rondbrengen van het ontbijt. Met het kuipje boter waar een normaal mens de hagelslag mee op zijn brood plakt, is hij inmiddels de voegen tussen de tegels aan het invetten.

Ik moet er stiekem best om lachen. Je wordt er een beetje moedeloos van: je kunt met hem in discussie gaan, maar je weet dat het geen zin heeft. De man heeft een vaste cel, die hij – als-ie niet in gebruik is – altijd krijgt toegewezen. Deze cel zit zo ver mogelijk bij onze ruimte op de afdeling vandaan, zodat we zijn geschreeuw wat minder horen. Het werkt ook goed op de dagen dat hij de muren van zijn cel besmeurt met poep en uitgebreid onder de deur door pist, dan lopen we niet in het hele pand te kokhalzen.

Vooralsnog gaat het prima. Een beetje boter in de voegen is niet het grootste probleem. Alleen voor de schoonmakers vind ik het altijd zo rot. Voor poep, pis of bloed bellen we de calamiteitenschoonmaker, maar die vette voegen zullen schoongemaakt moeten worden door de gewone schoonmaker, ook al kun je zijn werk hier met goed fatsoen nauwelijks 'gewoon' noemen. Eigenlijk zouden we die gast geen boterkuipjes meer moeten geven, maar als we dat niet doen, verzint hij wel weer iets anders dat ons irriteert en werk oplevert. Hij loopt ook altijd expres ontzettend langzaam, vooral als hij doorheeft dat we het druk hebben.

Ik ben bezig met het maken van de doucheplanning. Het is een aardige puzzel, want we hebben veel 'relatiestatussen', zoals we dat noemen. Dit betekent dat arrestant X niet met arrestant Y in contact mag komen, omdat ze bijvoorbeeld samen zijn aangehouden in dezelfde zaak en dus niet mogen babbelen om hun verhalen op elkaar af te stemmen. Het douchen gebeurt weliswaar in aparte hokjes, met een slot op de deur zodat ze niet ineens in hun nakie over de gang rennen. Toch laten we X en Y als ze een relatiestatus hebben niet tegelijkertijd douchen, om te voorkomen dat ze door de muur heen naar elkaar schreeuwen.

Soms zitten arrestanten in 'alle beperkingen': dan mogen ze echt alleen contact hebben met hun advocaat, en dus niet met andere arrestanten. Deze beperking geldt ook voor de luchtplaats, waar de arrestanten normaal gesproken bij elkaar staan. Arrestanten die in alle beperkingen zitten, moeten in hun eentje naar de luchtplaats. Je begrijpt: dit kost wat puzzelwerk. En een hoop tijd.

De vaste vervelende klant is aan de beurt om te douchen. Deze dienst gaat het *so far* nog redelijk; er zit nog geen poep aan de muur. Ik loop naar zijn cel, klop op de deur en doe hem open.

'Wil je douchen?' vraag ik.

'Ja,' klinkt het kortaf.

Ik kijk rond in de cel. Hij heeft er alweer een grote puinzooi van gemaakt. Alsof hij mijn gedachten kan lezen, zegt hij: 'Ik wil een andere cel.'

'Ja, je kunt zoveel willen,' zeg ik. 'Ik wil een miljoen op mijn bankrekening, krijg ik ook niet.' Ik hoop dat hij de irritatie in mijn stem niet hoort.

Mijn geduld met deze arrestant is op. Zijn cel is vlak bij de douche, maar hij sjokt mopperend en tergend langzaam vooruit. Als we eindelijk bij de douche aankomen en ik hem een papieren handdoek, zeep en een tandenborstel met ingebouwde tandpasta geef, blijft hij stilstaan. Ik voel gewoon dat hij weer een of andere kloterige opmerking gaat maken.

'Ik moet nog even iets pakken uit mijn cel,' zegt hij.

'Je bent vervelend,' reageer ik. 'Wat ben je vergeten? Je verstand?'

'Haha, je bent niet grappig, hoor.'

'Jij ook niet. Hup, rap dan, want ik heb niet de hele dag de tijd. Je bent niet de enige die wil douchen.'

Met mijn armen over elkaar sta ik demonstratief te wachten. De collega die me zou helpen, roept dat hij ergens anders iets moet oplossen. Ik versta niet precies wat, maar het is geen probleem. Anders staan we ons hier met zijn tweeën te ergeren, denk ik maar.

Ik heb hem nog geen seconde de tijd gegeven om terug te lopen naar zijn cel, en hij geeft al een beuk op de celdeur van een ander. Ik geef hem een duidelijke waarschuwing: 'Gedraag je, anders ga je zonder te douchen je cel weer in, mij om het even!'

Hij beukt op de cel van een jongen die voor het eerst vastzit en erg schrikachtig is. Door het luikje zeg ik snel sorry tegen die jongen. Zijn ingevallen gezicht is wit weggetrokken en hij knikt met grote ogen.

Ik heb met hem te doen. 'Ik kom zo nog even bij je langs, als je wilt,' zeg ik, en hij knikt alleen maar. Ik weet niet waarom deze jongen hier zit, maar iets in mij zegt dat dit de eerste en ook meteen de laatste keer is.

De vervelende vaste klant ziet aan me dat ik meen wat ik zeg, want ineens staat hij weer naast me. Hij kijkt overduidelijk naar mijn billen en ziet dat ik het zie. Hij pakt de douchespulletjes van me aan en zegt met een zwoel ondertoontje in zijn stem: 'Ik zou wel willen dat jij mijn rug even komt inzepen.'

Wat heb ik een grafhekel aan dit gedrag. 'Een klap voor je kanis kun je krijgen,' zeg ik rustig. Uitdagend kijkt hij me aan. Ik ben hem helemaal zat en duw hem de douche in. 'Ophouden nou met je gesodemieter en douchen met je kadaver!'

Aan nieuwelingen geven we uitleg over hoe de douche werkt. Maar deze man heeft zo ongeveer een klantenkaart hier en weet precies hoe de douche werkt. Sterker nog, hij weet hoe alles hier werkt. En hij is niet de enige. Er zijn genoeg gasten die dusdanig vaak vastzitten dat je ze in de loop der tijd een soort van leert kennen. Met de meeste van deze 'vaste klanten' heb ik een goede verstandhouding. Met deze etterbak niet, en ik wil zo min mogelijk woorden met hem wisselen. Hij staat eindelijk in de douche en ik doe de deur dicht. Ik tel in gedachten even tot tien en wilde dat ik de douche stiekem op standje ijskoud kon zetten. Ik vermoed dat hij enorm zou opknappen van een Wim Hof-verrassingsmoment van de staat.

Als we de grootste drukte achter de rug hebben, doen we een rondje koffie en thee. Van een collega hoor ik dat achter een van de celdeuren een (semi)bekende Nederlander zit die verdacht wordt van een zedenmisdrijf. Ik doe het luikje open en vraag of hij iets te drinken wil. Hij komt vlak bij het luikje staan, geeft geen antwoord op mijn vraag, maar probeert wel een heel gesprek met me te voeren. Normaal ben ik best een sociale ouwehoer, maar vandaag even niet. Ik wil vooral heel ver weg van hem blijven. Het cellencomplex zit vol mensen die van iets verdacht worden; niemand is nog veroordeeld. Maar mijn onderbuikgevoel is heel duidelijk: blijf bij hem uit de buurt.

De man stelt me allemaal directe vragen: of ik een vriend heb, waar ik geboren ben, waar mijn ouders vandaan komen, of ik hobby's heb, hoelang ik hier al werk, waar ik woon, of ik kinderen wil... Ik negeer alles en luister naar mijn onderbuik: geen smalltalk, en zeker niet over zaken die hem niets aangaan.

Ik zet uiteindelijk thee én koffie op zijn luikje. Want hij antwoordt nog steeds niet op mijn vraag welke van de twee hij wil. Dat spelletje spelen arrestanten wel vaker, het is een vorm van aandacht vragen. Normaal gesproken vind ik dat prima, maar vandaag niet. Ik neem alles weer van het luikje af.

Ik ben klaar met die onzin. Dan drink je maar water, denk ik. Op het moment dat ik de beker thee van het luikje wil pakken, voel ik zijn hand. Het lijkt in slow motion te gaan: zijn kleffe warme zweethand omsluit de mijne. Niet onder echte dwang, maar wel zeer zeker ongewenst. Mijn nekharen staan direct overeind en mijn maag trekt samen. Zijn vingers strelen mijn vingers vanaf mijn knokkels en als ik verschrikt mijn hand wegtrek, pakt hij het bekertje thee dat ik vasthad uit mijn hand.

'Dank je wel,' zegt hij langzaam, terwijl hij me doordringend aankijkt. Ik weet niet hoe gauw ik het luikje dicht moet gooien. Wat een smeerlap. Ik loop direct naar het toilet en was uitgebreid mijn handen.

Ik waarschuw mijn collega's dat ze hem misschien beter door

een man kunnen laten douchen of luchten, al weet ik niet echt of dat verschil gaat maken. Een vrouwelijke collega roept iets waardoor ik direct snap dat ze ook al contact met hem heeft gehad. Ik besluit het bij de chef te melden. Het is iets kleins, maar het heeft op dat moment veel impact.

Later hoorde ik in de media dat hij is veroordeeld voor een ernstig zedendelict. Zijn kop kwam langs op tv en het enige wat ik kon denken was: ik hoop dat je heel lang vast blijft zitten.

Het moment dat hij mijn hand aanraakte, ben ik nooit vergeten. Ik heb het ook met regelmaat aan collega's verteld als het ging over mijn tijd in het cellencomplex, zonder zijn naam te noemen. Meer om aan te geven dat mijn onderbuik eigenlijk nooit liegt.

Toen ik hoorde dat de BN'er in kwestie uiteindelijk veroordeeld werd voor het delict waar hij van werd verdacht, kon ik alleen maar denken: *I knew it.* Dat is natuurlijk helemaal niet eerlijk, want hij zat in het cellencomplex als verdachte, nog niet als veroordeelde. Er zitten in het cellencomplex ook met regelmaat arrestanten die later onschuldig blijken te zijn of die worden vrijgesproken wegens gebrek aan bewijs. Het zou in de rechtbank natuurlijk geen standhouden, maar in mijn carrière heeft mijn onderbuikgevoel me vaker gered.

Zo heb ik me ooit bijna laten wegsturen bij een huiselijkgeweldsituatie. Toen wij aankwamen, was het rustig en er was geen bewijs waar we iets mee konden. Ik drukte de vrouw die mogelijk slachtoffer zou zijn op het hart dat ze altijd bij ons terecht zou kunnen als ze ons nodig had en vertelde ook over Veilig Thuis en onder andere de Blijf Groep. Ze knikte en bedankte beleefd, maar ik voelde dat er meer aan de hand was, dat ik niet weg moest gaan. Toen ik nog een keer probeerde met haar te praten gebeurde het: de beerput ging open, vol verhalen van jarenlange geestelijke vernedering. Een week later volgde een aangifte. *Thank you*, onderbuik.

De dag op het cellencomplex eindigt uiteindelijk rustig. We geven de bijzonderheden door aan de collega's van de volgende dienst, zodat er in ieder geval zoveel mogelijk rekening mee gehouden kan worden. Ik ga snel naar huis om lang te douchen. Ik ben er wel weer even klaar mee voor vandaag.

10

De 'nadenken wat je aantrekt'-afdeling

Werkplek: Calamiteiten Unit Basis Team Centrum-Noord
Functie: hoofdagent

Je hebt binnen de politie twee kleuren: blauw en grijs. Nou ja, en groen natuurlijk, als je net nieuw bent.

Blauw zijn de collega's op straat, de executieve collega's, zoals we dat chic zeggen. Boeven vangen, de orde handhaven, hulp verlenen. Lekker van hot naar her scheuren, chaos, gekkigheid, drukte, stress. Het werk in uniform op straat: met je poten in de modder, zoals de oude rotten in het vak het noemen. Mijn vakgebied.

Grijs is de recherchekant. Daar kun je niet met je slaperige kop in je afzakkende joggingbroek en je ongestreken shirt binnen komen lopen. Je hoeft heus niet per se in driedelig pak, maar je draagt geen uniform, met als enige twee keuzes korte of lange mouwen en winter- of zomerbroek. Bij de recherche moet je nadenken over wat je aantrekt. Ik heb een halfjaar op een 'nadenken wat je aantrekt'-afdeling gewerkt: het CUBT. Oftewel: Calamiteiten Unit Basis Team. Vind ik dat leuk? Nee.

Elke blauwe agent van het wijkteam is, op een enkele uitzondering na, elke paar jaar aan de beurt om simpeler recherchezaken af te handelen. Dus eens in de zoveel tijd moet je eraan geloven. Ik had mazzel, want toen de mail kwam dat ik aan de beurt was, werd die later toch weer ingetrokken. *Dodged the bullet.*

Ik ging weer vrolijk verder met 'buitenspelen', zoals we straatwerk onderling ook wel noemen. Tot de volgende mail kwam en er geen ontsnappen meer aan was. Ik keek er een beetje tegen op, maar nu valt er niet meer aan te ontkomen. Vanwege enkele organisatorische issues moesten er meer mensen van ons bureau naar het CUBT van de Amsterdamse binnenstad en Amsterdam-Noord, die samen district 1 vormen. Het CUBT Centrum-Noord neemt de simpele recherchezaken voor zijn rekening. Het is een van de vele 'nadenken wat je aantrekt'-afdelingen. Je moet binnen de recherche sowieso veel nadenken, en ik ben meer iemand die 'doet'. Natuurlijk wel in combinatie met nadenken.

De weken in aanloop naar mijn CUBT-avontuur verstrijken en het 'ik wil gewoon lekker buiten blijven spelen'-gevoel wordt elke dag sterker. Ik word ineens ook heel onzeker. Zou ik het wel kunnen? Zou ik die collega zijn die bij alles om hulp zou vragen, die collega die dichtslaat tijdens verhoren, die regels overtreedt en dus de ene na de andere zaak vernachelt? Ik droom dat ik me laat overrulen door advocaten die alle wetboeken uit hun hoofd kennen. Kort gezegd: ik heb last van faalangst.

Gek genoeg ben ik ook op voorhand al verveeld. Ik ben bang dat ik de adrenaline ga missen, bang dat de levendige Amsterdamse binnenstad als een soort melodramatische scène aan me voorbijgaat zonder dat ik er deel van uitmaak.

Last minute boeken mijn goede vriend en collega Jan en ik nog een ruime week Bonaire. Dat is genieten, en Jan is altijd goed in het relativeren van mijn gevoel. Na deze vakantie heb ik het feit dat ik een paar maanden naar het CUBT ga dan ook geaccepteerd.

Maar we zijn nog niet terug of corona legt het hele leven plat.

Mijn eerste dag op het CUBT begint dus gek, en ook nog eens zonder opleiding, want die is vanwege corona ook geschrapt. Het onzekere stemmetje dat ik vakkundig de kop had ingedrukt, komt weer opzetten.

'Hoi, ik ben Lieke,' zeg ik, terwijl ik tegelijkertijd een soort van zwaai, want handen schudden mag niet meer. Gelukkig ken ik al veel van de collega's uit de binnenstad. Toch is het de eerste paar dagen behelpen. Ik kijk vooral naar hoe de ervaren collega's het werk doen en stel veel vragen.

In de verhoorkamers staan of hangen schermen van plexiglas. Vanwege corona worden verhoren kort gehouden of zelfs telefonisch gedaan, hoewel dat soms bijna onmogelijk is met een krakende verbinding, een tolk en een advocaat aan de lijn.

Toch begin ik me al snel thuis te voelen. Het helpt dat ik samenwerk met een aantal collega's met wie ik jaren eerder ook al samenwerkte. Zo kan ik altijd ontzettend lachen met Frank, en samen met hem op het CUBT werken maakt dat het eigenlijk direct alweer een feestje is.

Ik krijg tips en handigheidjes mee, kijk wat tactieken af bij mijn collega's Young en Frank en in no time vind ik verhoren afnemen best leuk. Op mijn manier dan: met soms een zak snoep of worteltjes op tafel, want ook van verhoren word ik hongerig.

Vandaag verhoren Young en ik een verdachte die in het Centraal Station een aed, een automatische externe defibrillator, van de muur heeft getrokken. Het is een bijzondere man, die met een bijbel in zijn hand de verhoorkamer binnenloopt. Zijn advocaat kan vanwege corona niet fysiek bij het verhoor aanwezig zijn, dus die staat op de luidspreker.

De man met de bijbel begint meteen op boze toon te praten over het delict waar hij van verdacht wordt. Dat is niet de bedoeling, want hij moet eerst telefonisch met zijn advocaat overleggen.

Wij proberen hem duidelijk te maken dat zijn advocaat aan de telefoon is en dat hij niet direct over het delict hoeft te vertellen, maar de man staat – zoals we dat politioneel zeggen – 'op zenden'. Hij is alleen maar aan het schreeuwen, en hard ook.

Als we hem vragen te gaan zitten, slaan zijn stoppen door. Hij wordt woest. Young kan hem enigszins op afstand houden, maar de spetters vliegen ons om de oren. Spuug, in coronatijd.

Schreeuwend en vechtend wordt de man teruggebracht naar zijn cel. Young en ik blijven uit het veld geslagen achter. Ik kijk naar de bijbel op de grond en kan het niet nalaten om binnensmonds te mompelen: 'Wat zou Jezus hiervan vinden?'

We wassen op het cellencomplex ons gezicht met zeep, alcohol en water. En nog een keer. Ik was ook meteen maar de mascara van mijn hoofd. Godver, wat voel ik me goor, en in de war. We weten nog maar weinig van corona. Is het nu echt zo besmettelijk? Zou die aed-dief het hebben en wij nu dus ook? Worden we ziek? Ik maak me zorgen om mijn beste vriendin Sylvia. Ik zorg voor haar omdat zij wegens een zeer kwetsbare gezondheid de deur niet uit kan. Moeten we nu in quarantaine?

Young en ik stappen beduusd in de auto terug naar het bureau. Ik bel de advocaat die op de luidspreker stond nog even terug. Hij zal zich wel hebben afgevraagd wat dat geschreeuw was. Hij is vol begrip en schrikt van mijn verhaal. Hij had natuurlijk alles gehoord, maar zonder beeld erbij. Zijn cliënt is dakloos en drugsverslaafd, en het is onbekend of hij iets onder de leden heeft. Hij weigert alle mogelijke medische medewerking.

Omdat er nog zoveel onduidelijk is over corona en tests nog niet breed beschikbaar zijn, zitten Young en ik beiden een paar dagen thuis te balen, tot de incubatietijd voorbij is. Ik ben vooral boos. Boos dat Young en ik niet getest kunnen worden. Boos op die kerel. Boos dat ik nu niet voor Sylvia kan zorgen. Het hele verhaal loopt gelukkig goed af.

Als ik eenmaal weer aan het werk ben bij het CUBT gaat het eigenlijk best goed. Het verhoren gaat me goed af: soms lult een verdachte lang uit zijn nek, maar vaak krijg ik alsnog een bekennende verklaring. Soms is het echter ook 'zwijgrecht, zwijgrecht, zwijgrecht...'

Ik vind de gesprekken met minderjarige verdachten ook interessant. Op de een of andere manier geven die me moed. Bij een winkeldief met tientallen eerdere diefstallen op zijn naam heb je algauw het gevoel dat er geen eer meer aan te behalen is. Een gebed zonder end. Sommigen stelen letterlijk van zonsopgang tot zonsondergang alles wat los- en vastzit: van ontbijt tot lunch en tussendoortjes tot kleding, heel veel kleding. En bier. Allemachtig, wat wordt er veel bier gejat in de binnenstad. Vooral halve liters met een hoog alcoholpercentage.

Vandaag zijn er twee jonge jongens betrapt op het stelen van barbecuevlees. Ik verhoor de jongens, maar neem ook de tijd om een goed gesprek met ze te voeren over de gevolgen van winkeldiefstal, zeker als ze straks niet meer minderjarig zijn. Ik vraag ze naar hun toekomstplannen en hun opleiding, en leg uit dat ze nu nog wegkomen met dit soort streken, maar over een tijdje niet meer. Het zou toch zonde zijn als je je toekomstplannen eigenhandig om zeep helpt door voor een paar tientjes plofkip in je rugtas te proppen voor een barbecuefeestje. Gelukkig dringt mijn verhaal tot deze jongens door.

Helaas zijn er soms ook verhoren met minderjarigen die echt

alleen maar voordelen lijken te zien van hun beginnende criminele carrière. Het zijn vaak jongeren die criminaliteit romantiseren en hoog op de ladder willen komen te staan. Ik probeer zulke types ervan te overtuigen dat het een veel beter idee is om zich te omringen met mensen die wél daadwerkelijk mooie dingen doen met hun leven. Dat zich omringen met jongens die snel opklimmen op de criminele ladder niets goeds zal doen voor hun leven of toekomst.

Het standaardantwoord is dan vaak: 'Fuck it.' Of: 'Dat gaan we zien.' Of ze praten alles goed 'want het zijn mijn vrienden'. Oké...

Een zeventienjarige ras-Amsterdammer, die op gehaaide wijze heeft gestolen maar betrapt is door een nog gehaaidere beveiliger, stelt me na het verhoor veel vragen over de gevolgen, meer dan andere minderjarigen doorgaans doen. Nadat ik hem heb gerustgesteld, vraagt hij stilletjes: 'Mevrouw, ik wil eigenlijk al jaren heel graag bij de politie. Denk je dat dat nu nog kan?'

Zijn advocaat, een wat oudere vrouw, glimlacht hem bemoedigend toe. Wijs zegt ze: 'Ja, dat kan zeker. Als je hier dan maar van leert, want anders maak je het jezelf niet makkelijker.'

De jongen kijkt naar mij en zegt: 'Als je me dan later tegenkomt, wil je hier dan alsjeblieft niets over zeggen?'

Tegen zoveel schattigheid ben ik natuurlijk niet bestand en ik beloof de jongen mijn mond te houden. 'Prima, toekomstige collega, als jij je verdomme dan gewoon netjes gaat gedragen. Want dit soort fratsen kunnen natuurlijk niet, hè!'

We wachten tot de collega's van het cellencomplex hem op komen halen. Het is even stil en dan kijkt hij me serieus aan. 'Heb jij nooit iets gestolen vroeger?'

Ik schiet in de lach. 'Met boeven vang je boeven,' zeg ik. 'En nu je school afmaken, jij. En daarna weet je wat je te doen staat.'

Met een voorzichtige glimlach loopt de jongen met de collega's van het cellencomplex mee terug naar zijn cel. Ik denk, ook met een glimlach, even terug aan de dingen die ik zelf in mijn jeugd heb gestolen. Ik was geen haar beter. Juist daardoor ben ik ervan overtuigd dat het goed komt met hem.

Ik hoop oprecht dat deze jongen iets heeft geleerd van deze stomme actie, want over een paar maanden wordt hij achttien. Ik hoop dat hij beseft dat hij elke dag een keuze heeft, net als iedereen. Je kunt elke dag bedenken dat je het anders gaat doen. Ook als je al van alles hebt gedaan wat niet oké is, dan nog kun je vandaag de keuze maken het anders aan te pakken. Ik kan het niet vaak genoeg benadrukken: je hebt elke dag, elk uur, elke minuut een nieuwe kans. Ik ken genoeg succesverhalen over jongeren die na jarenlang contact met de politie besloten dat ze er klaar mee waren.

Inmiddels denk ik vol overtuiging te kunnen zeggen: waar je mee omgaat, daar word je mee besmet. Als jij omgaat met jongens die zich bezighouden met kleine criminaliteit, dan is de kans groot dat je er uiteindelijk in meegaat. En als die kleine criminaliteit een tijdje goed gaat, dan wordt het heftiger, ernstiger. Voor je het weet, ben je gepromoveerd van winkeldief tot woningovervaller, gewoon omdat het stapje voor stapje steeds makkelijker gaat. Wees dus kieskeurig als het gaat om met wie je je tijd doorbrengt. Je vrienden hebben misschien meer invloed op je dan je in eerste instantie denkt. Breken met naasten is misschien niet makkelijk, maar het geeft vaak ruimte voor mensen die je willen helpen positieve keuzes te maken. Als je omgeving je elke keer weer pusht om slechte keuzes te maken, dan is het maken van een positieve keuze niet makkelijk.

Al met al werk ik een halfjaar op het CUBT, en ik kan oprecht zeggen dat ik het leuk heb. Ik lach veel en leer veel dingen waar ik ook op straat weer iets aan heb. Zo ben ik soms nogal van de 'afraffelpolitie', als in: ik schrijf even snel naam en telefoonnummer van een getuige op en ga dan door naar de volgende melding. Maar het gebeurt te vaak dat de recherche later probeert te bellen voor een telefonische getuigenverklaring en de getuige niet opneemt... Tegenwoordig schrijf ik kort op een papiertje wat de getuige gezien heeft en werk ik dat later uit op de computer. Het is wat meer werk voor mij, maar veel minder werk voor de recherche.

Mijn faalangst blijkt achteraf ook voor niets te zijn geweest. Wat ik daar weer van leer, is iets wat ik eigenlijk al wist: je druk maken om iets wat nog gaat komen, is echt zonde van je tijd. Ik leer gewoon het beste in de praktijk. Met hulp, dat dan weer wel. Maar om hulp vragen is nooit erg, en de meeste mensen willen je met liefde helpen.

Toch ben ik blij dat ik morgen weer buiten mag spelen.

11

Weekendnachtdienst

Werkplek: Amsterdam-Centrum
Functie: agent

Een weekendnachtdienst in de binnenstad verloopt bijna altijd hetzelfde: het portofoonkanaal van de meldkamer is geen seconde stil. Gevechten hier, gevechten daar, vernielingen, aanrijdingen, héél veel overlastmeldingen, soms een (mislukte) plofkraak, een steekpartij, een lijkvinding of een reanimatie.

Vandaag krijgen we een melding over een toerist die onder invloed van drugs van de eerste verdieping naar beneden is gevallen, boven op de scooter van de bewoner van de begane grond. Die is boos, want zijn scooter is beschadigd. De toerist is ook boos, want hij mag niet verder feesten van de arts van het Mobiel Medisch Team.

'Ik begrijp er ook niets van,' zeg ik rollend met mijn ogen tegen de ambulancechauffeur, die erom moet glimlachen. De toerist heeft volgens mij niet door dat zijn been niet helemaal meer in een natuurlijke positie lijkt te staan.

Terwijl de arts een kalmerend goedje in de aderen van de boze toerist spuit, staat de onderbuurman nog lichtelijk geïrriteerd te mopperen op alle toeristen die Amsterdam overspoelen. 'Nu ga ik echt verhuizen. Ik ben het zat. De toeristen vallen zelfs uit het raam hier, boven op mijn scooter, godverdomme. Het moet niet veel gekker worden.'

Hij is even stil en ik hoor hem binnensmonds nog brabbelen: 'Jammer dat-ie zijn nek niet heeft gebroken!'

Ik raak in gesprek met de man. Ik begrijp zijn frustratie wel. De gehele situatie is een combinatie van triest en grappig. De man heeft echter nul komma nul medelijden met de uit het raam gevallen toerist, hij is bikkelhard: 'Van mij mogen ze allemaal uit het raam pleuren, zodat ze niet meer terugkomen.'

Ik moet mijn lachen inhouden. Het lukt me nauwelijks. 'Ik hoor het al,' zeg ik, 'u hebt het niet zo op toeristen.'

Op dat moment komt er een oproep binnen of er een auto in de buurt is van de IJtunnel: 'Er is weer een toerist de tunnel in gefietst.'

Mijn collega rolt lachend met haar ogen. 'Godsamme, hoe krijgen ze het toch altijd voor elkaar.'

Zelfs in de stem van de mobilofonist van de meldkamer hoor je de ergernis.

De volgende melding dient zich al aan. In een zaal van het Krasnapolsky, het dure hotel op de Dam, loopt een studententhemafeest uit de hand. De bardames worden lastiggevallen en er wordt drank gejat uit de bar. Ook zit de tijd van de zaalhuur er allang op: voor de dronken feestgangers de hoogste tijd om te vertrekken. De beveiliging heeft het al meerdere malen netjes gevraagd, maar het is nu zover gekomen dat er politie aan te pas moet komen.

Als we arriveren, zien we bij de ingang twee levensgrote cocktailglazen staan met schaars geklede vrouwen erin. De zaal is prachtig aangekleed, maar de sfeer is voelbaar grimmig. Een van de dames die vermoedelijk achter de bar stond, weet niet hoe snel ze de zaal moet verlaten.

'Thank you for coming,' zegt ze hoofdschuddend tegen me, *'these guys are absolute assholes!'* Ze glipt tussen ons door en is binnen

een seconde uit het zicht. Ik wil haar nog vragen wat er precies is gebeurd, maar ze is al weg.

We maken duidelijk dat het feest voorbij is en dat iedereen de zaal moet verlaten. Het heeft helaas niet het gewenste effect; we kunnen net zo goed tegen een muur lullen. Vrijwel iedereen is stomdronken en zo te zien hebben ze nog wel meer achter de kiezen of neusvleugels.

'Don't do drugs,' zeg ik gekscherend tegen een jongen die zonder blikken of blozen langs me loopt, met de cocaïneresten overduidelijk nog onder zijn neus.

We dirigeren het laveloze feestpubliek richting de zijuitgang van het Krasnapolsky. Opeens wordt er een bierglas onze kant op gegooid. Het spat naast mijn collega uiteen. De sfeer wordt met de seconde grimmiger.

Ze luisteren totaal niet. Er volgen nog een aantal waarschuwingen, maar de sfeer gaat snel van grimmig naar agressief en dan zijn we genoodzaakt onze wapenstok te gebruiken. Als ik me even omdraai, vliegt er een champagneglas rakelings langs een collega. Ik kijk de vrouw die het gooit vermanend toe, maar ze schreeuwt iets onverstaanbaars en heeft het volgende glas alweer in de hand. Normaal gesproken is het Krasnapolsky spic en span en ligt er geen stofje of vuiltje op het tapijt. Nu is het wel andere koek. Ik heb op voorhand medelijden met de schoonmaker morgen.

Uiteindelijk lukt het ons met veel moeite, geweld, geschreeuw en gedoe om de meute op straat te krijgen, waar ze vrolijk verder schreeuwen. De gebruikelijke 'mijn vader is advocaat'-opmerkingen komen natuurlijk voorbij, evenals een hele berg verwensingen. Iemand staat in mijn oor te schreeuwen dat alles afgekocht is en wij dus geen recht hebben om het feestje te beëindigen. Ik negeer de opmerking en kijk even rustig om me heen. De situatie is zo absurd dat ik er bijna hardop om moet lachen.

‘Geen récht! Hoor je me?’ vervolgt de jongen naast me. ‘Geen fucking recht.’

‘Jaja, ik heb je gehoord,’ antwoord ik geïrriteerd terwijl ik bij hem weg loop. ‘Je vader is advocaat en morgen ben ik mijn baan kwijt en kan ik achter het raam gaan staan.’

We registreren het incident en het gebruikte geweld in ons systeem. Ik zit met een grote grijns op mijn smoel. Verwensingen en geweld zijn natuurlijk niet fijn, maar het hoort er soms bij in de chaos. En ik houd van chaos. Doe mij maar drukte en gekkigheid, met meldingen waarbij je elkaar achteraf aankijkt en denkt: what the fuck was dit? Zolang het een goede afloop heeft, koester ik dit soort momenten.

De adrenaline is net weggezakt als we alweer met gierende banden de bruisende Amsterdamse binnenstad door racen voor de volgende melding. Er ligt een man in het water bij het Amsterdams Casino. In no time zijn we met meerdere collega’s ter plaatse. Dat is maar goed ook, want het is een flinke klus om de man op het droge te krijgen. De man zelf weegt minstens honderd kilo, en zijn kleding is volgezogen met water.

‘Ai, dat is zuur,’ hoor ik een van mijn collega’s zeggen als de man uit het water is en op zijn rug op de houten vlonder ligt.

Het ziet er inderdaad niet best uit. De man heeft een gapend gat in zijn hoofd en er loopt water vermengd met bloed uit zijn mond en bloed uit zijn oren. Er is geen ademhaling en geen hartslag, dus we beginnen snel met de reanimatie.

Ik doe een paar borstcompressies. Met de druk die ik op zijn borst zet, komt er hersenweefsel of iets wat daarop lijkt uit de hoofdwond. Telkens als de borst van de man omhoogkomt, gaat het weefsel weer terug zijn hoofd in. Het is net zo’n stressbal waar je flink hard in knijpt waardoor het foam tussen je vingers door komt. Ik vind het fascinerend en ranzig tegelijk.

Een pleister plakken of verband aanleggen gaat in dit geval niet werken. Dit is een zaak voor het MMT, het Mobiel Medisch Team, dat ook al aanwezig was bij de toerist die uit het raam was gevallen.

De man is hoogstwaarschijnlijk van het muurtje gevallen waar hij vanaf wilde plassen: met zijn hoofd op de rand van de vlonder en toen het water in. We knippen zijn kleding los en maken met onze mouwen de borstkas van de man droog, want op een natte huid blijven de elektroden van de aed niet plakken. Het MMT en de ambulance zijn inmiddels gearriveerd.

De vlonder ligt in no time vol met allerlei apparatuur en gereedschap. De medische kreten vliegen door de lucht en ik sta, zoals altijd, vol bewondering te kijken. Ik heb al moeite met de tafel van vier, laat staan dat ik honderden medische handelingen zou kunnen onthouden. De man krijgt het ene na het andere goedje toegediend, tot ze hem uiteindelijk strak ingesnoerd op de brancard leggen. Al snel klinkt het *la-lu-la-lu* van de ambulance, en weg is de man. Het geluid van de sirene verdwijnt om de hoek.

Een beetje beduusd staan we tussen een hele berg blauwe handschoentjes, lege papiertjes en verpakkingen die de arts en verpleegkundigen hebben achtergelaten. Iemand regelt een vuilniszak en we verzamelen het achtergebleven materiaal. Er hangt een vreemde geur in de lucht, een misselijkmakende mengelmoes die ik niet kan thuisbrengen maar die wel bekend ruikt. Ik heb veel in het cellencomplex gewerkt, waar het non-stop onaangenaam ruikt, dus ik kan inmiddels aardig wat hebben. Maar deze geur is anders.

Al snel vliegen de grappen over en weer. 'Hé, Liek, lekker op je knietjes gezeten?' zegt een collega met een grijns op zijn gezicht.

Ik kijk naar mijn broek. Vroeger hadden we een soort wollen dienstpantalons, ik ben allang blij dat we die niet meer hebben. Maar ondanks de plastic kniestukken is mijn broek doorweekt met een misselijkmakende mengelmoes van smerigheid: pis, bloed, grachtenwater en wie weet wat nog meer. Hersenvocht misschien? Snot? Ik voel dat de broek aan m'n knieën plakt. Ik ril bij het idee.

De rest van de nachtdienst vliegt voorbij. Hoe het met de opgeviste man is afgelopen, weet ik niet. Met regelmaat krijg ik de vraag of ik de afloop van zaken niet wil weten. Gek genoeg is het antwoord daarop: nee, eigenlijk hoef ik het vaak niet te weten.

Ik hoop natuurlijk altijd dat mensen er weer helemaal bovenop komen. Maar je kunt niet alle zaken waar je als hulpverlener bij betrokken bent, blijven volgen of van de afloop op de hoogte blijven. Voor mij hoeft het in elk geval niet. Voor mij is een zaak op de juiste wijze afgesloten als ik weet dat er alles aan gedaan is om iemand te helpen en ik weet dat ik mijn uiterste best heb gedaan.

Soms maak ik mezelf ook verwijten, en dat is nooit fijn, zeker als het zaken betreft die buiten mijn macht liggen. Als bijvoorbeeld een deur niet opengaat terwijl er achter die dichte deur iemand om hulp schreeuwt. Dat geeft een 'ik had meer kunnen doen'-gevoel, en dat is gewoonweg klote. Maar als ik er alles aan heb gedaan, dan is het goed zo. Natuurlijk is een goede afloop horen fijn, maar voor mij is niets horen nadat ik me volledig heb ingezet ook goed genoeg.

Er zijn uiteraard uitzonderingen. In sommige situaties raak ik 'dieper' betrokken dan ik soms wil, bijvoorbeeld als het een kind betreft of omdat het me om de een of andere reden raakt. In het algemeen is het prettiger om geen persoonlijke betrokkenheid te voelen bij de situatie.

Ik voel wel professionele betrokkenheid, dat zeker wel, en zal alles doen wat binnen mijn macht ligt. Maar als ik zaken zie als een ver-van-mijn-bedshow werkt dat als een soort beschermend muurtje. Zodra er bijvoorbeeld familie bij komt kijken, brokkelt dat muurtje echter vaak snel af. Zo was ik ooit een man aan het reanimeren terwijl er op het dressoir een foto naar me stond te 'kijken' van diezelfde man met zijn vrouw en baby. Die foto gaf me een apart gevoel. De man was niet meer 'gewoon' een man, hij was ineens een mens geworden, met vrouw en kind. Dat geeft een situatie een andere lading. Het was natuurlijk maar een foto, maar ik heb dat fotolijstje toch even platgelegd.

Na deze nachtdienst fiets ik naar huis. Zoals na elke nachtdienst stop ik even bij mijn vertrouwde bakker, die ook midden in de nacht aan het werk is. Ik bestel verse tijgerbollen en hij geeft me er een aardbeiengebakje bij. Hij moest eens weten wat een held hij voor me is. Zeker na weer een bizarre nachtdienst. *But I loved every second of it.*

12

Voor alles is een eerste keer

Werkplek: Team Openbaar Vervoer en Amsterdam-Centrum
Functie: surveillant

Vandaag heb ik samen met mijn collega Chris dienst bij het Team Openbaar Vervoer. We zijn nog maar net begonnen als we een melding krijgen: een reanimatie op het Amstelstation.

Daar aangekomen zien we toeschouwers. Veel toeschouwers. Te veel toeschouwers. Ineens heeft niemand meer haast: niemand hoeft zijn trein nog te halen, de rij voor de koffie to go is weg en Chris en ik zijn de circusact. Men verwacht alleen geen dansje van ons, maar een succesvolle reanimatie.

De fascinatie van de mens voor ander menselijk leed vind ik iets bijzonders. Ook ikzelf heb overigens die fascinatie, hoor. Maar tegenwoordig slaat die fascinatie bij mensen vaak om in sensatie, en regelmatig wordt het nieuws gedeeld via de smartphone die bijna iedereen heeft… Gelukkig is dat nu niet aan de orde. Toch ben ik blij als de ambulancebroeders ons letterlijk komen redden en de toegesnelde NS-medewerkers en onze collega's onze nek van die hijgende meute bevrijden.

Chris en ik lopen naar De Eenhoorn, het troosteloze gebouw waarin het Team Openbaar Vervoer huist. Het doet zijn vrolijke naam allesbehalve eer aan. Het is slechts vijf minuutjes lopen van het Amstelstation, maar ver komen we niet. Er wordt letterlijk aan onze mouw getrokken voor hulp.

'Er heeft iemand een hartstilstand!'

Weer een reanimatie? Chris kijkt me vol ongeloof aan. Zijn krullen zitten nog wild door elkaar van de vorige. Deze keer kunnen we gelukkig een defibrillator van de muur rukken. In elke politieauto zit een aed, maar we zijn lopend en zo'n apparaat past natuurlijk niet in je binnenzak.

Als een geoliede machine gaan we weer aan de slag. Het publiek van zojuist heeft plaatsgemaakt voor nieuwe toeschouwers. Als bijen zoemen ze om ons heen. Welkom bij een nieuwe aflevering van *Reanimeren op het Amstelstation*. Twee reanimaties in zo'n korte tijd is nieuw voor Chris en mij.

Jaren later komen Chris en ik elkaar weer tegen. Hij is weg bij de politie. Maar een van de eerste herinneringen die we samen ophalen, is deze bizarre dienst met twee reanimaties bij het Team Openbaar Vervoer.

'Het was altijd ellende met jou, Liek,' zegt hij met een grote grijns.

'Alsof jij lekker veel geluk bracht,' antwoord ik sarcastisch maar lachend.

Het doet me denken aan een ander verhaal over geluk brengen. Dennis is student bij ons bureau en heeft net zijn rijopleiding gehaald. Dat wil zeggen dat hij nu met zwaailicht en sirene door de stad mag scheuren. Vandaag gaat hij met mij op pad.

'Kijk maar uit,' waarschuwt mijn maatje Sander hem, 'want het kan nooit normaal met Lieke.'

Ik moet hardop lachen. Sander heeft met grote regelmaat meldingen waar de ambulance en dan later de lijkschouwer bij moeten komen. Ik steek mijn middelvinger naar hem omhoog. 'Het komt wel goed, hoor!'

'Weet ik, Liek!' roept Sander terug.

'Mag ik rijden?' vraagt Dennis. 'Omdat het de eerste dag is dat ik het ook echt mag.'

'Natuurlijk,' zeg ik, 'maar we controleren eerst de auto.'

Als politieagent is je uitrusting belangrijk. Een melding van een reanimatie krijgen en er op het moment suprême achter komen dat je aed nog op het bureau ligt omdat de vorige reanimatie nog uitgelezen moet worden, mag gewoon niet gebeuren. Ik geef eerlijk toe: het gebeurde mij wel ooit een keer. Gelukkig voor mij was er toen geen sprake van een daadwerkelijke reanimatie, maar van een epileptische aanval. Nu check ik écht altijd de auto voor ik wegrijd.

Wat moet er achter in onze auto liggen? Nou, best wel wat. Allereerst verkeerskegels (die wij pylonen noemen). Daarnaast: verzekeringsformulieren voor aanrijdingen, een logboek voor zware aanrijdingen, een rood-wit politielint (voor alle afzettingen waarvan een groot gedeelte van de Amsterdammers denkt dat ze niet voor hen gelden), alcohol- en drugtests. Een klos (een geel-rode drijflijn van vijftien meter lang, die je naar drenkelingen in het water kunt gooien). 'Zware' kogelwerende vesten, die we over onze normale kogelwerende vesten moeten dragen als we naar een schietpartij gaan. Speciale zakken voor als we dingen in beslag nemen, zogenoemde schiethanden (om kruitsporen op de handen van een verdachte veilig te stellen voor Forensische Opsporing). Traumabeertjes voor kinderen. O, en dus natuurlijk die aed. Was ik hem bijna weer vergeten.

De meldkamer roept: 'AD 1102, AD 1102, over!' Dat is ons roepnummer en ik hoor al aan de stem van de meldkamer dat het een serieuze melding is. 'Zijn jullie inzetbaar?'

De auto is gecheckt, dus ik antwoord: 'Wij zijn inzetbaar.' We moeten alleen nog de IJtunnel door, naar Amsterdam-Noord, want daar doen we vandaag de noodhulp. Maar goed, gas zit rechts! We krijgen inderdaad een serieuze melding.

'We beginnen met een flink ritje voor een reanimatie,' zeg ik tegen Dennis.

Als we van de meldkamer het adres krijgen, zet Dennis voor het eerst de sirene aan. Ons clublied. 'Voor het echie!' roept hij.

Ik ben zijn copiloot. 'Rechts vrij... Ja, kom maar! Die fietser ziet je niet, hè...'

Dennis knikt en volgt mijn aanwijzingen op. 'Ik heb nog nooit eerder gereanimeerd,' zegt hij dan.

'Twee primeurs op één dag,' zeg ik. 'Je eerste toprit en je eerste reanimatie!'

Dennis rijdt goed. Snel en veilig zonder de doorstroom van het overige verkeer echt te belemmeren.

We komen aan in de straat waar we moeten zijn en rennen het gezellige rijtjeshuis in met de aed bij de hand. Vlak na de start van de reanimatie blijkt dat we te laat zijn: de man is dood.

En dan moet Dennis nóg iets voor het eerst 'voor het echie' doen: een slechtnieuwsgesprek voeren.

Op de politieacademie is zo'n gesprek niet meer dan een leuke oefening. Je moet dan een actrice vertellen dat haar vader dood is. Je kunt gewoon het hele rollenspel verkloten en denken: volgende keer beter. Maar bij een echt slechtnieuwsgesprek is er geen volgende keer. Je hebt één kans, en die moet je benutten. Punt.

Ik vraag of hij dit wel wil, of dat hij liever even van dit alles wil bijkomen, want ik kan me goed voorstellen dat dit allemaal wel heel veel is in heel weinig tijd. Maar Dennis wil het graag doen.

Hij houdt het rustig en duidelijk, maar vol empathie. Ik gloei van trots. Het is namelijk zo bizar en moeilijk om iemand slecht nieuws te brengen. Het is echt iets wat je moet leren. Een vak apart. Je moet natuurlijk zeker weten dat je het nieuws aan de juiste persoon brengt en je moet het niet mooier of minder pijnlijk willen maken dan het is.

Vlak na zijn overlijden blijkt dat de overleden man terminaal ziek was. Samen met de ambulancebroeders proberen we hem een beetje toonbaarder te maken voor zijn nabestaanden. Door zijn ogen, die net niet helemaal dichtzaten, te sluiten. Door een opgerolde handdoek onder zijn kin te leggen, zodat zijn kaak wat omhoogkomt van zijn borst en zijn openhangende mond dichtvalt. Door zijn armen netjes naast zijn lichaam te leggen lijkt het alsof hij vredig ligt te slapen.

Het nieuws over het overlijden van de man gaat als een lopend vuurtje door deze typische volksbuurt. Er komen steeds meer mensen. Die hadden ons natuurlijk ook al aan horen komen door de sirene. Gelukkig is de huisarts er snel, die vlakbij was en het vanaf nu van ons overneemt.

'Gecondoleerd,' zeggen we nogmaals tegen de nabestaanden.

En dan moeten we door met de dienst, die eigenlijk pas net begonnen was. Toch zet ik onze status bij de meldkamer nog even op 'niet inzetbaar'. De meldkamer weet dan dat we nog bezig zijn en roept ons niet op voor nieuwe meldingen tenzij het om echte spoed gaat.

We moeten deze melding namelijk nog op papier zetten. En, veel belangrijker nog: we moeten even napraten. Dennis heeft zijn eerste rit met zwaailicht en sirene gereden, zijn eerste reanimatie uitgevoerd en zijn eerste slechtnieuwsgesprek gevoerd. En als er iets belangrijk is, dan is het wel napraten. Even evalueren hoe het ging, hoe we ons voelen en hoe we de rest van de dienst gaan aanpakken.

‘Hoe gaat het?’ vraag ik als we alles besproken hebben.

‘Het gaat goed,’ zegt Dennis beslist. Hij is tevreden, en daarom ben ik dat ook.

De harde waarheid is dat de portofoon overstroomt van de meldingen, waarop we besluiten ons weer vrij te melden. ‘Klaar voor de volgende melding!’ roep ik.

Jaren later tref ik Dennis bij een debriefing waar ik als TCO-lid bij ben. TCO staat voor Team Collegiale Ondersteuning. Dit betekent dat wij als team aanwezig zijn ter ondersteuning van collega’s die zojuist een heftige melding hebben gehad. Dennis krijgt complimenten over zijn handelen van meerdere collega’s, en hij geeft zelf een student waardevolle woorden mee.

De student glimlacht voorzichtig bij het horen van Dennis’ woorden. Het doet hem zichtbaar goed. En mij doet het goed om te zien dat Dennis zich zo heeft ontwikkeld.

13

Verwarrende coronatijd

Werkplek: Amsterdam-Centrum
Functie: hoofdagent

Triggerwaarschuwing: dit verhaal bevat content over zelfmoord. Ben je of ken je iemand die hulp nodig heeft bij het vinden van ondersteuning en crisishulp? Aarzel dan niet en neem contact op met 113 Zelfmoordpreventie. Anoniem en vertrouwelijk. Als je op het punt staat zelfmoord te plegen, mag je ook 112 bellen.

De horeca is gesloten. Door de opgelegde coronamaatregelen is Amsterdam veranderd in een spookstad. Vooral het centrum, waar meestal de drukte is waar we zo van houden, is stil. Op het bureau wordt er gegaapt. Nu al. Het is nog maar amper middernacht.

'Nou, jongens,' zegt een collega, 'over vijf uur wordt de ochtenddienst al wakker. Kunnen wij weer naar huis.'

Een collega probeert een andere te motiveren: 'Zullen we nog een rondje doen?'

'Is goed,' zegt de ander. 'Ik kom eraan, maar ik neem wel een bak koffie mee de auto in.'

'Ja, lekker!' roept weer een andere collega. 'Doe mij er ook nog maar een!'

In de verte hoor ik het opentrekken van een blikje. Suikers, cafeïne... Alles wordt uit de kast getrokken om een nacht zonder drukte en adrenaline door te komen.

Op straat hangt een bijna oorverdovende stilte. Het drukke, altijd rumoerige nachtleven van Amsterdam heeft plaatsgemaakt voor een handjevol toeristen. Voornamelijk van het kaliber 'ruikt niet zo fris, slaapt in de auto, is verbaasd als die is weggesleept'. 'O!' zeggen ze dan. 'We wisten niet dat het betaald parkeren was.'

Anderen zijn Frans en vertikken het een woord Engels te gebruiken. In het Frans blijven ze tegen me aan lullen... Bloedirritant. Ik heb weleens een heel verhaal in het Frans moeten aanhoren waar ik geen snars van begreep. Meerdere keren probeerde ik duidelijk te maken dat ik geen Frans verstond, maar de man in kwestie bleef maar praten en me vragend aankijken. Ik knikte met mijn serieuste gezicht en antwoordde: '*Fromage.*'

Er lopen een boel daklozen rond vanavond. Van sommige heb je nooit last, aan een aantal raak je zelfs gehecht. Een soort stabiele factor in de stad. Ze horen erbij en doen lekker hun eigen ding. Sommige daklozen zijn zo ernstig vervuild dat je ze al van meters afstand ruikt. Andere ruik je niet, maar hoor je van een afstand, omdat ze altijd in zichzelf praten. Eentje schreeuwt om zo de stemmen in zijn hoofd tot zwijgen te brengen, een paar zingen en de rest is op een andere manier nogal luid aanwezig.

Daklozen zijn er in alle vormen en maten. Je hebt de ernstig verslaafden en je hebt de mannen en vrouwen die wel ergens een slaapplaats hebben maar toch vierentwintig uur per dag op straat te vinden zijn. Je hebt er een die altijd de rest verraadt, maar zelf geen vlieg kwaad doet, je hebt er een met een bloempot op zijn hoofd en een die elk jaar weer zijn laatste jaar lijkt te leven. 'Niet kapot te krijgen,' zegt hij zelf. En gelukkig maar... Want heel eerlijk: ik zou hem missen als hij er niet meer zou zijn. Ik zou best veel daklozen stiekem missen als ze er niet meer zouden zijn. Als er af en toe toch zo'n icoon van de stad sterft, moet ik altijd even slikken. Ook al word ik soms moedeloos van ze, toch mis ik ze als ze er niet (meer) zijn.

Normaal gesproken is het 's nachts nog gezellig druk op straat, maar nu zijn de daklozen alleen. Ineens vallen ze op: hoe ze over straat struinen, rondhangen in een portiek. Als iedereen thuiszit, blijven de mensen die niet naar huis kunnen over. En dat zijn er veel. Heel veel.

We krijgen eindelijk een melding: een vrouw weet niet meer hoe ze thuis moet komen. In verwarde toestand had ze haar huis verlaten en was ze naar Amsterdam – voor haar de andere kant van het land – gegaan. Nu wil ze weer terug. Maar de trein rijdt niet meer en op het station wordt ze in haar ogen achtervolgd door mensen die haar willen beroven. Ze voelt zich niet veilig. En dat snappen we wel, want het Centraal Station is echt een werkgebied apart. Van overlast tot criminaliteit als zakkenrollerij. Het is net een kleine stad met zijn 'eigen' criminaliteit.

De vrouw heeft zelf de politie gebeld en daar zijn wij trots op. Ze durft om hulp te vragen, en dat is heel knap. Mijn collega Christina en ik benaderen haar dan ook voorzichtig en positief.

'Hoe gaat het, mevrouw?' vraag ik zacht.

'Ik hoor stemmen in mijn hoofd,' zegt ze. 'Ze zeggen allemaal nare dingen.'

'Wat voor nare dingen?'

'Dat ik zelfmoord moet plegen.'

'Wilt u dood, mevrouw?'

'Ja.' Ze slikt. 'Ik heb meerdere malen een zelfmoordpoging gedaan. Maar tot mijn spijt is het niet gelukt.'

Ze kijkt ons aan, en dan verandert er iets in haar ogen. Ineens slaat haar stemming om. 'Ik heb er ook spijt van dat ik jullie heb gebeld. Ik hoef jullie hulp niet hoor. Jullie moeten me maar laten…'

Maar zo werkt het niet. Niet in ons werk en zeker niet als het gaat om suïcidaal en verward gedrag. Daarom blijven we op haar inpraten, vragen we naar haar gedachten, vragen we haar ons mee te nemen naar de stemmen die ze hoort.

Ik ben onder de indruk van hoe kalm Christina is. Ik ken haar als een stoere, drukke en altijd actieve vrouw. Toen ze na haar opleiding in Amsterdam-West naar ons toe kwam, zei Can, een van mijn beste vrienden, die al met haar gewerkt had: 'Jullie gaan het sowieso goed met elkaar kunnen vinden.' En dat is helemaal waar.

Ik noem Christina 'Christina Rwina' en Christina noemt mij 'Lieke Herres Hester'. Onze bijnamen zijn straattaal voor chaos en rotzooi. Lekker passend, want we houden allebei van chaos, nemen zelden een blad voor de mond en zijn altijd nogal aanwezig op de werkvloer.

Maar nu proberen we vol rust deze vrouw te helpen waar we kunnen. Geen chaos, geen smerige humor, maar serieus hulp verlenen.

'Weet je wat, ik kan ook wel langs het spoor naar huis lopen,' zegt de vrouw dan. 'Dan kom ik er ook wel. Uiteindelijk.' Ze recht haar rug.

Omdat we haar natuurlijk niet kunnen laten gaan, leggen we haar uit dat we bezorgd zijn.

'Maar jullie kennen mij niet eens. Dus hoeven jullie je ook geen zorgen te maken,' zegt de vrouw zacht.

Mijn hart breekt. Ik moet even diep ademhalen, terwijl Christina een hand op haar schouder legt en zegt: 'Ons zorgen maken hoort bij ons beroep, mevrouw.'

'Wat als we naar het politiebureau wandelen in plaats van langs het spoor?' stel ik voor. 'Durft u dat?'

De vrouw knikt naar Christina, en gelukkig zijn we er snel: het bureau is vlakbij.

Als ik haar daar iets te drinken wil aanbieden, weigert ze. 'Jullie willen me vergiftigen!' roept ze ineens.

Iets later is ze wat meer gekalmeerd en praat ze over koetjes en kalfjes. Maar nog altijd wil ze niets te drinken hebben. Ook niet als ik haar een gesloten blikje aanbied dat ze zelf open kan maken. Zo weinig vertrouwen heeft ze in ons, en toch durfde ze ons te bellen. Ik vind het heel moedig.

De psycholance arriveert: een speciale ambulance voor het vervoeren van mensen met verward gedrag. De vrouw moet naar de Spoedeisende Psychiatrie, waar ze door een psychiater kan worden beoordeeld.

Maar ik heb een fout gemaakt, want ik heb dat niet tegen haar gezegd. Ik heb er een beetje omheen geluld en moet daar nu voor boeten.

'Leugenaar!' roept ze. 'Je hebt het voor me verzwegen.'

En dat klopt. Ik had haar precies moeten vertellen wat er zou gaan gebeuren. Ik probeer uit te leggen waarom ik het niet heb gezegd, maar dat is lastig wanneer zij het voorval vanuit een totaal ander oogpunt bekijkt.

De situatie slaat direct om. De vrouw is boos en probeert te vluchten. 'Ze vinden me gek, maar ik ben niet gek!' blijft ze maar schreeuwen. 'Ze gaan me weer opsluiten!' Christina en ik doen wat we kunnen, maar het lijkt weinig uit te halen.

Gelukkig kunnen de toppers van de ambulance haar geruststellen en lopen ze rustig met haar naar de wagen. Ondertussen kijk ik of er verkeer aan komt.

Een andere keer had ik dat niet gedaan, en dat kwam me duur te staan. Ik probeerde toen een suïcidale vrouw te helpen op straat.

Ik had lang met haar gepraat, en toen ze eindelijk gekalmeerd was, probeerde ik haar naar de politiebus te begeleiden. Ze leek rustig, maar wilde ineens niet meer mee. Ze wurmde zich los en probeerde zichzelf voor een stadsbus te gooien die langs kwam rijden. We konden nog net met twee collega's letterlijk boven op haar springen. De bus week al toeterend uit en miste ons op een haar. Ik schrok me kapot, en alleen met geweld kregen we de vrouw in de politiebus. Niet omdat ze boos op ons was, maar omdat ze bang was en wilde vluchten. Ook al wist ik dat het voor haar eigen bestwil was, ik vond het vreselijk om die vrouw pijn te doen. Want als je iets níét wilt, is het geweld gebruiken tegen iemand die alleen maar hulp nodig heeft of bang is.

Ik let tegenwoordig extra goed op mogelijke manieren waarop mensen zelfmoord kunnen plegen, of iemand anders pijn kunnen doen om te 'ontsnappen'. Openstaande balkondeuren, keukenlades met messen, voorbijrijdend verkeer, verstopte scheermesjes achter telefoonhoesjes. Je moet continu zicht houden op de handen van degene die hulp nodig heeft, alsof je een verdachte in het zicht houdt die mogelijk een wapen bij zich heeft.

Ik kan me voorstellen dat ook deze vrouw er niet rustiger van wordt als een agent elke gemaakte beweging nauwlettend in de gaten houdt... Maar het is wél nodig, aangezien wij de verantwoordelijkheid dragen tot de zorg het overneemt.

De vrouw staat voor de ambulance. Ze is het er eindelijk mee eens dat ze niet op straat kan blijven dwalen en een veilige slaapplaats nodig heeft. Maar dan ineens draait ze zich om en loopt ze bij de open schuifdeur van de ambulance vandaan. Christina en ik kijken elkaar aan, en ik zie dat we hetzelfde denken: we waren er bíjna! Christina rolt met haar ogen en ik weet zeker dat we hetzelfde voelen.

Ik wil de vrouw niet vastgrijpen, omdat ze al zo bang en wantrouwend is. 'Mevrouw!' roep ik daarom rustig maar duidelijk. Ze blijft staan, wacht op me. Ik loop een paar meter met haar mee en begeleid haar dan subtiel terug naar de psycholance.

Als ze er eenmaal in zit, wensen we haar veel succes. De schuifdeur van de ambulance klikt dicht. Gelukkig. We hopen dat ze de hulp krijgt die ze nodig heeft en weer veilig naar huis kan. Dit soort zaken kosten veel energie: je moet continu je woorden op een goudschaaltje wegen en héél goed opletten.

Een paar dagen later krijg ik van de vrouw een berichtje op Instagram. Bedankt voor de goede zorgen, schrijft ze.

Ik ben zó blij om dat te horen. Iemand helpen die hulpbehoevend is, is af en toe zo moeilijk. Het zorgt voor zoveel tweestrijd. En onmacht. Daarom doet haar berichtje dat ze zich écht geholpen voelde door ons me heel goed.

Op Instagram vertrouwt ze me een stukje uit haar leven toe. Een moment waarop er iets traumatisch is gebeurd, waarna de stemmen in haar hoofd zijn begonnen te spreken.

Dit berichtje voelt weer als een stukje vertrouwen. En opnieuw ondervind ik de kracht van sociale media. Haar berichtje is weer een reden om te blijven delen en schrijven over het politiewerk. Het zo mooie politiewerk, dat soms pijnlijk is, maar ook vaak heel dankbaar.

De nacht is voor de vrouw niet probleemloos verlopen. Midden in de nacht werd ze bij de crisisopvang weer naar huis gestuurd. Ze wilden een taxi voor haar bellen, maar die vertrouwde ze niet, daarom is ze terug naar het station gelopen. Maar er is ook goed nieuws, vertelt ze: Inmiddels heb ik nieuwe medicatie tegen de stemmen in mijn hoofd. Het gaat wat beter.

Werken met mensen met psychische klachten is zo ontzettend moeilijk. Je wilt iemand dolgraag helpen, maar het is elke keer weer je op glad ijs begeven. Want je doet het eigenlijk nooit helemaal goed. En dat is zuur. Niet omdat je een schouderklopje wilt voor je geleverde werk – want hé, het is je gewoon je werk. Maar je wilt helpen, terwijl je daar niet voor opgeleid bent. Wij zijn geen psychologen. Het is eigenlijk ons vakgebied niet. En toch krijgen we steeds meer te maken met hulpbehoevende mensen. Amsterdam stroomt ervan over en ik weet van collega's uit andere regio's dat het daar niet anders is. Dat geestelijke gezondheidszorg op het bordje van de politie terechtkomt, is een groot probleem. Een probleem dat we de afgelopen jaren alleen maar groter hebben zien worden.

We zien vaak dezelfde mensen terug. De wachtlijsten voor de geestelijke gezondheidszorg zijn soms bizar lang. Maanden, soms zelfs jaren. Daardoor vallen mensen tussen wal en schip, waar geen juiste hulp op maat is. Dat kloterige 'kastje naar de muur en weer terug'-verhaal. Of mensen wordt verteld dat ze hun eigen vangnet moeten gebruiken. Terwijl dat 'vangnet' het niet aankan of helemaal niet geschikt is als vangnet. Crisisplannen die maar half werken, contactpersonen die niet altijd bereikbaar zijn... Ik begrijp veel, maar van de nijpende situatie in de geestelijke gezondheidszorg begrijp ik niets. Het lijkt alleen maar schrijnender te worden.

Dan zijn er ook nog de hulpbehoevenden die 'niet gek genoeg' zijn. Ze voldoen niet aan de criteria om aanspraak te maken op een bed in de (crisis)opvang. Ze mogen dan 'niet gek genoeg' zijn, maar ze zorgen wel voor veel overlast en zijn gevaarlijk voor zichzelf en hun omgeving. Ze komen in een politiecel terecht, omdat er op straat geen woord mee te wisselen valt en de meldingen van overlast binnen blijven stromen. Je kunt ze simpelweg niet op straat laten.

Regelmatig moeten we een uur of nog veel langer wachten op de crisisdienst. Niet dat zij daar iets aan kunnen doen, maar in het slechtste geval zit iemand in het dagverblijf van de politie. En daardoor krijgt hij of zij nog veel meer stress en angst. Of je staat op straat te wachten, probeert gesprekjes aan te knopen, vertrouwen te winnen. 'Waarom doe je niets?' roepen de mensen om je heen. 'Slappe hap, dit.'

Vaak pakken ze hun telefoon er ook nog eens bij om ons te filmen. 'Die agenten zijn bang,' zeggen ze dan, 'dat zie je toch.'

Iemand met psychische problemen in een politiecel opsluiten, of alleen al meenemen naar de publieksruimte van het politiebureau, is vaak al zeer traumatisch voor diegene. Soms gaat de persoon in kwestie uit pure paniek en soms zelfs doodsangst zo hard vechten dat wij geweld moeten gebruiken. Er zijn geen winnaars in dit soort verhalen.

Het is frustrerend dat er niet genoeg bedden zijn, niet genoeg hulp. Het is frustrerend dat iemand een nachtje of een paar uur in de crisisopvang slaapt en je bij je volgende dienst diezelfde naam op het arrestantenbord ziet staan. Weggeschreven onder 'verstoren van de openbare orde' omdat op straat laten rondlopen geen optie was, terwijl we al weten dat de crisisopvang hem of haar niet wil hebben omdat diegene niet 'gek genoeg' is... Tegen beter weten in schakelen we dan toch een arts in. Maar de juiste hulp blijft uit. Het blijft bij 'verstoren van de openbare orde', terwijl de diepliggender problematiek niet verdwijnt. Waarschijnlijk zien we hem of haar morgen weer... of overmorgen. En anders volgende week wel.

Soms is het wachten tot het misgaat. Soms doen hulpbehoevende mensen uit pure wanhoop iets wat niet mag – een politieauto vernielen of een raam ingooien – om maar in een cel te kunnen zitten, om zichzelf te beschermen tegen de waanideeën of stemmen in hun hoofd.

De volgende nacht krijgen mijn maatje Damian en ik meer dan tien meldingen over geluidsoverlast. De meeste vallen enorm mee; de melders lijken ontzettend te overdrijven.

'Twintig man in een woning' zijn er in werkelijkheid vier. En 'groot technofeest met dertig man' blijkt zes studenten in hun eigen huis te zijn.

Door corona is een flink aantal mensen extra oplettend en controlerend, dus we nemen sommige meldingen met een korrel zout.

Maar dan komt er een melding waar onze hartslag wél van omhooggaat: iemand heeft zijn polsen doorgesneden. 'Hij heeft nog een mes vast,' zegt de meldkamer. 'Hij wil dood.'

Als we bij de bewuste woning aankomen, lukt het ons niet om contact te maken met de man. Hij is bang, verdrietig en boos tegelijk. En verward.

De man zit onder het bloed. De vloer en de wasbak zijn bezaaid met dikke rode klodders. Op het aanrecht ligt een mesje. Te oordelen naar de diepe snijwonden in de pols van de man is het mesje flink scherp. 'Mag ik uw pols eens beter bekijken?' vraag ik terwijl ik mijn hand uitsteek.

De man draait snel zijn arm weg. 'Nee, er is niets aan de hand.'

Ik weet dat het geen slagaderlijke bloeding is, want het bloedverlies is niet dusdanig dat het direct levensgevaar oplevert. De ambulance zal later naar zijn pols kijken – wij moeten ons nu vooral focussen op de man zelf. Maar dat is moeilijk.

'Hebt u een diagnose gekregen van een arts?' vraag ik.

De man knikt en vertelt bibberend en huilend waar hij last van heeft. Daar ben ik blij om, want het geeft me wat handvatten om beter met hem om te gaan. De man laat ook een ggz-behandelkaartje zien en vertelt over zijn psychiater.

'Ze is heel lief,' zegt hij. 'Ik ben heel blij met haar.'

Voor mijn gevoel is dit een veilig onderwerp, dus ik vraag door.

De man vertelt dat de psychiater hem had aangeraden om een hobby te zoeken. 'Mijn hobby is dit huis,' zegt hij trots. 'Ik heb alles zelf opgeknapt en ben er heel blij mee.'

We krijgen een rondleiding door het huis. In elke ruimte volgen we hem op de voet, letten we erop dat hij niet nog ergens een mes verstopt heeft dat voor het grijpen ligt. Want uit ervaring weten Damian en ik dat iemand met psychische problemen als een blad aan een boom kan omslaan. In één seconde van ogenschijnlijk rustig naar een nieuwe zelfmoordpoging.

'Als ik aan het klussen ben, voel ik de pijn niet,' zegt de man terwijl hij de badkamerdeur opendoet.

'Liek,' zegt Damian subtiel maar duidelijk. 'Een mes!'

Op de rand van de wasbak ligt een groot slagersmes. Precies hetzelfde mes dat mijn ex tig jaar geleden voor me kocht toen hij weer eens voor mij wilde koken en gek werd van mijn botte grote messen. Maar dit mes is wél scherp. Want er zitten bloedvlekken op, en ook de wasbak zit onder het bloed.

Dan grijpt de man ineens naar het mes. Hij lijkt zich te schamen en ik denk dat hij het wil pakken om het uit ons zicht te halen. Net zoals hij probeerde te doen alsof de verwondingen op zijn armen er niet waren.

Maar dat risico kunnen we niet nemen. Ik pak het mes snel voor zijn neus weg, terwijl Damian de man tegenhoudt. 'Zo, dit is een beetje vies. Ik zal het even afwassen,' zeg ik vriendelijk terwijl ik het mes stevig vasthoud en snel naar de keuken loop.

Met wat afwasmiddel en flink schrobben gaat het inmiddels opgedroogde bloed van het mes af. 'Zooo, weer schoon!' roep ik vrolijk, en ik stop het mes in de lade waar Damian het andere mes ook in weggestopt heeft.

Ik doe wel heel vrolijk, maar geloof me als ik zeg dat dit soort momenten heel spannend zijn. Omdat wij geen enkel idee hebben van wat er in het hoofd van deze man omgaat, kan het flink verkeerd gaan. Ik denk niet dat de man zichzelf of ons iets aan wil doen, maar stel dat hij dat mes eerder te pakken gekregen had... Dan had het heel naar kunnen aflopen.

'Zo, dat hebben we opgeruimd,' zegt Damian rustig. 'Vertel eens wat meer over het klussen?'

Even lijkt de man zijn verdriet vergeten. 'Ik ga nog veel meer doen,' vertelt hij enthousiast aan Damian. 'Verven, bijvoorbeeld. Je moet eens weten hoe lelijk het hier allemaal eerst was!'

'Wat goed! Welke verf ga je gebruiken?' vraag ik, oprechte interesse veinzend om hem af te leiden.

Terwijl we nog zo'n vijf rondjes door de woning maken en de man keer op keer hetzelfde verhaal vertelt, blijft Damian knikken en hem vragen stellen. Ik ben diep onder de indruk van zijn luisterend oor. Damian heeft goed contact en ik hobbel rustig achter ze aan.

Dan arriveert de ambulance. Omdat ook het ambulancepersoneel het vertrouwen van de man moeten winnen, geef ik voordat ze binnenkomen alvast de tip om te praten over zijn klusskills. Mijn tip blijkt overbodig, want ook hier wordt weer heel kundig en kordaat opgetreden.

De man heeft geen keuze, hij gaat mee naar de crisisopvang. Hij smeekt en smeekt en smeekt. 'Alsjeblieft!' roept hij. 'Ik wil niet. Ik wil écht niet!'

Maar de verpleegkundige is overtuigend en duidelijk. 'Je gaat mee.'

'Het moet,' benadrukt Damian. 'Het is echt nodig dat je hulp zoekt. In ieder geval voor vanavond.'

De man is eindelijk overtuigd en samen met Damian ruimt hij nog even een open potje verf op. 'Ik wil de boel wel netjes achterlaten in huis,' zegt hij.

De verpleegkundige zet het eten van de man dat nog op zijn gasfornuis staat in de koelkast en pakt alvast zijn sigaretten. Alle neuzen wijzen dezelfde kant op. Iedereen heeft hier ervaring mee, helaas.

We wensen de man veel sterkte. 'Je bent het waard om hulp te vragen als je het zelf niet kunt,' drukken we hem op het hart. 'Ook in de toekomst. We komen met liefde terug, maar we hopen natuurlijk dat het niet nodig is.'

Damian helpt de man met het aantrekken van schone kleding voor hij naar de crisisdienst moet, en daarbij krijgt hij een parfumdouche van de man.

Als we later in de auto zitten, moeten we daar nog steeds hardop om lachen. We eindigen de dienst zoals we hem begonnen zijn: rijdend door de stille stad en pratend over hulpbehoevende mensen, die nu eenzamer zijn dan ooit.

14

Dit wordt een achtervolging!

Werkplek: Amsterdam-Centrum
Functie: hoofdagent

Ik sta op de dienstlijst voor noodhulp. De tweede coronagolf is in volle gang, en tijdens de briefing zit iedereen ver bij elkaar vandaan. Als er iemand hoest of snottert, roepen we met zijn allen nog steeds gekscherend: 'Coronaaa!'

De chef wijst Jeremy aan als mijn dienstmaatje voor vannacht. Dat is in ieder geval hartstikke gezellig. Zelfs als we de hele avond partypoopers moeten spelen en van geluidsoverlastmelding naar geluidsoverlastmelding rijden. Want hoewel het verboden is, worden er heel veel huisfeestjes gegeven.

We rijden een rondje door de prachtige verlaten binnenstad en mopperen samen. Er is de laatste tijd veel gezeur: tussen collega's onderling, maar ook over de noodhulp… Want niemand heeft er zin in. Corona heeft ook de collegialiteit te pakken gekregen. Iedereen probeert wel de moraal hoog te houden, maar het lukt niet echt meer.

We controleren een paar kentekens in het politiesysteem. Misschien zit er nog wat boeiends tussen. Misschien hebben we mazzel en vinden we in deze doodstille nacht een van de vele gejatte Range Rovers terug. Maar nee, de kentekens leveren geen prijs op.

Er rijden twee jongens op een scootertje langs, zonder helm. De scooter heeft een gele kentekenplaat. Sinds vorig jaar moet je een helm op in Amsterdam als je op een snorfiets (met een blauw kenteken) rijdt en dat gaat nog met grote regelmaat 'mis'. Logisch. Maar voor een scooter met gele nummerplaat was er altijd al een helmplicht. Niet gek ook, want die dingen rijden een stuk harder.

De jongens rijden de Dam over en de Paleisstraat in. Als wij ook de Paleisstraat in rijden, heeft de bestuurder door dat we achter hem aan gaan. Hij gaat harder rijden.

'Is er een motorrijder in de buurt van de Dam?' vraag ik over de portofoon. Het met een auto achtervolgen van een scootertje heeft namelijk weinig kans van slagen. De bestuurders zijn behendig, de scootertjes licht en snel. En het centrum van Amsterdam barst van de paaltjes en eenrichtingsstraatjes waarin de scooters kunnen verdwijnen.

De jongen die achterop zit, houdt zijn voet deels voor de nummerplaat.

'Kun jij het kenteken lezen?' vraag ik. Als we geen kenteken hebben om aan een collega door te geven, wordt de zoektocht wel heel moeilijk. Laat staan dat er een bekeuring uitgedeeld kan worden.

Jeremy schudt zijn hoofd.

We zetten ons stopteken aan, maar weten al dat het geen zin heeft. Ik denk het, Jeremy zegt het: 'Die gaat niet stoppen!'

Jeremy geeft gas. We vliegen achter het paleis langs en zien de scooter de Spuistraat in duiken. Met zwaailicht en sirene aan zetten we de achtervolging in.

Terwijl de adrenaline door mijn lijf giert, geef ik rustig aan de meldkamer door waar we rijden, in welke richting en hoe hard. Dit is belangrijk, omdat de meldkamer de achtervolging anders waarschijnlijk staakt omdat er een te hoog risico op gevaar kan ontstaan – voor zowel ons als de bestuurder van de scooter.

Met mijn neus bijna tegen de voorruit tuur ik naar de scooter, maar ik kan het kenteken nog steeds niet lezen. Steeds als het bijna lukt, knallen we weer over een van de vele verkeersdrempels. 'Fuck!' roep ik.

De jongen achterop heeft een opvallende broek aan, met Adidasstrepen over de lengte van zijn benen. Het is niet veel, maar in elk geval iets wat we door kunnen geven aan de meldkamer bij gebrek aan een kenteken

'Ze gaan linksaf naar het Kattengat!' roep ik over de portofoon. Terwijl Jeremy ons door de stad manoeuvreert, houd ik me vast aan de handgreep om zo stabiel mogelijk te blijven zitten.

'Ik ben er bijna,' meldt Bas. Hij is op de motor en dat kunnen we goed gebruiken.

'Lekker, Bassie!' zegt Jeremy enthousiast.

De scooter rijdt glibberend de oprit van het Kattengat op. Op dat stuk glad beton ben ik met de fiets ook al een keer op mijn bakkes gegaan. Dat was niet best voor mijn ego. De scooter glijdt hard onderuit en de jongen achterop sprint weg, het Kattengat in.

Ik spring de auto uit, maar word in volle vaart terug de auto in geslingerd. 'Fuck! Die klotegordel!' Ik heb hem losgemaakt, maar hij blijft hangen achter de holster van mijn vuurwapen. Snel bevrijd ik mezelf, terwijl ik vanuit mijn ooghoeken zie dat de bestuurder inmiddels half overeind is gekrabbeld. Net voordat hij het op een sprinten probeert te zetten, spring ik boven op hem.

'Liggen blijven! Niet verzetten.' Ik druk hardhandig zijn handen op de natte straatstenen. Hij lijkt niet van plan zich te verzetten. Jeremy rijdt er ondertussen vandoor met de auto om de achtervolging van de andere jongen in te zetten.

De jongen probeert onder mij vandaan te krabbelen. Maar ik ben een stuk zwaarder, dus ik maak me niet echt zorgen.

Bas scheurt op de motor de Spuistraat in. 'Onder controle, Liek?' roept hij terwijl hij even vaart mindert.

'Ja, komt goed! Pak die ander!' roep ik terwijl ik hem de richting aanwijs waarin de andere jongen gevlucht is.

De jongen onder mij worstelt weer een beetje.

'Meewerken!' waarschuw ik hem nog een keer terwijl ik mijn handboeien pak. 'Anders gebruik ik geweld!'

Hij knikt. Als ik hem de boeien omdoe, stribbelt hij niet meer tegen.

'Je bent niet verplicht om te antwoorden,' zeg ik, 'maar waarom rijd je zo idioot?'

Hij antwoordt niet. Had ik ook niet verwacht. De scooter, waar we inmiddels naast liggen, lekt benzine. Het stuur staat scheef, de kappen zijn flink beschadigd… Maar de sleutel zit erin. De kans dat de scooter gejat is, is dus klein. Geen scooterdiefstal. Wat dan wel?

Ik help hem overeind, zodat we niet meer samen gênant op straat liggen als twee voddenbalen.

Een behulpzame omstander wil me komen helpen. 'Ik houd hem wel vast, mevrouw!'

'Dat hoeft niet,' antwoord ik. 'Alles onder controle, maar toch bedankt!'

Een vrouw steekt een preek af tegen de jongen over zijn rijgedrag. 'Je had wel iemand dood kunnen rijden!' roept ze met driftige gebaren.

'Nou, alleen zichzelf,' merkt de eerste omstander op, 'want er is bijna niemand.'

Echt Amsterdam, dit. Ik moet moeite doen om mijn lachen in te houden.

'Heb je pijn?' vraag ik de jongen. Door de valpartij kan hij zich flink bezeerd hebben, en dan moet er een ambulance komen.

'Nee, mevrouw,' zegt hij ineens heel beleefd.

'Waarom rijd je zo debiel, man?' vraag ik hem opnieuw. 'Je had jezelf en je vriendje wel dood kenne rijde. En dan kenne wij je ouders vertellen dat je nooit meer thuiskomt, mafkees!' Als ik boos of geagiteerd ben, praat ik Platamsterdams. Ik hoor het nu zelf ook.

Hij zegt weer niks. Over de portofoon hoor ik dat ze de andere jongen uit het oog zijn verloren. Ik trek het kenteken na. De scooter is zoals ik al dacht niet als gestolen opgegeven en staat op naam van een leeftijdsgenootje van de jongen. Hm.

De jongen kijkt een paar keer naar de geruïneerde scooter en schudt zijn hoofd. De tranen staan in zijn ogen. Ik vermoed dat hij straks iets uit te leggen heeft aan de eigenaar van de scooter, maar verder zit ik vooral met vraagtekens. 'Sta je gesignaleerd of zo, dat je ervandoor ging? Dat stopteken was omdat jullie geen helm droegen. Waarom vluchtte je?'

'M'n vader...' mompelt de jongen.

'Wat is er met je vader?' vraag ik.

Maar daar geeft hij geen antwoord meer op, terwijl hij zijn best doet zijn tranen weg te slikken.

Als ik een legitimatiebewijs van de jongen heb en hem natrek, zie ik een overlastmelding en een winkeldiefstal staan. Hij was bij de diefstal, valt er te lezen, maar voor medeplichtigheid was onvoldoende bewijs.

'Je bent volgens onze systemen helemaal geen type dat zulk rijgedrag vertoont,' zeg ik. 'Of ben je er altijd mee weggekomen?' Ik snap er nog steeds niets van.

'Nee, mevrouw,' zegt hij dan. 'M'n vader heeft al genoeg aan zijn hoofd. Zijn gezondheid is slecht en nou zit ik ook nog in de problemen.'

‘Ja, daar had je eerder over na moeten denken.’

‘Ik ben geen slechte jongen, mevrouw.’

‘Maar waarom stopte je dan niet gewoon toen je het stopteken zag? Een bonnetje voor het niet dragen van een helm is heel wat anders dan de geëscaleerde situatie die we nu hebben.’

‘Ik heb geen rijbewijs, mevrouw.’

‘Oké, dan had je misschien twee bonnen gehad. Eén voor het rijden zonder rijbewijs en eentje voor je helm.’

‘Ik ben fucking dom, mevrouw. En ik vind dit zo erg voor mijn vader. Ik ga hem weer teleurstellen.’ Hij kan zijn tranen niet meer wegslikken. De jongen die nog geen tien minuten geleden als een maniak door de straten reed, zit nu te huilen. Hij verbergt zijn gezicht zo goed en zo kwaad als het gaat in zijn gehandboeide handen, zittend naast de kapotgereden scooter op de natte stoep.

Als we op het bureau aankomen, heeft Jeremy de ouders van de jongen op de hoogte gebracht van de aanhouding. Want hij is minderjarig.

‘Ze komen eraan. Maar ze zijn niet blij,’ zegt hij met een grimas. Eigen schuld, dikke bult, zeggen zijn ogen.

Omdat we denken dat de kapotte scooter, de valpartij en de vermoedelijk boze ouders wel straf genoeg zijn, komt de jongen ervanaf met een bekeuring voor het rijden zonder rijbewijs.

Als de ouders aankomen, staat de moeder zichtbaar te trillen op haar benen. Zo geschrokken is ze van het feit dat haar zoon op het politiebureau zit. Zijn vader is zichtbaar boos, maar tegelijk ook opgelucht dat hij zijn zoon heelhuids kan ophalen. Dat de politie niet aan zíjn deur staat om te vertellen dat zijn zoon zwaargewond of dood is door een ernstig ongeval met een scooter.

15

'Tengo miedo' – 'Ik ben bang'

Werkplek: Amsterdam-Centrum
Functie: hoofdagent

Waarschuwing: dit hoofdstuk bevat content over huiselijk geweld. Ben (of ken) jij iemand die slachtoffer is van huiselijk geweld, weet dan dat je altijd met je vragen terechtkunt bij Steunpunt Huiselijk Geweld. Je kunt ook altijd contact zoeken met je wijkagent of een andere politieagent. Weet dat het nooit jouw schuld is, en dat huiselijk geweld zeer vaak voorkomt. Je bent niet alleen. Zoek iemand met wie je erover kunt praten; dat is de belangrijkste eerste stap om uit de situatie te komen.

Maandagochtenden zijn voor politieagenten net zo saai als voor anderen. Ochtenden waarop de spannendste melding een inbraakalarm is, maar in werkelijkheid de schoonmaker blijkt te zijn die de beveiligingscode is vergeten.

Gelukkig is het bijna tijd voor de dienstwissel. Mijn maatje Sander en ik zijn bijna bij het bureau als we een melding binnenkrijgen: huiselijk geweld.

Inmiddels lijkt de rust wedergekeerd, zeggen de buren, maar toch rijden we meteen hun kant op. Zonder sirene, maar met gepaste spoed. Want dat het ineens stiller is, wil niet zeggen dat het goed gaat.

Er wordt niet opengedaan. We drukken bij de centrale toegangsdeur van het pand alle bellen van de appartementen in. Er is vast wel iemand die opendoet.

'Politie,' zeg ik elke keer. 'We komen niet voor u, maar kunt u de voordeur opendoen zodat we naar binnen kunnen?' Vaak werkt dat wel – als je maar zo snel mogelijk duidelijk maakt dat je niet voor hen komt.

Ook nu werkt het. We lopen het trappenhuis binnen en begeven ons naar het desbetreffende appartement. Uiteraard op de bovenste etage. Zonder lift.

Daar staan we wederom voor een dichte deur. We bellen en kloppen aan. Geen sjoege. Omdat ik niet weet wat er nou precies gaande is, word ik ongeduldig. Als ik mijn oor tegen de deur aan leg, hoor ik een zacht geluid. Het lijkt op een pratende vrouwenstem, maar het klinkt erg ver weg.

'Ik hoor iets,' zeg ik tegen Sander, en ik klop nog een keer stevig aan. 'Politie! Wilt u opendoen? *Police, we are here to help.*'

Dan gaat de deur op een kiertje. Twee verschrikte, betraande ogen met donkere wallen kijken ons aan. Direct wil de vrouw de deur weer dichtdoen, maar Sander en ik zijn haar te vlug af en zetten onze voet tussen de deur.

Zodra de vrouw ziet dat we naar binnen komen, rent ze het huis in en duikt op bed. Ze maakt zich klein tussen een berg dekens. Een zichtbaar wanhopige, gebroken vrouw, met rode ogen van het huilen.

'Wie is er nog meer in de woning?' vragen we.

Geen antwoord. Maar voor onze veiligheid is het wel belangrijk om te weten. Ik ben me al eens eerder de kolere geschrokken van iemand die uitgebreid zat te poepen, terwijl ik dacht dat er verder niemand thuis was.

Sander positioneert mij daadkrachtig in de deuropening, waar ik zowel zicht op hem als op haar kan houden, en doorzoekt zelf de woning. Het is maar goed dat Sander mij deze taak heeft gegeven, want als ik mijn gevoel zou volgen, zou ik de vrouw tegen me aan drukken en zeggen dat alles goed komt.

'Er is verder niemand,' zegt Sander als hij terugkomt.

We proberen het vertrouwen van de vrouw te winnen, maar dat is niet makkelijk. Stukje bij beetje, onderbroken door vele huilbuien en paniekaanvallen, vertelt ze haar verhaal. Wat het nog moeilijker maakt, is dat er een taalbarrière is. Haar moedertaal is Arabisch, maar ik wil geen tolk bellen. Dat gaat niet werken bij het opbouwen van de vertrouwensband. We spreken allebei een beetje Engels en Spaans, dus ik begrijp haar redelijk.

'Mijn naam is Samira,' zegt ze. Haar stemvolume gaat omlaag. 'Ik ben bang.'

Ze vertelt dat ze al jarenlang geestelijk en lichamelijk mishandeld wordt door haar man. Ze heeft meerdere littekens en ze loopt mank omdat hij haar enkel heeft gebroken. Maar er is meer kapot: haar geest en haar zin en geloof in een fijn leven. Hij heeft elke vezel in haar bestaan vernietigd en haar geest zo gebroken dat de vrouw letterlijk een schim is van zichzelf. Alle hoop is weg.

Samira doet me denken aan een vrouw die zelfmoord wilde plegen en door ons net op tijd gevonden werd, balancerend op het randje van de dood. Haar zelfmoordpoging was mislukt. Toen de vrouw besefte dat ze nog leefde, smeekte ze me haar dood te laten gaan. 'Ik wil zo graag stoppen met leven. Alsjeblieft...' Toen heb ik de vrouw dicht tegen me aan gedrukt en tig keer herhaald dat het leven nog niet klaar met haar was. Dat er een reden was waarom haar zelfmoord niet gelukt was. Haar tranen drupten op mijn arm, maar meer dan haar vasthouden en haar troosten kon ik toen niet. Net als nu bij Samira. De casus van toen raakte me. Samira wil dan wel niet dood, maar ze heeft ook geen enkele levenslust, en dat raakt me ook.

Samira's leven is getekend door de continue angst voor haar man. Ze zijn vijftien jaar getrouwd, en een groot deel van dat huwelijk is ze vernederd en mishandeld. In de laatste paar jaar heeft haar man haar compleet afgesneden van de buitenwereld. Ze mocht niets, durfde niets en kon ook niets. Ze was volledig van hem afhankelijk. Ze mocht niet meer werken, want daar waren andere mannen. Ze mocht niet naar de huisarts, want die zou weleens signalen van mishandeling kunnen zien. Ze mocht niet alleen boodschappen doen, ze mocht niet naar de sportschool, ze mocht geen make-up gebruiken of mooie kleding dragen. En als ze toch iets deed, deed haar man haar pijn. Als ze schreeuwde, klemde hij zijn handen om haar mond en nek zodat ze niet meer kon schreeuwen.

'Dit is geen liefde.' Ik herhaal het keer op keer. Dit is onderdrukking, mishandeling, marteling, verwaarlozing. Onmenselijk is het, en het heeft haar kapotgemaakt. 'Ga je met ons mee naar het politiebureau?'

'Tengo miedo,' zegt ze in het Spaans – 'Ik ben bang.'

'Dat begrijp ik,' zeg ik, 'maar angst is geen reden om niet met ons mee te gaan. Je angst is ontzettend echt en logisch, maar we blijven hier net zolang als nodig is. Tot we je ervan kunnen overtuigen met ons mee te gaan.' *We're here to stay.* En we zetten alles op alles om deze vrouw uit dit vreselijke leven te halen. Eén team, één taak.

Samira trilt. Ik wil haar zo graag troosten, maar probeer eerst in te schatten of ze dat prettig vindt. Mijn gevoel zegt van wel.

Voorzichtig sla ik een arm om haar heen. Samira vecht zichtbaar tegen haar tranen. 'Huil maar gewoon,' zeg ik. En dat doet ze, de tranen stromen over haar wangen en haar wallen zijn zo diep ingevallen dat de tranen even onder haar ogen blijven liggen.

Tussen haar tranen door vertelt ze dat ze bang is dat hij binnenkomt. 'Hij vermoordt me,' zegt ze met zoveel overtuiging dat ik haar direct geloof.

Kom maar binnen dan, klootzak, denk ik woedend. Maar ik laat mijn woede niet doorschemeren, want ik weet dat ze ondanks alles toch van deze klootzak houdt. Zo werkt de cirkel van huiselijk geweld.

Haar telefoon gaat voor de honderdste keer over, weer met zijn naam op het scherm. Elke keer wil ze oppakken, want als ze niet oppakt, wordt hij boos.

Twee keer moet ik de telefoon letterlijk bij haar weghalen. 'Niet opnemen, alsjeblieft!' zeg ik.

'Hij vermoordt me…' Haar handen trillen. Doodsangst.

Het ene na het andere berichtje komt binnen. Allemaal van hem. Samira's handen trillen nog heviger en ze begint weer te hyperventileren. 'Hij vermoordt me,' herhaalt ze.

'Nee, dat laten wij niet toe,' zeg ik vol overtuiging. Als deze man haar wil vermoorden, moet hij eerst langs mij en Sander.

'Hij vermoordt me. Hij haat de politie.'

'Sander en ik blijven hier en beschermen je koste wat het kost. Hij kan je niet vermoorden. Het is onmogelijk. Als hij binnenkomt, arresteren we hem meteen.'

Ze vertelt me dat hij haar gewoon zou kunnen vermoorden zonder met zijn ogen te knipperen, omdat hij de laatste jaren in een psychopaat is veranderd. Ik wil het ontkrachten, maar na het kleine beetje dat ze me tot dusver heeft verteld, geloof ik direct dat haar man in staat is haar in koelen bloede te vermoorden. Toch is er dat stemmetje in mijn hoofd dat zegt dat ik haar angst moet temperen. Maar haar angst is echt en het geweld wordt alleen maar heftiger.

Ik kies voor een hardere aanpak: het omdraaien. 'Je moet bij hem weg,' zeg ik. 'Je bent getrouwd met iemand die je wil vermoorden.'

Ze begint keihard te huilen en direct heb ik spijt. Zachtjes aai ik haar over haar rug.

'Ik wil een normaal leven,' zegt ze dan ineens met een piepstem. De tranen zijn nog niet opgedroogd of er komen alweer nieuwe.

'Dat kun je krijgen,' zeg ik.

'Hij laat me niet gaan. Nooit.'

'Wij ook niet. Sander en ik gaan niet weg zonder jou.'

Sander beaamt het en we herhalen het keer op keer.

De man heeft haar huissleutel afgepakt, zodat ze zonder hem de woning niet kan verlaten. De deur kan elk moment opengaan, en Sander houdt hem goed in de gaten. We staan niet recht voor het pand geparkeerd, maar toch hoop ik dat die klootzak onze auto ziet staan en niet binnen komt lopen. Aan de andere kant hoop ik er juist wél op, want ik denk dat ik het afgelopen jaar nog niet zó graag iemand heb willen aanhouden. Deze aanhouding zou me voor een jaar voldoening geven.

Maar het belangrijkste is: deze vrouw uit deze situatie halen. Zorgen dat ze hem nooit meer ziet en haar helpen de kracht en strijdlust terug te vinden om op eigen benen te kunnen staan.

Uren nadat we de woning binnenstapten, winnen Sander en ik Samira's vertrouwen.

'Samira, we gaan je kleren pakken en vertrekken,' zeg ik terwijl ik mijn hand naar haar uitsteek. 'Sander, jij en ik. We gaan dit samen doen.'

Als we haar koffer pakken, vinden we tussen alle troep ineens haar huissleutel. Die had die klootzak daar schijnbaar verstopt. Opgelucht draaien we de deur vanbinnen op slot, zodat we niet door hem verrast kunnen worden. Nu kan ook Sander ons helpen.

Vastberaden propt Samira een koffer vol spullen. Mijn hoofd bonkt en mijn hersenen draaien overuren. Deze vrouw mag hier nóóit meer terugkomen.

Dan belt de klootzak weer. Samira's telefoon zoemt op bed aan de oplader. Sander praat expres lekker luid over het zoemende geluid heen en stopt samen met haar de koffer tot de nok vol. Twee zielen, één gedachte. Sander is niet voor niets mijn maatje, we werken goed samen.

Als Samira een groen vest pakt, ruikt ze eraan. Dan begint ze weer keihard te huilen. Ik snap waarom: het is zijn vest en het ruikt naar hem. Ze probeert het vest in de koffer te proppen. Ik wil niets liever dan het vest uit haar handen trekken, uit het raam gooien, in de fik steken, in stukjes knippen... Maar ik doe het natuurlijk niet.

'Het is oké, Samira,' zeg ik, volledig tegen mijn gevoel in. 'Stop het maar in de koffer. Je kunt het weggooien als je er klaar voor bent.' Ik hoop maar dat er een dag komt dat ze die trui in de fik steekt en er marshmallows boven roostert.

Ik ken die hele vent niet, en toch voel ik een soort oerkracht om Samira te verdedigen. Mijn hart breekt als ze aan zijn vest ruikt, maar tegelijk motiveert het me nog meer om haar te helpen. In sommige gevallen van huiselijk geweld kunnen dader en slachtoffer allebei hulp krijgen, zodat ze samen verder kunnen gaan in een liefdevolle en gezonde relatie. Maar deze relatie kan niet meer gered worden. Hier is maar één oplossing: al het contact verbreken, wegwezen en nooit meer achteromkijken.

Sander noemt een lijstje met spullen op die Samira mee moet nemen. Een soort vakantielijstje: wat neem je mee als je nooit meer terugkomt?

Samira knikt. 'Ik ben er klaar voor,' zegt ze, maar dan begint ze hartverscheurend te huilen en duikt ze weer tussen de berg dekens op het bed. Toch nog niet helemaal klaar.

'Ik kan niet gaan,' zegt ze terwijl ze half stikt in haar tranen. 'Hij…' Ze begint te trillen en maakt haar zin niet af.

Ik vloek binnensmonds… Verdomme! Net op het moment dat ze ons leek te vertrouwen, gaat het weer de verkeerde kant op.

Terwijl ik nog steeds naast haar op bed zit, houdt Sander een betoog over de liefde en huiselijk geweld. Over wat liefde echt is. 'Wat jouw man allemaal deed, dat is absoluut geen liefde.' Zijn zinnen komen uit de grond van zijn hart. Het mijne stroomt even over van trots, want wat doet hij dit goed.

Dan wordt mijn hart weer koud. Want ik ben bang. Ik schijt zeven kleuren stront bij het idee dat die klootzak van een man van haar zo voor de deur staat. Niet dat ik bang ben dat Sander en ik hem niet aankunnen, maar ik vrees wel dat Samira's toch al weinige kracht als sneeuw voor de zon verdwijnt op het moment dat ze hem ziet.

Sander pakt haar koffer, ik controleer haar tas. Haar telefoon zit erin, haar oplader, haar paspoort… Check, check, dubbelcheck. We moeten nú naar het bureau, waar Veilig Thuis al op Samira zit te wachten.

'Laten we gaan, Samira,' zeg ik terwijl ik mijn hand naar haar uitsteek. 'De eerste stappen naar een nieuwe Samira, naar een nieuw leven!'

Tot mijn blijdschap pakt ze mijn hand vast en loopt ze met me mee. Yes!

Maar al snel blijkt dat ik te vroeg heb gejuicht. Als we bij de deur een geluid horen, duikt Samira achter me weg. Haar angst is zo diepgeworteld dat ik die zelf kan voelen. En niet alleen ik, ook Sander voelt de zenuwen. Hij controleert elke trap en geeft mij een seintje als het trappenhuis leeg is.

Samira kruipt weg in mijn oksel. Voor de zekerheid kijk ik om elke hoek heen of er iemand aan komt – ook al heeft Sander gesein dat het veilig is. 'Safe,' zeg ik zachtjes.

Samira's handen knijpen mijn arm tot moes. Als we beneden aankomen, sla ik mijn arm om haar heen. Ze pakt mijn hand vast alsof haar leven ervan afhangt. En dat is misschien ook wel zo.

Dan zetten we het op een rennen. We rennen naar de politiebus alsof de bommen ons om de oren vliegen en we dekking moeten zoeken. Samira verstopt zich op de achterbank, maar gluurt dan toch door het raam. De tranen lopen weer over haar wangen. En hoewel mijn hart weer breekt, voel ik ook hoop. Want slechter dan dit kan het niet worden. Het kan nu alleen maar beter worden.

Ineens duikt Samira bij me op schoot. Ze huilt, met schokkende schouders en keiharde snikken. 'Ik zag iemand,' zegt ze tussen het snikken door, 'die op mijn man leek.'

Ik weet niet meer wat ik moet doen, behalve haar maar gewoon laten huilen. Met twee armen om Samira heen aai ik over haar haar. Het is alsof ik een klein meisje troost, tot ik een dikke bult op haar hoofd voel. Een bult die hij veroorzaakt heeft. Mijn bloed kookt. Het verdriet van deze vrouw doet me zoveel pijn dat ik bijna met haar mee ga huilen.

We staan voor een verkeerslicht. Een oudere vrouw met prachtige donkerrode lippenstift kijkt met een afkeurende blik de politiebus in. Ze verwacht vast een aangehouden verdachte te zien, maar in plaats daarvan ziet ze mij en Samira. Hoe ik mijn armen om haar heen heb geslagen en zichtbaar probeer haar te troosten. De vrouw glimlacht bemoedigend naar me, wat me wat meer vertrouwen geeft.

In onze omhelzing heeft Samira per ongeluk mijn noodknop ingedrukt op de portofoon. Maar omdat ik door haar harde huilen mijn portofoon niet heb gehoord, schreeuwt de meldkamer ineens mijn voor- en achternaam. 'Collega Lieke Hester, collega Lieke Hester, je doet een noodoproep!'

Shit. Ik grijp mijn portofoon en leg kort en krachtig de situatie uit. De meldkamer hoorde Samira huilen over de portofoon, en dat in combinatie met een noodoproep is natuurlijk reden tot zorg. 'Ik ben oké!' roep ik. Dan zie ik ook de gemiste oproepen en whatsappjes op mijn privételefoon van collega's die zich zorgen maakten omdat ik niet reageerde. Zo lief. De kracht van de blauwe familie.

Op het bureau hebben de medewerkers van Veilig Thuis moeite met de taalbarrière. Ik bel met de tolkenlijn, maar daardoor ontstaat er een zeer onpersoonlijke sfeer. Precies de reden waarom ik het eerder niet wilde doen. 'Shit,' mompel ik. Het universum lijkt me te horen: mijn telefoon valt uit.

'Fuck it, we hebben geen vertaling nodig.' Ik ben blij dat ik naar mijn gevoel heb geluisterd, want met de combinatie eenvoudig Engels, Spaans en Nederlands gaat het praten alweer veel beter.

Samira moet haar verhaal herhalen voor de mensen van Veilig Thuis. Dat wekt bij haar soms wat onbegrip en moeite op, maar het is nodig voor het regelen van een plek in een blijf-van-mijn-lijfhuis. Terwijl Samira met de medewerkers aan het praten is, begin ik aan het proces-verbaal. Dat is een secuur werkje, want elk detail is belangrijk. Voor nu, maar ook voor later. Als Samira bijvoorbeeld ooit aangifte wil en durft te doen.

Sander geeft mij en Samira twee paracetamolletjes. De schat. Samira heeft pijn in haar nek en hoofd van de klappen die ze gekregen heeft, en ik heb hoofdpijn van deze moeilijke casus.

'Komt je hoofdpijn door haar?' vraagt Sander met een glimlach naar ons.

Ik moet lachen. 'Nee, door haar man.'

Het is misschien niet de meest tactische grap op dat moment, maar gelukkig moet Samira erom lachen. 'Dat snap ik. Hij bezorgt mij al jaren hoofdpijn!'

Dit mooie moment is zo kenmerkend voor ons werk. Soms valt er niets te lachen en kunnen we het toch.

'Het doet me zo goed dat ik je even zie lachen,' zeg ik tegen Samira. 'Ik ben diep onder de indruk van je kracht.'

'Welke kracht?' vraagt Samira. 'Ik voel me helemaal niet krachtig. Allesbehalve zelfs.' De lach verdwijnt van haar gezicht.

De letters dansen voor mijn ogen op het beeldscherm. Ik probeer te focussen, maar het lukt niet meer. De hoofdpijn beukt onverstoorbaar door achter mijn ogen. Ik vloek op mezelf en loop even naar Sander. 'Kun jij even verder gaan? Bij mij komt er alleen nog een onsamenhangende woordenbrij op papier.'

Vol goede moed gaat Sander aan de slag, en dan komt het verlossende woord: er is plek voor Samira in een blijf-van-mijn-lijfhuis! Ik kan wel janken van geluk. Wat directe hulp betreft ben ik vaak enorm teleurgesteld. Het systeem is als een roestig en niet meewerkend apparaat, vol beren op de weg, waar we net iets te vaak tegenaan lopen. Dus nu er wél hulp wordt geboden, ben ik buiten zinnen.

Nu moeten we doorpakken. Samira mag nooit meer contact hebben met die klootzak. Ze heeft een nieuw leven nodig. Een leven zonder de man die haar verwoest heeft. Daarom stellen Sander en ik voor dat we haar zelf naar het blijf-van-mijn-lijfhuis brengen. We zijn hier samen aan begonnen en maken het samen af. Samira vertrouwt ons – en dat willen we graag zo houden.

In de auto denk ik aan die klootzak die haar non-stop aan het bellen is. Ze heeft haar telefoon uitgezet, maar elke keer als ze hem weer aanzet – om ons bijvoorbeeld zijn telefoonnummer te geven voor in het systeem – stromen de berichten en gemiste oproepen binnen. Het zit me niet lekker. Ik heb al zo vaak meegemaakt dat het slachtoffer na telefonisch contact uiteindelijk toch teruggaat en weer in dezelfde ongezonde situatie belandt.

Ik wil zó graag dat Samira's verhaal een succesverhaal wordt. En dan krijg ik ineens een ingeving.

'Sander!' roep ik. 'Als je zo'n telecomwinkel ziet die nog open is, geef dan even een gil.' Ik draai me om naar Samira. 'Ik wil een nieuwe simkaart voor je halen.' Beslist kijk ik haar in de ogen. 'Geloof me, dat is het beste voor je toekomst.'

Ze knikt, en Sander parkeert de bus voor een telecomwinkeltje.

Vrolijk stap ik met Samira naar binnen. 'Hallo! Mag ik een nieuwe simkaart, met 20 euro beltegoed?' Het lijkt wel alsof we een tijdelijke simkaart kopen, voor als je op reis gaat. Maar dit is een ander verhaal. Deze simkaart is het begin van nooit meer contact met die klootzak. Het begin van een nieuw leven. Het begin van een nieuwe Samira.

Haar oude simkaart ligt in mijn open hand, die ik Samira aanbied.

Maar ze schudt haar hoofd. 'Ik heb hem niet nodig.'

Mijn hart maakt een sprongetje. Van blijdschap. *Hell yeah* dat je hem niet nodig hebt!

'Zoek maar iets lekkers uit,' zeg ik vrolijk. 'Chocola helpt altijd.'

Samira pakt een kleine Twix. Ik ruil hem in voor een grote, want deze dag verdient een grote Twix.

De verkoper kijkt me verbaasd aan. 'Moet je dat allemaal zelf betalen?'

'Ik wíl het zelf betalen,' antwoord ik. 'Sommige mensen zijn het waard.'

De verkoper glimlacht en richt zich tot Samira. 'Kies er maar iets te drinken bij uit. Dat krijg je dan van mij.'

Samira pakt een mierzoet mangodrankje. 'Bedankt vo –' zegt ze tegen de verkoper, maar ze stopt met praten als een jongen de telecomzaak in komt lopen. Argwanend houdt ze hem in de gaten.

Ook ik bedank de verkoper, en Samira en ik springen snel weer in de bus.

Ik voel aan de oude simkaart in mijn zak. 'Je mag niemand vertellen waar je straks verblijft,' druk ik Samira op het hart. 'Niemand. En je moet ook heel voorzichtig zijn met je nieuwe telefoonnummer. Denk goed na over wie contact zou kunnen hebben met je ex. Ook daarin schuilt potentieel gevaar.'

Als we naar het blijf-van-mijn-lijfhuis lopen, staat Samira ineens als aan de grond genageld. Met grote ogen kijkt ze om zich heen.

'Je bent hier veilig,' vertellen we haar keer op keer, 'écht.'

Als Sander aan een van zijn beroemde peptalks begint, komt er een vrouw van het blijf-van-mijn-lijfhuis op ons af. Al zonder dat ze een woord hebben gewisseld, zie ik dat het klikt tussen de twee. Een pak van mijn hart.

'Oké, Samira,' zeg ik, 'probeer sterk te zijn. Je weet ons te bereiken en wij geloven in je!'

Samira geeft me een dikke knuffel en bedankt Sander en mij nog een paar keer. Ik voel een brok in mijn keel. Na al die uren heb je toch een band opgebouwd. Als we de schuifdeuren door lopen, kijk ik over mijn schouder en zwaai ik nog een keer naar Samira. Ze blijft terugzwaaien.

Terug op het bureau moet ik het proces-verbaal nog afmaken. Over een uurtje komt de nachtdienst al binnendruppelen. We hebben er bijna een dubbele dienst op zitten, maar het is elke minuut overwerk waard geweest.

Twee dagen later krijg ik een privéberichtje op Instagram. Samira heeft rust, ze heeft goed geslapen en ze is wakker geworden met iets minder angst dan de dag ervoor. Bedankt voor jullie geduld, schrijft ze.

Ik stuur haar bericht door naar Sander. Daar doen we het voor, appt hij terug. Dit maakt mijn hele dag weer goed.

Samira blijft me op de hoogte houden en laat om de paar dagen weten hoe het met haar gaat. En ook daarna houdt ze me op de hoogte van haar leven. Dit is zó waardevol voor mij. Dit is waarom ik mijn werk doe, en het geeft me hoop als ik voor mijn gevoel niets kan doen, of als het rechtssysteem in Nederland weer eens krommer blijkt dan een banaan.

Enkele weken later gaat mijn diensttelefoon. 'Ik sta bij het huis van Samira,' zegt mijn collega. Haar oude huis. Het huis waar die klootzak nu in zijn eentje woont. Denk ik. Maar dan zegt mijn collega: 'Samira is weer naar hem teruggegaan.'

Alles was voor niets, schiet er door me heen. Maar dat is niet waar, want het lukt me om Samira wéér over te halen mee te gaan naar het bureau, waar het hele proces van voren af aan begint. Maar deze keer kost het minder tijd, omdat Samira meer vertrouwen heeft in de politie. Sander en ik hadden haar verteld dat ze altijd mocht bellen en dat we altijd zouden proberen haar te helpen. En dat had ze onthouden. Want deze keer belden niet haar buren, maar belde ze zelf. Omdat ze het eindelijk durfde.

Na deze laatste melding is het definitief over tussen Samira en haar man. Met hulp van het blijf-van-mijn-lijfhuis begint ze ergens anders in Nederland een nieuw leven. Ze vindt het doodeng, maar ze doet het toch.

'If you can't beat the fear, just do it scared,' vertel ik haar. Want ik ben zo trots op haar. De schim die de deur op een kier opende, is veranderd in een krachtige vrouw.

Bij mijn favoriete sieradenmaakster Elysia bestel ik een armbandje en dat laat ik bezorgen op haar nieuwe adres. Het armbandje is een symbool voor bescherming. Sommige collega's vinden dat misschien wat ver gaan – en dat kan ik me voorstellen. Maar deze casus heeft me zó geraakt, en zoveel hoop gegeven. Het is een casus die ik voor altijd in mijn hart draag en nooit zal vergeten. Tot op de dag van vandaag stuurt Samira me berichtjes om te vertellen hoe het gaat. Ze postte laatst een foto met make-up en nieuwe kleding. Ze lacht, ze straalt en ze is trots op zichzelf. En ik ben zo mogelijk nog trotser op haar.

16

Gestikt in een oliebol

Werkplek: Amsterdam-Centrum
Functie: hoofdagent

Op de tafel in de briefingruimte staat een bord met oliebollen. Een collega pakt er voorzichtig een. 'Ze zien er vast lekkerder uit dan ze smaken,' zegt hij schouderophalend.

'Ja, dat vond ik ook van je vriendin!' roept een andere collega lachend.

O, ik houd zo van dit bureau en de heerlijke grove humor. We zijn een zooitje ongeregeld bij elkaar, maar er wordt wel allemachtig hard gewerkt.

Het is 31 december, de allerlaatste dag van het jaar. Het moment waarop de meeste mensen in een feeststemming verkeren, maar bij de politie, ambulance en brandweer overheerst een strijdbare, samenhorige sfeer. We moeten het samen doen en we gaan het samen doen.

Gelukkig is er altijd ook veel gezelligheid. Dat scheelt, want thuis of bij vrienden feestvieren zit er voor hulp- en zorgverleners vaak niet in. Dat weet je van tevoren. En als ik vrij ben, maak ik me toch altijd een beetje zorgen om mijn collega's. Of ze weer heelhuids naar huis gaan.

Of je hebt nachtdienst, of je hebt 1 januari ochtenddienst. Dan gaat je wekker wanneer je net een uur slaap gepakt hebt en mag je de restanten van de nachtdienst opruimen. In de binnenstad ligt her en der nog iemand die zijn voordeur niet heeft gehaald en laveloos op de stoep is neergestreken.

'Mijn telefoon is gestolen!' roept hij dan als je hem wakker maakt. Terwijl hij zijn telefoon in zijn hand heeft. Dat niveau.

De *morning after*. Lege straten met helden die voor dag en dauw zijn begonnen om de stad weer schoon te maken. En dat is hard werken, want wat maken we er altijd een grafbende van met zijn allen. Straten vol met vuurwerkresten, champagneflessen, plastic, plastic en nog meer plastic. Bierflesjes, confetti, een verloren oliebol en als kers op de taart hier en daar een gezellige straatpizza: een flinke berg kots.

De daklozen weten dit ook. Ze struinen de stad af, op zoek naar bruikbare spullen zoals statiegeldflessen en in het feestgedruis verloren kleingeld. En een koude kleffe appelbeignet dient voor menig dakloze als prima ontbijt. Niet alleen voor daklozen overigens. Probeer het maar eens.

Maar voordat het nieuwjaarsdag is, moeten we eerst oudejaarsdag doorkomen. De Dam staat al vol met mensen en op de Nieuwmarkt is elke vierkante meter bezet met mensen in feeststemming. Iedereen is toe aan een kakelvers nieuwjaar. Het heeft toch iets magisch, dat naderende einde van het jaar.

René en ik rijden in een gerasterde bus door de binnenstad. Zware metalen rasters moeten ons beschermen tegen voorwerpen die men tegen de bus aan gooit. Gezellig is het niet, maar liever dat dan dat er vuurwerk of stenen door het raam van de bus vliegen. En dat soort geweld tegen hulpverleners is helaas gewoon realiteit.

Vandaar dus ook dat strijdbare gevoel: aan het einde van de nacht willen we allemaal veilig naar huis.

De chef van de nachtdienst belt ons op. 'Ik vind het een nare opdracht, maar jullie moeten een slechtnieuwsgesprek voeren.'

Lekkere timing, denk ik. Dit is niet iets wat je net een paar minuten voor middernacht wilt doen op oudejaarsavond. We moeten dus haast maken.

Een collega vertelt ons telefonisch de details. Het incident en het overlijden vonden plaats aan de andere kant van het land, maar de nabestaande woont hier. Als hij aangekomen is bij de doodsoorzaak, valt de collega even stil. 'Jullie moeten de nabestaande vertellen dat haar zoon is gestikt,' zegt hij dan. 'In een oliebol.'

Ik hoop nog even dat het een slechte grap is en begin zenuwachtig te lachen. Maar het is echt waar. Gestikt in een oliebol. Op oudejaarsavond. Wát een timing. René en ik kijken elkaar aan. 'Hoe dan…' verzuchten we hoofdschuddend.

Als we door een statige houten voordeur bij het huis van de moeder binnenkomen, staat er een prachtige sierschaal vol oliebollen op tafel. Met veel aandacht en liefde zijn de bollen in piramidevorm opgestapeld.

Ik durf René niet meer aan te kijken. Ik weet zeker dat ik dan van de zenuwen in lachen uitbarst.

We brengen de moeder het nieuws zoals ons dat is geleerd. Snel en duidelijk, maar wel pas nadat we zeker weten dat we de juiste persoon voor ons hebben. Maar hoe vaak je het ook doet, het brengen van slecht nieuws went nooit. Nooit.

Na het noemen van de doodsoorzaak staan we allebei een beetje ongemakkelijk in de woonkamer. De vrouw reageert niet zoals gebruikelijk. Geen extreme emoties. Geen heftig verdriet of onbegrip. Ik denk omdat het nieuws voor haar zo onwerkelijk is dat het nog moet landen. Het liefst wil ik hier zo snel mogelijk weg: het is warm en benauwd. Ik heb het gevoel misplaatst te zijn, alsof René en ik te veel zijn.

Als we even voor twaalf uur weer de koude nacht in stappen, kan ik eindelijk weer normaal ademhalen.

We rijden langs de Dam. De uitgelaten stemming voelt vreemd. Ik heb het gevoel dat er niet gefeest mag worden, niet als iemand net zulk slecht nieuws te horen heeft gekregen. Iemand die ineens de politie voor de deur ziet staan. Iemand die net gehoord heeft dat haar zoon dood is. Het geheel voelt heel dubbel.

Het beste slechtnieuwsgesprek dat ik ooit heb gevoerd, was met iemand wiens vader net was overleden. Die man was ontzettend dankbaar voor alle jaren die zijn vader had geleefd. 'Plotseling overlijden is de allerbeste manier,' zei hij. Hij zette een pot thee voor ons allemaal, met een grote chocoladesprits erbij. 'Toevallig mijn vaders favoriet, want die ouwe wist wat lekker is.' Hij vond het zo mensonterend dat zoveel ouderen een lange lijdensweg moeten afleggen voor ze in vrede kunnen sterven. Daarom was hij zo dankbaar voor zijn vaders snelle en bijna pijnloze dood. In die mooie denkwijze kan ik me vinden.

Toen we daar weggingen, was het bijna alsof ik gewoon gezellig ergens een kop thee had gedronken. Alsof we helemaal niet een heel verdrietige boodschap waren komen brengen.

Maar uiteraard speelt leeftijd in dit soort gesprekken een grote rol. Het voelde een stuk oneerlijker toen we jonge jongens moesten vertellen dat een vriend van ze was overleden omdat hij straalbezopen van de trap naar beneden was gevallen. De jongens waren met zijn allen een weekend in Amsterdam voor een vrijgezellenfeest. Een feest dat bruut ten einde kwam door een onhandige val van een steil Amsterdams trappetje. Ja, dan vertel ik toch liever aan een man van vijftig dat zijn vader van ruim tachtig een hartstilstand heeft gekregen bij de Albert Heijn.

De rest van oudejaarsnacht verloopt zoals verwacht: hartstikke druk, chaotisch en met een bekertje kinderchampagne. Het leven is een feest, maar je moet zelf de slingers ophangen. Pak elke reden voor een feestje aan, vier elke overwinning, maak er iets van. Het leven is kort en je weet nooit wat er kan gebeuren.

17

Tweedehandscondoom

Werkplek: Amsterdam-Centrum
Functie: hoofdagent

Met ongeborsteld en ontploft haar kom ik nog net op tijd binnenrennen. Snel spring ik in mijn uniform. Eenmaal op de werkvloer meld ik me 'fysiek aanwezig, maar m'n geest slaapt nog' bij de chef van de ochtenddienst. Ik werk een ontbijtje naar binnen en mopperend kijk ik naar veel te veel ongelezen mail.

Terwijl ik besluit het schriftelijke werk maar weer eens uit te stellen, moet ik lachend denken aan Mandy. Een van mijn favoriete collega's, een harde werker en goed in wat ze doet. Maar ze zoekt net als ik altijd een reden om schriftelijk werk uit te stellen. 'Kom we gaan lekkere koffie halen' en hoppa, dan lopen we weer weg van onze saaie verantwoordelijkheden tot het echt niet anders meer kan.

'Dat ik zelfs na een koude douche nog niet wakker ben...' mompel ik hoofdschuddend.

'Zo zie je er ook uit. Ik houd je wel wakker vandaag, Liek,' klinkt het lachend van achter een computerscherm.

Met mijn slaperige hoofd had ik nog niet op de dienstlijst gekeken. Vandaag heb ik blijkbaar noodhulp met mijn maatje Sander. Altijd even complimenteus, die vent. Maar desondanks is elke dienst met Sander ontzettend leuk. Ook al trekken we op de een of andere manier samen altijd nogal wat ellende aan...

We gaan al vroeg op pad en ik stel lachend mijn schriftelijke werk weer uit. Mandy zal trots op me zijn.

Het team Service en Veiligheid van het GVB heeft ondersteuning nodig. Bij de veerpontjes achter het Centraal Station maakt een man reizigers bang. Hij is agressief, loopt te vloeken en zwaait wild met zijn armen. Een mooie melding om rustig mee op te starten.

Als we arriveren, ruik ik de drankwalm al van meters afstand. Deze man is overduidelijk de hele nacht aan de zuip geweest. Het is hoog tijd dat hij naar bed gaat. We proberen contact te maken met deze wazige snuiter.

'Wat is uw naam?' vraag ik.

De man mompelt wat onverstaanbaars.

Sander vraagt de man om zijn identiteitsbewijs. Na wat gerommel in zijn broekzakken tovert de man zijn portemonnee tevoorschijn. Hij pakt er een pasje uit en wijst naar zijn naam. 'Nee, meneer. Dat is uw pinpas,' zegt Sander. Hij zucht. Dit is niet de eerste keer dat iemand een pinpas toont als we om een identiteitsbewijs vragen.

'Meneer, volgens mij is dat uw zorgpas,' zeg ik tegen de man. Ik wijs naar het blauwe pasje in zijn portemonnee. 'Mag ik die even bekijken?'

Op zorgpassen staat een burgerservicenummer en daarmee kan ik hem makkelijk opzoeken in onze politiesystemen. Hopelijk staat zijn foto in ons systeem en kan ik zijn identiteit achterhalen. Sander en ik hebben namelijk helemaal geen zin om deze man aan te houden omdat hij geen identiteitsbewijs bij zich heeft.

'Nee!' roept de man. Hij klapt snel zijn portemonnee dicht en gedraagt zich ineens heel nerveus. Heeft hij dan toch iets te verbergen?

Het komt weleens voor dat mensen hun identiteitsbewijs niet

willen tonen, omdat ze bijvoorbeeld nog boetes hebben openstaan of een celstraf die ze nog moeten uitzitten. Dus voordat we een identiteitsfouillering gaan toepassen, vragen we nog even verder.

Na wat aandringen van onze kant doet de man zijn portemonnee weer open. Achter het zorgpasje zit iets glimmends. Onmiskenbaar. Een glinsterende, blauwe Durex-verpakking.

Opengescheurd.

Huh? Waarom zou je dat doen? Een lege condoomverpakking in je portemonnee bewaren? Sander en ik kijken elkaar vragend aan. En dan kijken we weer naar de portemonnee.

Want het wordt nog gekker…

Een stuk gebruikt condoom steekt uit de verpakking. De man heeft een gebruikt condoom in zijn portemonnee zitten. Gadverdamme. Ik krijg kokhalsneigingen maar slik ze weg.

'Een tweedehandscondoom…' zeg ik alsof het de normaalste zaak van de wereld is.

Sander mompelt: 'Gelukkig doet-ie het een soort van veilig… of zo.'

De dronken man heeft net pech dat hij Sander en mij treft, want we maken er een paar subtiele grappen over. Iets met recyclen, goed voor het milieu en seksuele voorlichting. De man zelf lijkt het de normaalste zaak van de wereld te vinden.

Dan zeggen Sander en ik in koor: 'Wij vinden dit niet raar. Wij vinden dit bijzonder.'

In de politiesystemen staat een foto van de vreemde snuiter, en de naam op zijn pinpas is zijn echte naam. We vragen hem toch dwingend de reizigers met rust te laten en leggen hem uit waarom. Uiteindelijk dringt het tot hem door, maar hij vindt het niet leuk.

Voordat hij mopperend wegloopt, propt hij het tweedehandscondoom nog even goed terug in de verpakking. En terug in zijn portemonnee. Wel zo veilig.

‘Fijne dag, meneer!’ roep ik op dezelfde toon als waarop een caissière bij de Etos mij ooit een fijne dag wenste nadat ik een morning-afterpil had afgerekend.

Hij maakt een wegwerpgebaar met zijn hand. De liefde is uiteraard niet wederzijds.

Sander en ik kijken elkaar aan en schudden ons hoofd.

‘Het is nog te vroeg voor dit soort shit, San,’ zeg ik.

‘Ja, vertel dat die mafkees. Kom, we gaan koffie halen!’

18

Karma

Werkplek: Amsterdam-Centrum
Functie: hoofdagent

Het is de derde ochtenddienst op rij. Natuurlijk heb ik me verslapen. Niet zo erg dat ik te laat kom, maar ik heb geen tijd voor mijn ochtendritueel. Vandaag niet uitgebreid wakker worden: alleen snel onder de douche, geen koffie of thee, geen crackers met kaas, geen bakje havermout of een smoothie. En al helemaal geen mascara. Na een douche van een minuut schiet ik in mijn politiepolo en mijn favoriete joggingpak.

Lekker oncharmant, maar mijn collega's weten niet beter. Ik meld me om iets voor halfzeven in uniform bij de chef van dienst. Ik heb noodhulp met mijn maatje Bas. Dat is altijd lachen, gieren, brullen. Plus: Bas kan gigantisch goed autorijden, dus ik hoop sowieso op een achtervolging.

Achter mijn bureau bunker ik mijn crackers met kaas weg. Zonder bordje, en zonder schaamte. Ik zit onder de kruimels, net als alles in een straal van een halve meter om me heen. M'n collega's lachen, maar zijn gelukkig niet anders van me gewend.

'Zo, ontbijtje zit erin, hoor,' zeg ik terwijl ik de laatste hap naar binnen schuif.

'Ja, dat is te zien,' zegt de chef van dienst lachend.

'Zo ben ik!' zeg ik schouderophalend. Er is geen woord van gelogen. Het voelt zo fijn dat ik op het bureau precies kan zijn wie ik ben. Ik klop de kruimels van mijn uniform en drink nog een bekertje slappe thee.

Daarna gaan Bas en ik op pad. Eerst rijden we even langs de meldkamer. Op weg naar beneden lopen we langs de zogenoemde Gouden Gang, waar de korpsleiding zit. Bas komt met het slechte plan om de piek van hun chique kerstboom te jatten.

Een paar jaar geleden woedde er een ware oorlog. Iedereen stal elkaars piek uit de kerstboom. Het ging zelfs zover dat er op bureau Beursstraat, het voormalige bureau Burgwallen, elke dienst iemand de kerstboom vol gejatte pieken moest bewaken. Maar verder zijn we een heel serieuze organisatie, hoor.

Ik voel de rebel in mij alweer blij worden en loop zonder op of om te kijken langs de kerstboom en probeer de piek in mijn kogelwerende vest te verstoppen. Dat zit redelijk strak, dus ik besef algauw dat dat hem niet gaat worden. Shit. En nu? Stoer kijken en doorlopen dan maar. Dat lukt ook niet helemaal, want Bas en ik gieren het uit van het lachen.

Ik geef de piek aan Bas. 'Verstop jij hem effe.'

'Waar dan, Liek?!' zegt Bas dramatisch gebarend naar zijn vest. Dat zit net zo strak als dat van mij. Oké, ik houd zelf de piek wel vast.

We moeten nog langs de portier bij de hoofdingang. Hij laat niets merken. Geen idee of hij iets gezien heeft. Misschien wil hij zich hier vooral niet in mengen.

Bij mij lopen de tranen in elk geval over de wangen. Lachend om onze eigen grap stappen Bas en ik weer in de auto.

'Je moet écht superrustig rijden. Die piek is van glas,' zeg ik als Bas een dot gas geeft.

'Ja, ik doe mijn best!' Bas zet zijn pokerface op, maar het is overduidelijk dat onze gejatte piek niet heel op het bureau zal aankomen. Ik zet hem voorzichtig maar tegen beter weten in in de bekerhouder tussen ons in.

Bas doet 'zijn best' om rustig te rijden. Dat is ongeveer net zo kansloos als tegen mij zeggen dat ik niet mag kruimelen met mijn crackers.

Ik besluit een filmpje op te nemen voor Misha, mijn zorginspecteur. Die wil altijd graag weten hoe het met me gaat, ook als ik iets uitgevreten heb of als er iets heftigs is gebeurd. Nou, in dit geval heb ik weer eens iets uitgevreten.

Bijna knorrend van het lachen vertel ik hem dat-ie nu alvast weet waar het over gaat als ik binnenkort bij het VIK moet komen. Als ik het later terugkijk, besef ik dat ik niet veel platter Amsterdams had kunnen praten. Maar ik weet zeker dat Misha erom kan lachen. In het filmpje laat ik triomfantelijk de piek van de Gouden Gang zien en ik zet hem daarna voorzichtig terug in de bekerhouder. Ik leg mijn telefoon weg en bedenk dat we echt snel langs het bureau moeten, want dit kan niet lang goed gaan met Bas achter het stuur.

Die achtervolging waar ik zo op hoopte, blijft overigens uit. Wel krijgen we een melding van een aanrijding tussen een Uber-fietser en een automobilist. De fietser is boos omdat hij is aangereden en scheldt al liggend op het asfalt op de bestuurder van de auto. Algauw blijkt dat de fietser degene was die alle verkeersregels heeft overtreden.

Hij ergert me. Hij gaat gigantisch in de slachtofferrol zitten terwijl de bestuurder van de auto hier echt niets aan kan doen. Niemand rijdt iemand opzettelijk aan.

Vanuit een auto probeert iemand de scheldende fietser te filmen. Ik ga ervoor staan en roep: 'Je hebt geen respect in je donder met je gefilm!'

'Wat maakt jou het uit? Jij ligt er toch niet,' roept de man terug.

Veel gekker moet het niet worden vandaag. Ik besluit niet meer te antwoorden. Het heeft toch geen zin.

Hierna krijgen we een reanimatiemelding. De vrouw die belt, heeft een zwakke rug en kan zelf niet bukken om haar man te reanimeren, geeft de meldkamer door. Ik heb direct met haar te doen.

Bas zit achter het stuur. Daar gaan we. Ik pak voor hem en mezelf een medisch mondkapje. In tijden van corona kun je niet voorzichtig genoeg zijn en reanimaties zijn wat dat betreft risicovol.

Ik trek alvast handschoentjes aan en we spreken af dat ik straks naar binnen ren en dat Bas de aed uit de achterbak pakt en achter me aan komt.

Bas brengt de auto tot stilstand en ik ren het pand in. Het is een oud hotel. Vanwege corona zijn er momenteel geen gasten. Een vrouw staat me op te wachten. Tranen rollen over haar wangen. 'Naar boven,' zegt ze snikkend.

Ik zie kamernummers en roep al rennend over mijn schouder: 'Welk nummer?'

Ze roept het nummer en ik doe de deur open. Die knalt direct tegen een bed aan. BAM.

Wat een kleine aggenebbisj ruimte voor een reanimatie, denk ik terwijl ik rondkijk.

In de deuropening naar de badkamer ligt een man. Hij ligt opgekruld op de vloer. Zo te zien is hij van het toilet gevallen.

Ik probeer de man te verplaatsen. Maar de man is zwaar, dus dit lukt voor geen meter. Ik krijg hem niet van zijn plek, omdat hij om de deurpost gebogen ligt. Kut! Hij moet helemaal van de grond omhooggetild worden. Maar dat lukt me niet alleen.

'BAAAAASSSS!' blèr ik. 'Ik heb je spierballen nodig. Hij ligt op het toilet en ik krijg hem niet versleept!'

Waar blijft hij toch, denk ik. Wat ik niet weet is dat Bas een hevige strijd levert met de kofferbak, waar de aed in ligt. Eerder die dag ging die nog gewoon open. Maar nu dus niet meer.

Bas flipt en staat op het punt het achterraam van de auto in te slaan. Maar hij besluit het op te geven en naar mij toe te rennen. In alle commotie stuurt de huilende vrouw bij de ingang hem de verkeerde kant op.

Inmiddels probeer ik de man in de Rautekgreep te nemen. Wie weet kan ik hem zo verslepen. Onder zijn oksels door pak ik een van de armen van de man, en met mijn beide handen om zijn onderarm trek ik zijn rug tegen mijn borst aan. Zijn hoofd hangt slap tegen me aan. De adrenaline maakt me sterk en het lukt me om de man eerst helemaal omhoog te tillen en dan te verslepen.

Normaal gebruiken we de Rautekgreep om na een ongeval een gewonde persoon naar een veilige locatie te slepen. Ik wil er niet aan denken dat ik wellicht een dode zo dicht tegen me aan druk. Want ik kan niet anders en ik wil er alles aan doen om deze man te helpen als het nog niet te laat is. Diep ademhalen, en met het dode gewicht tegen me aan gedrukt in een soort squathouding ga ik omhoog. Hoppa, een meter of twee verplaatst.

Ineens staat Joey voor mijn neus. Hij werkt bij de luchtmobiele brigade. Hij kreeg een melding van de app Hartslag.Nu. Hij was in de buurt en ging er meteen op af. Deze app is fantastisch. Als je kunt reanimeren, kun je je via deze app registreren als burgerhulpverlener. Dit is soms een enorme uitkomst op plekken waar de aanrijtijd van politie, brandweer en ambulance langer is. Maar nu waren wij er al.

Ik gruwel even een seconde, maar het is gelukt. De man is versleept en ik begin met reanimeren.

Direct na Joey arriveren ook Bas en de brandweer. Volgens het protocol neemt de brandweer het van me over. Ook de ambulance is inmiddels gearriveerd.

Ik doe een nieuw mondkapje op en trek schone handschoenen aan. Samen met Bas loop ik weer naar beneden.

Daar treffen we de vrouw. Ze is in paniek en heeft verdriet. Ze neemt zichzelf van alles kwalijk. Zo goed en zo kwaad als het kan, proberen we de vrouw te troosten en haar schuldgevoel weg te nemen.

Bij ons werk staan de neuzen van alle hulpverleners dezelfde kant op. Iedereen is even lief, meelevend en zorgzaam. Dat vind ik elke keer weer heel mooi om te zien.

De ambulanceverpleegkundige komt uiteindelijk naar beneden en vertelt de vrouw het slechte nieuws dat we al wel verwacht hadden. Dat ze boven in de hotelkamer alles op alles gezet hebben om haar man te redden, maar dat het helaas niet heeft mogen baten.

Ik zie het kleine beetje hoop dat de vrouw nog had uit haar wegvloeien. Ze is op zoek naar troost. Ook fysiek. En die bieden we.

Ik troost haar zo goed als ik kan. Corona lijkt op zo'n moment ver weg, maar we moeten er natuurlijk rekening mee houden. Ik maak de vrouw heel subtiel attent op het risico dat ik misschien voor haar ben. Maar het kan haar niets schelen. Ik voel haar ongeloof en verdriet.

Het leven is soms zo oneerlijk.

De schouwarts arriveert en constateert een natuurlijke dood. Dit betekent dat nader onderzoek niet nodig is. We hoeven de recherche en Forensische Opsporing niet in te schakelen.

Nu kunnen de nabestaanden de eerste maatregelen treffen voor de uitvaart. Gelukkig is de vrouw niet alleen en komt er familie om haar te ondersteunen.

Bas en ik stappen weer in de auto en rijden terug naar het bureau. Het is al bijna tijd om de dienst over te dragen aan de middagdienst.

Bas slaat op het stuur. 'Verdomme, waarom ging die achterbak nou niet open!'

Ik baal ook. Dat kleine kamertje was niet ideaal en het kostte me echt moeite om die man te verslepen.

Maar we hebben allebei gedaan wat we konden. En dat was kort gezegd eigenlijk niets. We konden niets meer voor hem doen. Hij was dood. Het enige wat we wel met een enigszins succesvol resultaat konden doen, was zijn nabestaanden troosten en helpen waar we konden. Dat hebben we samen zo goed als mogelijk gedaan.

Samen proberen we met een lach de zwaarte van ons af te schudden: een reanimatiemelding, een geblokkeerde achterbak, de verkeerde kant op gestuurd worden, de man niet goed kunnen verplaatsen en hem dan ook nog niet kunnen redden… *Karma is a bitch.* Hadden we de piek van de Gouden Gang maar niet moeten jatten. Het kon weer eens niet normaal, maar onze dienst zit er weer op en we gaan toch met een lach naar huis.

19

Held op sokken

Werkplek: Amsterdam-Centrum
Functie: hoofdagent

Ik kom uitgeslapen binnen. Vol energie beginnen Ilona en ik aan de ochtenddienst. Dat was eergisteren nog anders: toen zaten we als twee zombies in de auto te klagen over de stilte, de rust en vooral ons slaapgebrek. Maar vanochtend zijn deze twee stuiterballen op zoek naar spannende meldingen, want we hebben een ernstig gebrek aan adrenaline in de zoveelste maand waarin corona het leven platlegt.

Bij elk roepnummer – maakt niet uit in welk deel van Amsterdam die auto zich bevindt – dat de meldkamer doorgeeft, antwoorden wij: 'Kunnen we zo zijn!' Uiteraard nog voor de melding uitgegeven is.

'AD 4201, AD 4201, over...'

'KUNNEN WE ZO ZIJN!'

'4201 OC.'

'GAS ZIT RECHTS!'

'AD 4201, of u wilt gaan naar het Bos en Lommerplein voor een winkeldief.'

'Laat maar...' verzuchten wij in koor.

In een winkeldief heeft niemand trek. Laten we eerlijk zijn: we zijn niet in de Amsterdamse binnenstad gaan werken om het zo allemachtig rustig te hebben als het nu is. Chaos willen we. Gekkigheid. Een dikke achtervolging. Ilona valt net als Bas in de categorie supergoede chauffeur, ik noem haar altijd Max Verstappen. Voertuigcontrole, scherp inzicht. Ik ben er wel een tikkeltje jaloers op, zo zelfverzekerd als deze vrouw de auto snel en veilig door de stad stuurt. Zo stoer en dan een paar minuten later even in de auto facetimen met haar dochtertje: 'Mama, heb je al boeven gevangen?'

'Nee, nog niet.' En dan uiteindelijk ophangen met de woorden: 'Nou, mama gaat even boeven vangen.'

Het contrast van stoere agent en lieve betrokken moeder. Ik vind het mooi.

Voorlopig is het allemaal niks. Stilte, doodse stilte. We hopen op stilte voor de storm. Twee collega's zijn ons wagenpark aan het wassen. Onze Volkswagen Touran is zo smerig dat we bijna undercover rijden, dus wij volgen hun goede voorbeeld. Eerst soppen we hem in de wasbox, en daarna gaat-ie nog even door de wasstraat. Wit en glimmend.

'Nu zijn we pas écht klaar voor een achtervolging!' zeggen we lachend, waarna we weer lekker meezingen met de Spice Girls op de radio. *'I'll tell you what I want, what I really, really want...'*

Nou, wat wij echt willen is een TOFFE MELDING! De meldkamer roept weer een roepnummer van een auto in de buurt. Het klinkt even spannend. 'Gas zit rechts!' roepen we in koor. Maar dan geeft de meldkamer de rest van de melding uit en blijkt het buiten heterdaad te zijn. We gaan terug in de ruststand.

Omdat het rustig is, rijden we even langs Ewout Genemans, de presentator van onder andere *Bureau Burgwallen*. Hij is net terug van een paar dagen Bonaire, waar hij voor opnames van een nieuw televisieprogramma was. Het is altijd leuk om even met hem bij te kletsen. Misschien heeft hij een opbeurend verhaal over zijn avonturen in de Caraïben.

Na een lachkick en een kop koffie rijden we weer bij hem weg. Dan klinkt er ineens over de portofoon dat er met de collega's van Team Hoofdwegen een achtervolging gaande is in Amsterdam-Noord.

'KUNNEN WE ZO ZIJN,' roepen we in koor.

Ilona trapt het gas in. 'Gas zit rechts!'

We rijden nog een stuk voor de IJtunnel. Ik zit klaar om een spraakaanvraag in te drukken. Mijn vinger hangt boven dat stomme nummertje zes. Maar het is tactischer om nog even een minuutje te wachten. Pas als we in de tunnel rijden. Dan zijn we al zo dichtbij dat de meldkamer niet meer zal zeggen: 'Nee, 1101. We houden u liever in eigen gebied.'

De stoute duivelse hoorntjes groeien bijna uit ons voorhoofd. Maar hé, kun je het ons kwalijk nemen? Creëer je eigen geluk.

Van enthousiasme stuiteren Ilona en ik zowat door de auto. We denken niet meer aan de Spice Girls of de Caraïbische avonturen van Ewout. Onze gebeden zijn verhoord. De muziek is uit en de portofoon staat op standje geluidsoverlast.

Hier willen we niets van missen na zoveel saaiheid. We horen straatnaam na straatnaam. Het gaat hard. En dan ineens krijgt de achtervolging een andere wending. 'OC, we zijn geramd,' horen we. We horen de stress in de stem van de collega die het roept.

En daarna is het stil op de portofoon.

Fuck.

We kijken elkaar een seconde aan en dan richten we onze ogen weer op de weg. Een achtervolging is leuk, maar als ze onze collega's rammen, is het écht menens.

Als er één ding telt in ons werk is het dat iedereen aan het einde van de dienst weer veilig naar huis gaat. En geramd worden valt niet onder veilig thuiskomen.

We halen opgelucht adem als de collega's weer hun positie doorgeven. Ze zijn dus niet ernstig gewond en hun auto hoeft ook niet direct naar de schroothoop: de achtervolging gaat door. Voorlopig krijgen wij die alleen mee via de portofoon, maar we zijn steeds dichter in de buurt. De vluchtende bestuurder zet alles op alles om uit de handen van onze collega's te blijven.

De portofoon kraakt weer. Er volgt nieuwe informatie: het voertuig is gecrasht in een woonwijk vol flats en de bestuurder is er rennend vandoor. Ilona en ik zijn op een paar honderd meter afstand en moeten beslissen waar we gaan zoeken.

Dit is officieel niet ons gebied. Ik vraag via de portofoon om de locatie waar de verdachte het laatst is gezien. De genoemde straat voer ik razendsnel in Google Maps in.

We rijden in de buurt. We zetten de auto aan de kant van de weg, stappen uit en kijken zoekend rond, maar we zien niemand.

Een van de collega's van Team Hoofdwegen komt aanrennen. 'Hij móét hier ergens in de buurt zitten!' roept hij terwijl hij gebaart naar een flatgebouw dat grotendeels omheind is door hekken, tuinen en woningen.

Ilona en ik lopen het flatgebouw in.

'Er staat een achterdeur open!' roept Ilona.

'Let's go,' zeg ik.

We rennen de deur door en komen uit op een pleintje met links en rechts een rij tuinen.

Systematisch gaan we alle tuinen af.

De meeste tuindeuren zitten – heel verstandig – op slot. Dan tref ik er een die niet op slot zit. Misschien heeft de verdachte zich hier verstopt. Ik open de poort en kijk de tuin door. Leeg. Afgezien van een schuurtje, voorzien van ramen van matglas.

In gedachten ben ik alweer bij de volgende tuin, maar toch voel ik even aan de schuurdeur. In Amsterdam je schuur openlaten is niet het beste plan. Maar deze mensen hadden ook hun tuindeur open.

De deur zit inderdaad niet op slot, en ik open hem. Als mijn ogen aan het donker zijn gewend, zie ik iets bewegen.

Ik schrik me kapot. Er staat iemand. Hoewel ik op zoek was naar een persoon, had ik dit toch niet verwacht. Dan besef ik dat ik het signalement van de verdachte niet eens ken, omdat het allemaal zo snel ging.

Ik stamel: 'Hoi.'

'Ik sta hier een jointje te roken.'

'Ah,' zeg ik, waarna het tot me doordringt dat ik de weeïge geur van wiet niet ruik. 'Je liegt!' roep ik. En meteen erachteraan: 'Ilona, IK HEB 'M.' Ilona komt erbij en het beetje twijfel dat ik had, haalt zij weg. Daar staat hij dan, op zijn sokken, maar het is hem. Dat geeft-ie zelf toe.

Wat een heerlijke vangst. We stuiteren. Ook de collega van Hoofdwegen is als een kind zo blij. En wij zijn blij dat onze collega's ongeschonden uit de strijd zijn gekomen.

Achter in de bus van de verdachte ligt een kinderstoeltje, dat door zijn idiote rijgedrag de halve bus door is gevlogen. Een stille getuige van het bizarre rijgedrag van de man.

Deze man wilde koste wat het kost op vrije sokken blijven: hij moest nog bijna driehonderd dagen celstraf uitzitten. Ik gok dat het er met alles wat hij in zijn vluchtpoging gedaan heeft nog wel meer zijn geworden.

Hij nam belachelijk veel risico's en nadat zijn auto was gecrasht, ging hij er op zijn sokken vandoor. Een held op sokken dus. Naast de bus van de verdachte staan twee slippers. Het is een gek gezicht. Het zou zo in een stilleven kunnen worden geschilderd, maar stil was het vandaag zeker niet.

'Nou, gelukkig krijgt-ie op het cellencomplex nieuwe,' grapt Ilona.

We zetten de boel op papier en taaien dan dik in het overwerk maar vol energie en nog altijd als twee extreem blije eieren af naar huis.

Hier kunnen we weer even op teren. Een mooie aanhouding én iedereen weer heelhuids naar huis.

20

Hoofdpijn en tranen

Werkplek: Amsterdam-Centrum
Functie: hoofdagent

Dit wordt een moeilijk hoofdstuk. Ik heb er lang over getwijfeld. Het voelt zo kwetsbaar, zo intiem. Het is eng, maar ik moet het schrijven. Het is een donkergrijs hoofdstuk. Niet zwart, maar donkergrijs. Ik vind het spannend, maar ik voel me sterk genoeg. Binnen de politie, op sociale media en op mijn blog zet ik me al lange tijd in voor GTPA (Geweld Tegen Politie Ambtenaren). Het onderwerp is bij me gaan horen.

Ik begin de dienst als melige stuiterbal. Ik zit vol energie en heb zin om met mijn grote maat Jan weer een lekkere nachtdienst te knallen. De drukte van een weekendnachtdienst is heerlijk, een gevoel dat naar mijn idee iedereen bij de politie deelt. We kunnen beter tegen stress dan tegen stilte.

Jan en ik rijden als noodhulpauto, de AD 1101. Tegen halfvier 's nachts maken we een rondje over de Bloemenmarkt. Overdag is dat een kleurrijk geheel vol bloemenstallen, een toeristische trekpleister. 's Nachts ondergaat het een transformatie. Vooral in de weekenden veranderen de omliggende steegjes in een openbaar toilet en een verzamelplaats voor dealers en verslaafden, afgewisseld met uitgaanspubliek in alle soorten en maten. Bewoners klagen veel over de overlast die dealers, verslaafden en het kleurrijke dronken uitgaanspubliek van de Reguliersdwarsstraat veroorzaken. Dus we rijden er even een extra rondje.

Voor ons loopt een groepje lallende en schreeuwende jongemannen. Overduidelijk vervelend en overlast gevend met hun gedrag.

Jan zet de auto stil en we lopen naar het groepje toe. We spreken de vier jongemannen aan op hun gedrag. Tenminste, dat proberen we. Ze geven vrijwel direct een grote bek. Dat is geen uitzondering in het centrum van Amsterdam. Een goed gesprek voeren zit er dan helaas niet in.

'Kom even mee,' zegt Jan tegen de luidruchtigste en vervelendste jongen. Met zijn drieën lopen we een paar meter bij de rest vandaan. Hopelijk kunnen we deze jongen nu even spreken.

Door één persoon uit de groep apart te nemen willen de anderen nog weleens kalmeren. Deze simpele tactiek werkt vaak goed. In een groep wordt bijdehand gedrag vaak alleen maar aangemoedigd en dus versterkt.

Helaas werkt het in dit geval minder goed. De jongen blijft vervelend gedrag vertonen en luistert voor geen meter. Er zit dus niets anders op dan hem aan te houden. Een aanhouding wegens openbare dronkenschap noemen we een slappe aanhouding. Die sla je liever over, zodat je je kunt richten op het 'echte' werk. Zeker op dit tijdstip, wanneer je liever niet binnen wilt zitten met administratief werk.

Ik reik naar mijn handboeien. 'Werk even mee, alsjeblieft,' zeg ik tegen de jongen.

Hij beweegt zijn armen, spant zijn spieren aan en trekt zijn polsen weg.

Ik gok dat het antwoord op mijn verzoek tot medewerking een nee is. Ik pak de jongen vast en probeer mijn handboeien alsnog aan te slaan.

Hij blijft schreeuwen en zich verzetten.

Dit gaat niet werken, denk ik.

Jan denkt er hetzelfde over en pakt zijn busje pepperspray. Pepperspray brandt in de ogen maar geeft geen letsel. Vaak helpt het in dergelijke situaties. Zo kunnen we iemand boeien zonder fysiek geweld te gebruiken.

Ineens duikt de rest van het groepje achter Jan op. Schreeuwend en met gebalde vuisten springen ze als een stel laffe hyena's op Jans nek.

Ik probeer Jan te helpen, maar het gaat te snel. De jongens zijn razendsnel. Ze zijn één grote kluwen agressie.

Jan slaat, duwt en gooit de jongens van zich af.

Heel even denk ik dat het nu klaar is. Maar nee, ze komen nu alle drie op mij af. Ze richten hun agressie op mijn hoofd en nek.

Ik heb in mijn leven heel wat klappen gekregen en gegeven, dus ik voel direct dat dit anders is. De tijd lijkt te vertragen. Ik duik ineen, met mijn hoofd naar mijn borst. In dezelfde beweging vouw ik mijn beide armen om mijn hoofd en nek. Zo probeer ik mezelf te beschermen tegen de klappen. Fuck, fuck, fuck, dit zijn geen gewone vuisten, besef ik direct.

Ik krijg klappen met een voorwerp. Een boksbeugel of iets anders hards. Ik ben bang dat ik na een verkeerde klap misschien wel knock-out op de grond eindig. We hebben collega's nodig! We zijn in levensgevaar. Wat bezielt deze gasten? En waarom gaan ze niet weg?

De noodknop op mijn portofoon, schiet het door mijn hoofd. Maar mijn portofoon met noodknop zit op mijn heup. Dan moet ik de dekking bij mijn hoofd omlaag doen en dat gaat niet.

Waar is Jan?

Vuurwapen dan? Ik wil het trekken. Ik denk dat ik het móét trekken. Maar ik durf niet.

Want direct na de gedachte aan het trekken van het vuurwapen bedenk ik allemaal 'wat als'-vragen: wat als ik Jan of een onschuldige voorbijganger overhoopschiet? Het vuurwapen is geen optie.

Ondertussen hoor en voel ik nog steeds het gebeuk van de jongens op mijn bovenlijf. *Fucking hell*, wat een idioten.

Ik trek mijn wapenstok uit mijn koppel en begin lukraak om me heen te slaan. Hopelijk raak ik ze.

Dan zie ik Jan opduiken. Jan roept iets bemoedigends en hij trekt en slaat de jongens van me af.

Ik gebruik Jan vaak liefkozend als boksbal door op zijn bovenarmen te slaan. Dat vindt-ie bloedirritant. Maar god, wat ben ik nu blij met die spierballen! Ineens lijkt de tijd weer in zijn normale tempo te verlopen. De jongens slaan op de vlucht.

Mijn angst en verbijstering slaan om in woede. 'Fuck!' Het zal toch niet zo zijn dat deze gasten hiermee wegkomen? Dat ze straks opgaan in het uitgaansgedruis? Het mag niet. Ik schreeuw 'Postje erbij' over de portofoon.

Maar de meldkamer wist al waar we stonden omdat Jan dat had gemeld en zij konden al een poosje geen contact met ons krijgen. Gelukkig had de meldkamer de situatie dus 'geëscaleerd' tot 'assistentie collega'. Dit is voor politieagenten echt een worstcasescenario, je roept het alleen als je écht in nood bent. En de meldkamer maakt ergens een 'assistentie collega' van als zij het vermoeden hebben dat dat zo is. Zoals in ons geval.

Jan is achter de grootste agressor aan gerend en weet een van hen te pepperen. Ik zet ook de achtervolging in en ren door de restanten van Jans straal pepperspray heen. Verdomme, ook dat nog. In andere situaties zou ik daar al balend om lachen.

Nu, met zoveel adrenaline, is het anders. Het lachen is me minuten geleden al vergaan. Ik voel de pepperspray wel branden, maar probeer erdoorheen te vechten.

'Jan! Je moet zeggen waar we heen rennen,' roep ik. Ik ren nog steeds en voel de pijn niet, maar mijn ogen beginnen steeds meer te tranen. Dan hoor ik een sirene van een politiemotor brullen en ik zie een blauw zwaailicht. Ik besef dat ik nog nooit zo blij ben geweest met de hulp van collega's. Die sirene voel ik ineens in elke vezel van mijn lijf. Ik ben echt intens dankbaar als die motoragent langs me scheurt, op weg om die klootzak te pakken.

Jan roept hem na: 'Zorg dat je hem hebt!'

Net als Jan blijf ik rennen, maar mijn zicht wordt steeds waziger. Klotepepperspray.

Ik troost me met de gedachte dat de ogen van die klootzak sowieso erger prikken. Zelf heb ik maar een beetje van die troep in mijn ogen en eigenlijk heb ik alleen last van de tranen. Dat is het mooie van adrenaline.

'Die kant op! Hij rende daarheen,' roept een omstander in de Reguliersdwarsstraat, die me superbehulpzaam de goede kant op wijst.

Als ik eindelijk aan kom hobbelen, ligt de klootzak al op de grond. Ik kijk toe hoe Jan en de andere collega's de jongen in de boeien slaan. Hij verzet zich nog steeds. Dat is toch ongelooflijk? Maar dit gevecht zal hij niet winnen. Mijn blauwe familie is hier. Om te helpen.

Ik ben boos. Verbijsterd. Woedend. Ik storm op de jongen af en buig me over hem heen. Het komt vanuit mijn tenen als ik schreeuw dat ik hem een laffe hond vind vanwege het slaan op mijn hoofd. Ik ben zo van de rel dat ik schijnbaar weinig grovers meer kan verzinnen.

Pas als hij in een politiebus naar het cellencomplex is vertrokken, daalt mijn hartslag. Collega's praten over en weer via de portofoon. Het gaat langs me heen. Ik hoor wel stemmen, maar ze komen niet binnen.

Voorzichtig voel ik met mijn hand in mijn nek en op mijn achterhoofd. Mijn hoofd doet pijn. En mijn nek ook. De knot die met twee stevige haarelastieken en een vrolijk gekleurde scrunchie op mijn hoofd vastzat, is los. Mijn achterhoofd bonkt en mijn nek doet pijn.

Onze maatjes van het bureau zijn om ons heen komen staan. 'Wil jij even naar mijn achterhoofd kijken?' vraag ik aan degene die het dichtst bij me staat. Ik wil even horen dat het er allemaal normaal uitziet, want de pijn wordt erger en erger. Ik begin ook misselijk te worden.

Niet veel later arriveren Jan en ik in het ziekenhuis. We moeten een nekkraag om. Jan ligt in een ander kamertje, maar mijn misselijkheid is zo erg dat ik niet durf te gaan liggen. Ik zit doodstil, want ik ben bang dat ik het hele ziekenhuiskamertje onderkots. Stiekem moet ik toch even lachen als ik denk aan die keer dat ik in de nek van een verdachte heb gekotst. Niet dat hij het niet verdiend had hoor, want hij had iemand beroofd. Hij had me laten rennen toen ik net mijn laatste hap eten naar binnen had gewerkt. Ja, ik lach weer een klein beetje. Als een boer met kiespijn. Of beter gezegd: als een politieagente met koppijn.

Ik moet toch echt in die verrekte nekkraag, dus ik krijg een infuus tegen de misselijkheid. Ook dat nog, ik haat naalden. Ik heb een aantal tattoos, maar ik haat injectienaalden. 'Ram dat infuus er maar in,' zeg ik, 'want ik word alleen maar misselijker.' Het kan me niets meer schelen.

Het infuus helpt razendsnel en in no time lig ik erbij als een zombie. Er worden scans en foto's gemaakt en ik laat alles over me heen komen. Een makkelijke patiënt, gok ik zo.

Wat een rollercoaster. Ik voel zoveel tegelijk. We moesten zojuist knokken voor ons leven. En waarom? Het komt nog niet helemaal bij me binnen. De dokter vertelt ons dat we een hersenschudding hebben. Het verbaast me niet.

Uren later zijn we terug op het bureau. Daar voel ik de liefde van de blauwe familie. Iedereen is bezorgd, maar blij dat het ondanks de omstandigheden goed met ons gaat.

Gek genoeg gaat bijna alles langs me heen. Ik ben lamgeslagen. Letterlijk. Maar ook heel dankbaar voor iedereen die ons toen zo daadkrachtig geholpen heeft.

21

The aftermath

Werkplek: Amsterdam-Centrum
Functie: hoofdagent

Het is een paar dagen na de mishandeling. Hoewel de arts in het ziekenhuis ons had aangeraden om weg te blijven van computer- en tv-schermen en onze hoofden uit elkaar barsten van de koppijn, maken Jan en ik proces-verbaal van onze bevindingen op. Om de beurt typen we een stuk over wat er op de Bloemenmarkt gebeurd is, tot we de letters weer over het scherm zien dansen. Het is onverstandig, maar in dit geval kunnen we echt niet anders.

Ik ben misselijk, supermoe en wil eigenlijk naar bed. Het verhaal op papier zetten voelt gek. Alsof het een slechte film is waarvan het script nog geschreven moet worden. Een film waarin je zelf per ongeluk de hoofdrol speelde.

Energieke, blije en praatgrage Lieke is ver te zoeken. Ik schrik er elke ochtend van hoe beroerd ik me voel. En hoe beroerd mijn spiegelbeeld eruitziet. En dan moet de dag nog beginnen.

Mijn vrienden zijn zich kapotgeschrokken. Mijn allerbeste vriendin Sylvia zei me letterlijk: ‘Wanneer ga je godverdomme ander werk zoeken?’

Als ik nog niet moest janken, moest ik het na die woorden wel. En ik denk dat Sylvia helemaal door het lint gaat als zij hoort dat die klootzak ook alweer vrij is. Hij heeft vast geen flauw benul van hoeveel impact deze ellende op ons heeft.

Als ik bij iets heftigs betrokken ben, app ik altijd naar een klein groepje mensen dat het goed met me gaat, voor het geval de media ergens misschien een ander verhaal van maken.

Deze keer moest ik appen dat Jan en ik een hersenschudding hadden. Het voelde alsof ik mijn belofte om altijd voorzichtig te doen had gebroken.

Twee dagen later zitten we weer bij de recherche op de afdeling. Op hun verzoek zetten we nog wat aanvullende bevindingen op papier. Een van de rechercheurs vertelt ons dat verdachte nummer twee – voor ons de grootste agressor – in afwachting van de zitting is heengezonden. Ik weet even niet waar ik het zoeken moet. Wij functioneren nog niet eens op 10 procent van hoe we normaal functioneren en de klootzakken die deze shitzooi hebben veroorzaakt, zijn alweer op vrije voeten.

Met moeite houd ik me een halve minuut groot. Tot de rechercheur het kamertje uit loopt.

Ik snap het niet en ik ben boos. Ik heb zin om dit hele donkere grafhok te slopen. Ik scheld het Nederlandse rechtssysteem helemaal verrot en neem in mijn hoofd al ontslag. Ik heb in mijn gedachten mijn koppel met alle bewapening al woedend op tafel gegooid bij mijn wijkteamchefs, zo hard voel ik me genaaid. Normaal zou ik de grap 'genaaid zonder te zoenen' maken, maar nu dekt het de lading niet.

'Hoe de fuck is het mogelijk?' Ik kijk Jan machteloos aan. Hij staart voor zich uit en haalt zijn schouders op. Jan heeft geen opbeurende woorden voor me.

Ik ben zó boos. Maar het schelden duurt maar kort. Dan maakt de woede plaats voor verdriet. De tranen rollen over mijn wangen.

Frustratie. Onbegrip. Woede. Hulpeloos sta ik tegen Jans schouder aan te janken als een baby. Alweer. Wat ben ik dankbaar voor hem in mijn leven. Maar tegelijk schaam ik me dood, want Jan voelt deze frustratie net zo goed als ik, maar hij staat mij te troosten. En niet voor de eerste keer.

Als ik een beetje ben gekalmeerd, beginnen we met het op papier zetten van de aanvullende bevindingen. Al kan ik beter zeggen: Jan typt en ik zit apathisch naar het beeldscherm te staren. Ik ben lamgeslagen en ik durf dit niet eens te delen met de mensen om me heen, want ik weet zeker dat ze gek worden.

De mishandeling op de Bloemenmarkt is niet het eerste heftige incident dat ik heb meegemaakt. Waarschijnlijk zal het ook niet het laatste zijn. Collega's en vrienden drukken me meerdere keren subtiel op het hart dat ik vooral moet doen wat goed voelt na dit incident. Het meemaken van zulke heftige incidenten kan ervoor zorgen dat je bang bent om je werk weer te doen.

Maar voorlopig zit ik thuis. Ruim vier weken verplichte rust en luisteren naar mijn lijf. Weken waarin ik mezelf het beste kan omschrijven als een boze, verdrietige, overprikkelde moppersmurf met hoofd- en nekpijn.

Het geluid van een optrekkende motor? Ik kan wel gillen.

Huilend kind in het park tijdens mijn wandeling? Ik draai me om en sleep mijn beste vriendinnen mee het park uit.

Muziek? Ineens kan ik het niet meer aan.

Netflix is geen ontspanning, een boek lijkt een examen en de letters dansen alsof ze niet gelezen willen worden.

Naarmate de weken voorbijgaan, gaat het langzaam beter. Ik krabbel op. De dagelijkse non-stophoofdpijn wordt wat minder. Ik ben iets minder snel afgeleid en heb inmiddels goede hoop op herstel.

Als ik na ruim een maand weer op het werk ben, doe ik mijn kledingkast open. Gelukkig is hier alles precies zoals ik het een maand geleden achterliet: een grote bende.

Als ik mijn koppel – de riem met alle dingen die bij onze uitrusting horen, zoals pepperspray, handboeien en vuurwapen – probeer om te doen, moet ik om mezelf lachen. Tijdens het herstel van mijn hersenschudding heb ik niets anders gedaan dan klagen, boos zijn, slapen, huilen, wandelen en bovenal: chocola eten. Die verrekte dienstbroek zit strak maar kan nog net dicht, maar mijn koppel moet toch echt ietsje losser, want die gaat met geen mogelijkheid meer dicht.

Na de briefing is het een beetje een zooitje met de indeling van de dienst. Ik word nog niet gezien als volledig inzetbaar. Dat is fijn, want nu kan ik even rustig opstarten en mijn ding doen. Ik open mijn inbox. Meteen verschijnt er een tsunami aan mailtjes. Daar heb ik écht nog geen zin in. Computer uit en lekker in de mailontkenningsfase.

Ik loop naar het dienstbord en schrijf mezelf op als bike-eenheid. Ik kies een mooi roepnummer uit en schrijf erachter: 'Lieke – solo'.

Joyce, de chef van dienst, ziet me bezig. 'Zou je dat nu wel doen?' zegt ze.

Ik haal mijn schouders op. 'Ik fiets wel vaker in mijn eentje, zelfs in de nachtdienst. En het is een mooie dag.'

'Ja. Dat weet ik toch. Maar weet je zeker dat je dit nú wilt doen?' De bezorgdheid druipt van Joyce' gezicht.

Ik rits mijn jas dicht. 'Ja, ik wil die klootzakken niet laten winnen. Dit is belangrijk voor me.'

Ik wil geen angst voelen, ik wil niet terughoudend worden in het werk dat ik zo fantastisch vind. 'Als het niet goed voelt, kom ik terug. Echt,' stel ik Joyce gerust.

Joyce knikt, met een glimlach. ‘Ik luister mee, hè! Roep me op als er iets is!’ zegt ze terwijl ze naar haar portofoon wijst.

Ik vind haar als collega fijn, maar ook zeker als chef van dienst, en roep gemeend: ‘Komt goed!’

Ik loop de trap af en pak een fiets uit het rek. Met Joyce draai ik veel weekendnachtdiensten. En ik kan altijd fijn met haar praten over van alles. We lijken veel op elkaar. Zo zijn we bijvoorbeeld allebei lekker koppig en hebben we allebei ons hart nogal op de tong. Ik denk dat ze me daarom liet gaan: ze wist dat ik het nodig had. En ze vertrouwt me. Dat vind ik fijn.

Eenmaal buiten fiets ik direct de Oudebrugsteeg in, zo de door mij o zo geliefde Wallen op. Het voelt heerlijk. Ik groet zelfs blij al het bekende schorremorrie uit de wijk dat ik tegenkom, en de kaasboer op de Nieuwmarkt is als vanouds enthousiast als hij me ziet. De groenteman bij wie ik regelmatig vers fruit, een maiskolf of een sapje haal, steekt vrolijk zijn hand op. ‘Lang niet gezien!’

‘Ben er weer, hoor!’ roep ik. En ik fiets door. Anders gaat-ie vast vragen of ik vakantie gehad heb. En vakantie was het bepaald niet te noemen, maar liegen wil ik ook niet.

In die maand tijd is er niets veranderd. Hier en daar een wegopbreking en dealers die door de Molensteeg richting de Oudezijds Achterburgwal sjokken. Een prostituee die met haar deur op een kier staat te schreeuwen: *‘No pictures, you fucking idiot.’*

Ik stop met fietsen en spreek de desbetreffende fucking idiot aan. Die blijkt mee te vallen in zijn idiotie na mijn uitleg: ‘De vrouwen willen graag anoniem blijven, in sommige landen is prostitutie strafbaar. En vaak weet hun familie ook niet dat ze sekswerk doen. Als hun foto’s online gedeeld worden, kan dat hun leven in gevaar brengen of nare situaties opleveren,’ vertel ik hem.

De man verwijdert de foto's en biedt zelfs zijn excuses aan aan de prostituee. *'I delete the picture.'*

'Thank you,' zegt de vrouw. Ze lacht en zegt dan tegen mij: 'Lang niet gezien!' Het is een van de vrouwen die hier al sinds jaar en dag staan.

'Klopt, maar ik ben er weer,' zeg ik terwijl ik weer op mijn fiets stap.

Ik fiets verder. De Oudezijds Achterburgwal af, linksaf richting Rusland. Daar staat een auto met een Frans kenteken te kloten voor de verzinkbare paal die hem de toegang ontzegt. Even sta ik me te verkneukelen om dit stiekeme leedvermaak. Daarna ga ik naar hem toe. Ik zeg hem dat-ie lang of kort kan wachten, maar dat het hem niet gaat worden. Ook niet als hij als een kleuter die zijn zin niet krijgt zijn auto driftig in zijn voor- en achteruit zet.

'Amsterdam is not tourist-friendly. The parking is so expensive and it is so busy. It is making me crazy!'

Ik verbaas me over het goede Engels van deze Fransman. Meestal is het *'Parlez-vous français?'*, gevolgd door een wedstrijdje onnozel kijken. Dat ik natuurlijk win. Want nee, ik spreek geen Frans, ook niet als je stug Frans tegen me blijft lullen.

De man blijkt uit Parijs te komen. Daar is het nou ook niet bepaald een feestje met de auto, en erg goedkoop kunnen we het ook niet noemen. Ik wens je een fijne wedstrijd, meneer de Fransman, denk ik bijna hardop. Dat wordt een stukje achteruitrijden. Hij vloekt en moppert terwijl ik weer op de fiets stap.

Ik rijd via de Kloveniersburgwal naar de Amstel, en als ik rechtsaf richting de Munt fiets, sta ik even stil bij hoe ik me voel. Neem ik mezelf nou in de zeik of voel ik echt niets geks? Het is alsof ik nooit ben weggeweest. Alsof ik niet een maand thuis heb gezeten met een hersenschudding. Het voelt eerder alsof ik een paar dagen vrij ben geweest en weer met goede moed op de fiets ben gestapt.

Ik ga nog een keer bij mezelf na of ik mijn gevoel niet wegdruk, maar dat is niet het geval.

Als ik bij de relatief rustige Bloemenmarkt aankom, voel ik nog altijd niets geks. Geen wirwar van emoties zoals ik misschien verwacht had. Ook geen angst om naar de plek des onheils te fietsen. Ik voel eigenlijk gewoon helemaal niets afwijkends. Ik sta op de plek van de mishandeling en denk even terug aan het moment dat Jan en ik hier stonden, nu een maand geleden. Ik denk aan mijn grote maat, die in een nanoseconde op heel laffe wijze werd aangevallen. Daar begon de shitzooi. Voor ons allebei. Maar ik voel me oké. Het is gebeurd. Bij de recherche gaat het allemaal niet van een leien dakje en ze hebben naar mijn idee wat steken laten vallen, maar dat komt vast nog goed. Ik ben positief en hoopvol gestemd. Het is nu wachten tot de rechtszaak en ik hoop dat ze alle vier gepakt en gestraft worden. Maar nu prijs ik me gelukkig: ik heb geen hoofdpijn, en de frisse lucht en het getetter op de portofoon doen me goed. *I'm back!* Terug in het centrum van de stad waar ik zo vreselijk veel van houd. Terug in het uniform – dat misschien een klein beetje strak zit op het moment – waar ik zo van houd.

Even later kom ik een icoon uit de binnenstad tegen: een man die altijd met een bloempot op zijn hoofd bijzonder loopt te doen. Vaak stoppen toeristen hem wat kleingeld toe. Of Amsterdammers die stiekem aan hem gehecht zijn. Hij ziet er slecht uit. Ik schrik ervan en spreek hem aan. Ik vraag of het goed met hem gaat en of ik me zorgen moet maken. We kletsen wat. Ook over zijn slechte gezondheid.

Als ik daarna weer doorfiets, kom ik de volgende bekende tegen: de dunne Italiaan met de lange donkere krullen. Meestal loopt hij met een fles rode wijn of port rond te sjouwen, of is hij op zoek naar drugs of hij heeft net gebruikt – óf een combinatie van die drie. Nuchter is-ie in ieder geval vrijwel nooit. Maar van sommige mensen kun je het hebben, van die iconische figuren die bij de stad horen. De dunne Italiaan is een van hen. En ook al zorgt hij voor veel overlast, ik kan hem toch waarderen. Ook met hem maak ik even een praatje.

'Mevrouw, ik heb wel een verbod volgens mij. Ga je me aanhouden?'

Ik moet lachen en zeg gekscherend: 'Nee, deze krijg je cadeau. Ik ben even weggeweest en fiets gewoon even een rondje door de wijk. Heb je me gemist?'

'Nee, mevrouw, dat niet,' zegt-ie schouderophalend. Altijd even eerlijk, die vent.

Ik moet erom lachen. Vooral als ik besef dat ik hem wel gemist heb. En met hem alle andere iconen en schorremorrie – beroemd, berucht, bloedirritant of alle drie – die onze stad rijk is. Ze horen er gewoon bij.

Ik stap weer op de fiets. 'Doe voorzichtig,' roept-ie me na.

Ik heb een grote grijns op mijn gezicht. Zó blij dat ik bijna met m'n blije bek de tramrails over het hoofd zie. Ik vloek en lach in mezelf, want ik zag mezelf al gestrekt gaan op de allereerste dag dat ik terug ben na die verrekte hersenschudding. De teamleiding ziet me aankomen als ik weer een bezoekje aan het ziekenhuis moet brengen.

Ik fiets terug naar het bureau. Dwars over de Dam. Daar staat de beruchte duiven voerende man met een paar toeristen om zich heen. Ik gruwel van de duiven op zijn hoofd. De toeristen genieten ervan. Eén toerist klapt zo uitbundig dat de duiven ervan schrikken en allemaal mijn kant op vliegen. Ik duik ineen en fiets snel weg. Maar ik ben zo blij dat het fijn voelt om op straat te zijn dat ik denk ik zelfs niet chagrijnig zou worden als er een duif op mijn kop zou schijten. Volgens Ilona poepen ze niet als ze vliegen, maar je zult net een duif met darmklachten treffen.

Ik heb aardig wat kilometers gemaakt vandaag. Als ik van de fiets stap, besef ik weer dat er niets is veranderd. Ik ben gewoon mezelf. Ik ben niet bang op straat. Ik geniet van alles. Ik ben dankbaar omdat Jan en ik er relatief goed vanaf zijn gekomen. Die lange maand thuiszitten was een bak ellende. Ik heb het zwaar onderschat. Maar na deze uurtjes op de fiets voelt het zo fijn om terug te zijn. De straat weer op. *I feel good!* Ondanks de woede en het onbegrip die wel echt nog in me borrelen. Ik ga me niet op mijn kop laten zitten door die vier klootzakken.

Een lange en zeurende hoofdpijn die steeds terugkomt in de maanden erna maakt korte metten met mijn euforie. Ik weet waar het aan ligt: te weinig water gedronken, slecht geslapen, *'that time of the month'* zit eraan te komen, nachtdiensten, stress, zorgen om de gezondheid van mensen van wie ik houd, gisteren alcohol gedronken. Ik verzin steeds weer een reden waarom ik hoofdpijn heb. Hoe dan ook: het zijn géén restklachten van de hersenschudding.

Ook als ik over woorden struikel, letters door elkaar haal en af en toe moet stoppen als ik een zin wil uitspreken: ik merk het, maar ik ontken het. En schijnbaar lukt dat me goed. Multitasken gaat me minder goed af. Ik kan niet zo goed meer en-en-en-en… Het is niet dat het niet meer gaat, maar het kost me duidelijk meer moeite. Vooral in drukke tijden.

Ik merk 'het' echt voor het eerst bij het tikken van een procesverbaal tijdens de nachtdienst. Het kost meer moeite dan normaal. Als je niet moe bent, is administratief werk al niet het allerleukste werk. Maar als je moe bent… Of de overtreffende trap van moe – nachtdienst nummer vier bijvoorbeeld – dan is verbalen tikken gewoon echt niet leuk meer. Dan schrijf je bijvoorbeeld mee met wat je op de radio hoort. Op zich niet heel handig als er in een serieus verbaal ineens een stukje songtekst opduikt. Gelukkig lees ik het zelf altijd na, en mijn maatje ook, maar toch…

Langzaam komen er steeds meer dingen die minder kloppen bij wie ik ben. Ik voel nog altijd de drang naar drukte, chaos en het van melding naar melding scheuren. Maar het praten over de portofoon gaat steeds vaker gepaard met foutjes. Soms maak ik er een grapje over. Een andere keer doe ik alsof er niets aan de hand is, maar kan ik stiekem wel door de grond zakken. Wat moeten ze wel niet denken, vraag ik me met regelmaat af.

Heel Amsterdam, alle politiecollega's, luisteren mee over de portofoon waarmee we communiceren met de meldkamer. Nu heb ik nooit bekendgestaan om mijn 'etherdiscipline', maar dit is iets anders. Er ontstaat steeds meer een soort van angst voor 'als alles tegelijk moet'-momenten. Het is vreselijk dat datgene wat ik zo fantastisch vind ineens een klein negatief randje krijgt. Angst.

Gelukkig grijp ik op tijd in. Ik bezoek mijn huisarts en vertel haar over mijn klachten. Ze vertelt me dat mijn klachten allemaal te wijten zijn aan de hersenschudding. Het kan nog wel een paar jaar duren. 'Een paar jaar?' Heel even voelt het alsof de grond onder me wegzakt. Ik kan het bijna niet geloven en huppakee, weer janken. Ik veeg het snot door het huilen af met de mouw van mijn favoriete Amsterdam-trui en probeer mezelf bij elkaar te rapen.

Ik kan het maar moeilijk verkroppen dat dit allemaal komt door het werk waar ik zo vreselijk gek op ben. Het doet me oprecht pijn in mijn blauwe hart.

Mijn huisarts verwijst me door naar een psycholoog. Die kan me misschien helpen beter om te gaan met de gevolgen, want ik heb de restklachten overduidelijk allesbehalve geaccepteerd. Ik verzet me met hand en tand. Een paracetamol slikken staat voor mij gelijk aan toegeven aan die klootzakken. Ik doe het wel, maar alleen als het moet voor het werk.

Ik heb inderdaad hulp nodig, dat is wel duidelijk. Digitaal heb ik een aantal sessies met de psycholoog.

Het lukt me om mijn tranen tegen te houden. Ik gun die klootzakken mijn tranen niet meer. Tot de psycholoog zegt: 'Je lijkt verdrietig te zijn.'

De tranen rollen over mijn wangen. 'Nee, ik ben boos!' roep ik digitaal tegen de psycholoog.

De tranen blijven komen. Hoofdschuddend accepteer ik dit nieuwe dieptepunt. Ik gooi alles eruit waarvan ik dacht dat het boosheid was. Maar het blijkt allemaal wel echt grotendeels verdriet: ik ben teleurgesteld in hoe de recherche de zaak opgepakt heeft, teleurgesteld in de slechte communicatie, teleurgesteld in mezelf en teleurgesteld in de mensheid als geheel. Dat laatste is natuurlijk onzin, dat weet ik donders goed, maar toch voel ik het zo.

Ik voel me genaaid. Je onttrekken aan je aanhouding kan ik snappen. Je vriendje helpen te ontsnappen aan zijn aanhouding snap ik ook. Maar waarom dan al dat geweld? Waarom al die klappen? Wij zijn er ook voor jullie veiligheid! Ook jullie mogen te allen tijde 112 bellen, ook voor jullie gaan wij door het vuur.

Het verdriet is groot. Het onbegrip is misschien nog wel groter.

Ik stort mijn hart uit bij de psycholoog. Digitaal janken gaat me blijkbaar ineens makkelijk af. Dan hebben we het over de gevolgen.

De psycholoog geeft me de opdracht bij te houden hoe vaak ik gedachten heb over de situaties waarin ik bij voorbaat al een beetje bang ben niet uit mijn woorden te kunnen komen.

Bang zijn voor wat mogelijk gaat komen, is iets geks. Het is een gevoel en geen feit. Maar de psycholoog helpt me en het voelt goed. Ik weet mezelf vrij snel te corrigeren als ik in zo'n niet helpende gedachte ben beland. En gelukkig heb ik ingegrepen door hulp te vragen.

Na een fijn open gesprek met Joyce, die ook een hersenschudding heeft gehad door een situatie op het werk, kom ik tot de conclusie dat ik toch echt iets moet doen aan die hoofdpijn. Ik had het al een soort van geaccepteerd, maar Joyce vertelt me dat dat echt niet hoeft.

Zij heeft veel baat bij fysiotherapie. Ik stuur mijn fysio, Thom, een berichtje. Ik geef uitleg over mijn klachten en vraag of hij daar iets mee kan. Thom heeft me eerder al eens geholpen met een blessure die ik door het werk had opgelopen, dus ik ben blij dat hij het in ieder geval wil proberen. Tuurlijk, kom maar langs, stuurt hij terug.

Een paar dagen later zit ik in Thoms behandelkamer. Hij onderzoekt mijn nek en komt al snel tot de conclusie dat ik eerder had moeten komen. Hij kan me helpen. Ik, die altijd grapt 'Je vindt het leuk, hè, om me pijn te doen', lig stilletjes op zijn behandeltafel. Hij telt af als hij iets doet wat me pijn doet. Er wordt veel afgeteld, ik zweet van de pijn, maar adem rustig door.

Thuis lig ik vervolgens even op de bank te janken. Want ik ging naar de fysio met hoofdpijn, en ging naar huis met nog meer hoofdpijn. Maar de volgende dag is die weg.

De eerste paar behandelingen doen soms echt flink pijn. Maar geleidelijk merk ik dat de hoofdpijn minder vaak en minder heftig aanwezig is.

Anderhalf jaar later maak ik de balans op. Er is veel misgegaan. Mijn vertrouwen in het feit dat de zaak nog goed gaat komen en dat die klootzakken goed gestraft zullen worden, wordt steeds kleiner. Maar dan is er ineens een lichtpuntje. Of misschien wel Lichtpunt, met een hoofdletter L. De officier van justitie die onze zaak gaat doen, wil ons graag spreken. Ons verhaal horen. Dat doet me goed. Ik voel me gehoord.

Jan en ik lopen in ons nette pak het gerechtsgebouw op het IJ-Dock in. Ik ben de rust zelve. Ik geniet nog even van de immens grote kerstboom en het uitzicht over het IJ. Het is prachtig.

De officier van justitie is een ontzettend lieve, meelevende vrouw. Het gesprek doet me goed. Het vertrouwen in ons rechtssysteem, dat ik was kwijtgeraakt, komt langzaam een beetje terug. Dan vraag ik: 'Wat voor straf gaat u eisen?'

'Een taakstraf,' zegt de officier zonder met haar ogen te knipperen.

Een taakstraf? Ik sla volledig dicht. Behalve dan mijn traanbuisjes.

'Wat maakt je nu zo emotioneel?' vraagt ze.

Ik wil het liefst schreeuwen: DAT DIE GODVERGETEN KLOOTZAKKEN NU EEN TAAKSTRAF KRIJGEN, ÁLS ZE DIE AL KRIJGEN, TERWIJL WIJ AL MEGALANG MET ALLERLEI SHITKLACHTEN RONDLOPEN!

Ik ben niet boos op haar, want ik 'begrijp' dat de lat in Nederland laag ligt, en de omstandigheden van die klootzakken maken dat ze een lage strafeis gaan horen.

Ik wil niet meer huilen. Jan probeert me te troosten, maar dat maakt dat ik eigenlijk alleen maar meer moet huilen.

Ik zit te snotteren en probeer het uit te leggen: 'In al die jaren bij de politie heb ik echt wel wat heftige incidenten meegemaakt. Maar dit geval vind ik het moeilijkste.' Ik voel me direct weer een aansteller, ik wil niet meer huilen om wat die klootzakken gedaan hebben.

Omdat ik niet meer zo goed uit mijn woorden kom, neemt Jan het over. *What else is new* als het gaat over dit onderwerp. Hij kan het allemaal zo duidelijk en vooral goed onderbouwd verwoorden. Dat kon ik normaal gesproken ook, woorden en taal zijn mijn kracht. Maar nu is het leeg in mijn hoofd. Mijn hoofd lijkt gevuld met watten.

Jan zegt precies wat ik eigenlijk ook wil zeggen: 'Het incident heeft een gigantische impact op ons en onze omgeving. Als die jongens er met een taakstraf vanaf komen, voelt dat alsof ze amper gestraft worden voor dit geweld.'

De officier hoort het gelaten aan. Tenminste, zo voelt het voor mij.

Niet veel later wachten we beneden in de hal van het prachtige gebouw tot we opgehaald worden.

'Ik voel me echt weer zo gigantisch genaaid zonder te zoenen door ons rechtssysteem,' brom ik. 'Wij zetten ons zo hard in, vierentwintig uur per dag, zeven dagen per week, elke feestdag, het hele jaar rond. We zetten ons in voor de maatschappij, voor de veiligheid op straat. We verlenen hulp, vangen boeven… Whatever. En als het voor ons dan een keer volledig verkeerd uitpakt, blijkt het rechtssysteem keer op keer zo scheef! Ik kan niet geloven dat er zulke slappe straffen worden uitgedeeld terwijl ze al jaren betere straffen beloven. Wat een bullshit.'

Jan laat me even pruttelen. Hij is het met me eens, maar hij heeft ook geen oplossing.

Sowieso ben ik van mening dat Nederland nogal laag en weinig straft en dat justitie nogal vaak in mooie, zalvende, beterschap belovende woorden trapt van daders. Als je het mij vraagt, valt er nog een boel winst te behalen.

Voor mij voelt een taakstraf niet als 'genoegdoening'. Niet in de minste plaats omdat die klootzakken sowieso in feite nog geen week hebben vastgezeten. Ik ben woest en verdrietig.

Jan belt ondertussen met de wijkteamleiding over mij. Ik heb er zelf de kracht niet voor, maar wil even een paar dagen niet de straat op. Ik ben zo gefrustreerd, boos en vol onbegrip dat het vooruitzicht van problemen van burgers op straat me te veel lijkt.

Als we weer terug zijn op het bureau is iedereen ontzettend lief voor ons. Ik ben intens dankbaar voor alle lieve collega's. Bij hen mag ik gewoon lekker verdrietig zijn. Boos zijn. Huilen. En keer op keer hetzelfde vertellen. Iedereen luistert en heeft een lief, meelevend of bemoedigend woordje. God, wat houd ik van dit bureau en van deze mensen.

Ongeveer tweeënhalf jaar na het incident is de zitting van twee van de drie verdachten. Eigenlijk zouden het er vier moeten zijn. Maar die vierde is nooit gevonden. En de derde was ten tijde van de mishandeling minderjarig. Ruim een week voor de zitting horen we dat hij zich moet verantwoorden voor de jeugdrechter. Een zittingsdatum is nog niet bekend.

Natuurlijk ben ik weer eens verdrietig en boos. Niet alleen omdat hij naar de jeugdrechter gaat, maar ook vooral omdat er nog altijd geen einddatum in zicht is. Ik had gehoopt dit hoofdstuk eindelijk te kunnen afsluiten. En stiekem hoopte ik ook dat dat me zou helpen bij het accepteren van de restklachten. Even slikken en weer doorgaan.

Eindelijk gaat de rechtszaak van start. We gaan kijken naar de beelden van Jans bodycam. Tijdens de opnames van *Bureau Burgwallen* hebben we die ook bekeken. En dat ging me toen niet in de koude kleren zitten. Jan en mijn maatje Tim, als steun en toeverlaat vanuit het taakaccent GTPA, kijken me bezorgd aan. Ik ben superblij dat Tim mee is als support.

Ik bijt op de binnenkant van mijn wang als ik mezelf hoor schreeuwen: 'Au, what the fuck sla je op mijn hoofd.' Waarom vind ik deze beelden toch zo vreselijk klote? Als een van de advocaten verzoekt om een stukje in slow motion af te laten spelen, benoemt de rechter dat het mij zichtbaar veel doet. De rechter is scherp en betrokken, maar dat dit me veel doet... Ja, *no shit*, Sherlock.

Na een helse twee uur is het tijd voor ons spreekrecht. Omdat ik al zo'n donkerbruin vermoeden had dat ik alleen maar kon huilen, heb ik uitgeschreven wat ik wil zeggen. Zodat Tim het zou kunnen voorlezen namens mij. Maar ik ga het zelf doen. Ik wil het en ineens voel ik me sterk.

Geachte aanwezigen.
Ik ben bijna vijftien jaar politieagente. Ik ben in die vijftien jaar zo vaak bespuugd, bedreigd en beledigd dat ik gestopt ben met tellen. Mijn liefde voor ons mooie vak won. Elke keer weer. En ik weet dat dit voor veel van mijn collega's ook zo werkt. Even slikken, een pleister plakken en weer doorgaan. Want we zijn loyaal aan de liefde voor ons vak. Een aantal incidenten hadden echter meer impact. De mishandeling waarvoor we hier nu zijn, is er een van.
Ik heb tot de dag van vandaag nog last van restklachten van de hersenschudding. Het heeft rechtstreeks impact op mijn dagelijks leven, zowel qua werk als privé. Toegeven dat die restklachten er waren, was al een enorme stap. Daarna kwam het accepteren van de impact, en dat het er gewoon bij hoort. Maar gewoon is het nooit geworden.
Ik kan niet naast me neerleggen dat het zo is dat ik door toedoen van deze jongens meer moeite heb met werken in chaos en drukte, terwijl ik daar zoveel van houd. Dat ik gewoon letters door elkaar haal en soms woordenkots uitkraam. Ook over de portofoon. Dat ik maar hoofdpijn blijf houden, en daar pijnstillers voor slik. Minder goede concentratie bij het tikken van een proces-verbaal. Soms niet goed tegen veel geluiden kunnen.
Dat ik bij de fysio langsga om mijn nek te laten behande-

len, en dat ik de rest van die dag met meer pijn op de bank lig.
Dat ik niet zonder emotioneel te worden kan praten over deze zaak. Het is niet gewoon dat ik me dan achter Jan verschuil, terwijl ik een volwassen vrouw van drieëndertig ben. Het is niet gewoon dat er geweld gebruikt wordt tegen hulpverleners.
Bijna vijftien jaar geleden, toen ik nog nat achter mijn oren was en voor het eerst hoorde dat geweld tegen hulpverleners zwaarder bestraft zou worden, geloofde ik dat. Vandaag de dag voel ik nog net zoveel liefde voor het vak als toen ik voor het eerst dat uniform aantrok, maar dat zwaarder straffen valt in de praktijk echt zwaar tegen. Ik ben een trotse politieagente, trots op Jan en trots op al mijn collega's, maar ik denk dat er écht iets moet veranderen in ons rechtssysteem. En ik weet dat ik dat niet voor elkaar zal krijgen, ook niet samen met Jan, maar ik zal me blijven uitspreken als het gaat om geweld tegen hulpverleners. Geachte aanwezigen, ik hoop dat jullie dat ook doen, en dat er gekeken wordt naar de mens in het uniform en naar de gevolgen van dit zinloze geweld. We hebben jullie support nodig.

Als ik ben uitgesproken, is het heel even stil. Ik vraag me af hoe dit me gelukt is zonder snot en tranen.

De rechter knikt vriendelijk, bedankt me en geeft Jan het woord. Jan houdt uit zijn hoofd een klein betoog. Ik ben trots op mijn grote maat. Alweer.

Uiteindelijk spreekt de officier van justitie haar strafeis uit. Tegen de aanstichter van de zaak eist ze 180 uur taakstraf. En tegen de grootste agressor – zoals we dat netjes zeggen, maar 'de grootste klootzak' mag ook – eist ze 240 uur taakstraf en twee weken voorwaardelijke gevangenisstraf.

Ik wist natuurlijk al dat het zulke lage straffen zouden worden. En dan is dit nog maar de eis. De uitspraak zal pas twee weken later volgen.

De verdachten vertellen op verzoek van hun advocaten wat het voor hen zou betekenen als deze eis hun daadwerkelijke straf gaat worden.

Er komt een verhaal waar de honden geen brood van lusten: uit het verhaal van de arme schatten blijkt niets van spijt van hun daden en de gevolgen daarvan. Het gaat er vooral over dat de ene het dan wel kan vergeten met zijn eigen bedrijf in de steigerbouw en de andere met zijn baan als pakketbezorger. En dat ze echt heel goed bezig zijn in het leven. En dat ze misschien niet meer moeten drinken, want ze drinken allebei te veel alcohol en onder invloed daarvan doen ze stomme dingen. Stomme dingen. Het understatement van het jaar. Maar het is natuurlijk aan de advocaten om de rechters ervan te overtuigen dat hun cliënten zo min mogelijk straf krijgen. Ieder zijn of haar vak.

Na afloop verlaten we de rechtszaal. Ik probeer de grootste agressor nog even aan te kijken, maar die draait zijn hoofd weg. Misschien maar beter ook. Want ook al wil ik hem aankijken, tegelijkertijd kan ik hem niet luchten of zien.

Met een paar mensen praat ik nog even na (of: huil ik nog even na) op het bureau en dan ga ik naar huis. Jan loopt mee naar het fietsenhok en geeft me een knuffel. 'App je als je thuis bent?' vraagt hij. Natuurlijk moet ik weer huilen.

Thuis bel ik Sylvia en haal ik de mascarakorrels uit mijn ooghoeken.

'Ik ga naar bed en daarna laat ik eten bezorgen. Vandaag doe ik niets meer. Ik doe even niet meer mee.'

'Wil je dat ik even langskom?' vraagt Syl.

'Nee, ik tune uit voor vandaag. Ik doe alleen nog de deur open voor mijn pizza.'

Ik kruip mijn nest in, met – hoe kan het ook anders – knallende koppijn.

Inmiddels is het bijna drie jaar na de mishandeling. Na de rechtszaak ben ik een traject in gegaan bestaande uit een combinatie van psycholoog, revalidatiearts en ergotherapeut. Ik ga ook nog elke paar weken naar Thom, de fysiotherapeut die me al flink lang behandelt. Ik heb voor mezelf een gouden paracetamolketting gekocht van Romina Hermans. Als sarcastisch maar prachtig aandenken.

We zijn drie jaar verder en de impact van die ene avond beheerst nog steeds soms een beetje mijn leven en werk. En toch is het de mooiste baan van de wereld.

22

'Word je nu verdrietig van mij, omdat ik dood wil?'

Werkplek: Amsterdam-Centrum
Functie: hoofdagent

Triggerwaarschuwing: dit verhaal bevat content over zelfmoord. Ben je of ken je iemand die hulp nodig heeft bij het vinden van ondersteuning en crisishulp? Aarzel dan niet en neem contact op met 113 Zelfmoordpreventie. Anoniem en vertrouwelijk. Als je op het punt staat zelfmoord te plegen, mag je ook 112 bellen.

Vandaag ben ik vrij. Vlak bij de supermarkt raak ik in gesprek met een Engelse dakloze, die me out of the blue zijn levensverhaal uit de doeken doet. Hij vertelt me hoe hij als twintiger en dertiger vier keer heeft geprobeerd zich van het leven te beroven. Elke keer gebeurde er wel iets waardoor het mislukte. Hij vat elke poging voor me samen en bij het verhaal over poging drie schuift hij zijn mouwen omhoog om zijn polsen te laten zien.

'I have no clue why, but out of fucking nowhere a girl came and called for an ambulance. I don't know anything about her, but I hated her for not letting me die. Again.'

Aan de theatrale toon in zijn stem kan ik horen dat hij 'again' met opluchting zegt. Hij was blij dat ze hem niet had laten doodgaan.

Terwijl ik naar het litteken op zijn pols sta te kijken, vraag ik me af hoe ik in dit gesprek terechtgekomen ben. Ik zie een grote snee in de lengte van zijn aderen: dé manier waarop je een slagaderlijke bloeding creëert en snel veel bloed verliest.

'*That was a serious attempt,*' zeg ik terwijl ik naar zijn litteken wijs.

'*You've seen more of these?*' vraagt hij me. Ik denk dat hij doorheeft dat dit niet het eerste zelfmoordpogingslitteken is dat ik zie.

'*Yes, I do,*' antwoord ik. '*And this was serious.*'

'*Are you a nurse?*'

'*No.*' Na even aarzelen zeg ik: '*I'm a police officer.*'

'*Oh.*'

Ik moet bijna hardop lachen om zijn reactie, want die klinkt niet bepaald positief. Ik heb er alweer bijna spijt van dat ik verteld heb wat voor werk ik doe, maar ik verschuil me niet langer. Na jarenlang met regelmaat mijn werk verzwijgen en zelfs erover liegen heb ik jaren geleden besloten dat niet meer te doen. Ik ben wie ik ben en ik ben trots op mijn werk. Hij heeft het er maar mee te doen, ook al heeft hij misschien een grafhekel aan de politie. Sluit maar achter in de rij aan, zullen we maar zeggen.

De man trekt overdreven demonstratief zijn mouw naar beneden. Hij valt stil en de sfeer slaat voelbaar om.

Hij bekijkt me argwanend van top tot teen. '*You don't look like one,*' zegt de man kortaf.

Hij heeft gelijk: ik draag vandaag een gele broek met een groot zwart shirt, met daaronder zwarte Nikes. Mijn haar zit met een gele scrunchie in een knot boven op mijn hoofd en mijn lippen zijn roze van de lipgloss. Het is misschien niet de eerste outfit die je verwacht van een politieagent buiten dienst, maar hé, wat dan wel? Ik heb net geluncht met mijn vriendin Sylvia en ben onderweg om boodschappen te doen voor het avondeten. De enige reden dat ik met deze man in gesprek ben geraakt, is dat hij iets uit een vuilnisbak pakte en ik hem daarom aanbood wat te eten voor hem te halen.

Hij wilde niet mee de supermarkt in, maar na enig aandringen liet hij me weten dol te zijn op kaascroissantjes. Ik en mijn grote voorliefde voor kaas begrepen dit helemaal. Nadat ik vier kaascroissantjes voor de man had gehaald, die hij voor mijn neus aan het opeten was, vertelde hij zijn levensverhaal.

Nu ik bij de politie blijk te werken, stopt hij bijna halverwege zijn croissant. Geërgerd denk ik dat hij er klaar voor is om de kaascroissantjes naar me toe te smijten.

Ik voel aan de sfeer dat de man waarschijnlijk negatief over de politie denkt, dus ik besluit de man een fijne dag te wensen en bedank hem voor het delen van zijn kwetsbare verhaal. *'I'm glad you are still alive,'* zeg ik.

Plotseling kijkt de man me indringend aan. *'I hated the police my whole life. But the fourth time a woman like you saved my life! A police officer!'* zegt hij dan.

Er staan inmiddels meerdere mensen op straat naar ons te kijken, want hij heeft een zeer luide stem.

'I'm happy she did!' roep ik over mijn schouder terug, terwijl ik tegen een reclamebord aan loop, onhandig als ik ben. In een poging het bord niet om te gooien struikel ik ook nog eens over mijn eigen voeten. Het kan ook nooit normaal.

Op dat moment hoor ik mijn telefoon piepen. Het is een berichtje van Charmain: een cliënt van haar – een dakloze man – is overleden en ze is verdrietig.

Ik ken niemand met meer liefde voor daklozen en verslaafden in onze mooie stad dan Charmain. Al zolang ik bij de politie werk, werkt zij met en voor daklozen en verslaafden. Ik heb veel van haar geleerd. Het is een moeilijke doelgroep, maar zij kan ze heel goed hebben en dat is oprecht een talent. Mensentalent.

Ik begrijp haar verdriet en ik antwoord haar dat ik zeker weet dat haar cliënt in ieder geval van haar de allerbeste hulp, zorg en veel humor heeft gehad.

Charmain is een van mijn beste vriendinnen en we gaan binnenkort weer samen op vakantie, maar dat is pas over een paar weken. We zijn er beiden ook echt aan toe: het is een rare tijd met veel zelfmoordpogingen en doden. Ook bij Charmain op het werk is het onrustig. En nu moet ze ook nog eens een uitvaart regelen.

Ik moet soms een beetje lachen om hoe wij samen praten. 'Er zijn weer slechte drugs in omloop, volgens mij,' is een heel normale zin. Ook in haar vakgebied is humor een manier om met heftige situaties om te gaan.

Ik voel me een klein beetje rot om het gesprek met de dakloze. Charmain was vast niet weggelopen. Ik ben oprecht blij dat hij leeft, maar ik kon het even niet zo goed meer aanhoren, denk ik. Ik kom hem vast wel weer tegen, dan zal ik weer kaascroissantjes voor hem kopen.

De dag erna staat er een suïcidale jongen aan de balie op het werk. De baliemedewerker belt naar de chef van dienst en hij vraagt of ik het verhaal even wil aanhoren.

'Laat dat "even" maar weg,' zeg ik lachend terwijl ik mijn tosti naar binnen prop. Uit ervaring weet ik dat gesprekken over geestelijke gezondheid altijd lang duren. Met een gevulde buik ga ik naar beneden.

De jongen vertelt hoe hij al op jonge leeftijd dakloos werd en op sommige plekken vreselijk behandeld werd als dakloze. Hij heeft het gevoel nooit ergens welkom te zijn. Hij raakte aan de drank en daarna aan de drugs. Toen hij daarvan afkickte, had hij het zo zwaar dat hij zichzelf in een opwelling had proberen te verdrinken. Collega's hebben hem toen met hulp van de brandweer uit het water gehaald. Vandaag heeft hij al de hele dag weer gedachten over zelfmoord. Het is donker in zijn hoofd.

Ik vraag hem wat zijn plannen en ideeën waren.

'Polsen doorsnijden, een overdosis van medicatie nemen met drank of voor de trein springen.'

Hij somt het op alsof hij me vertelt wat de opties zijn voor het avondeten: 'Spaghetti, tomatensoep of patatje saté met een kaassoufflé.'

Hij vertelt dat hij gisteren de hele dag langs het spoor heeft gelopen, maar het idee dat er treinreizigers getraumatiseerd zouden raken door zijn dood hield hem tegen.

'Het leek me wel de snelste manier. Boem-klap-dood,' zegt hij droog. 'Heb jij weleens iemand gezien die voor de trein is gesprongen?' vraagt hij me ineens.

'Waarom wil je dat weten?'

'Nou gewoon, ik heb het gegoogeld, maar dat is denk ik toch anders.'

Ik googel af en toe ook bijzondere dingen, maar 'zelfmoord plegen door voor de trein te springen' heb ik nog nooit gegoogeld. Ik denk ook niet dat de NS een *Snelgids zelfmoord* online heeft gezet. Ik hoop dat Google het hoe dan ook afraadt, en dat er op zijn minst een link volgt naar 113 of een andere website die doorverwijst naar psychische hulp.

De jongen kijkt me aan. 'Heb je veel met zelfmoord en zo te maken in je werk?' vraagt hij me.

'Ja, met enige regelmaat.'

'Word je daar niet verdrietig van?'

'Heel soms,' antwoord ik naar waarheid. 'Ik wil natuurlijk niet verdrietig worden om alles, want dan kan ik niet zo goed meer helpen.'

'Word je nu verdrietig van mij, omdat ik dood wil?'

'Nee.'

'Waarom niet?'

'Omdat ik je wil helpen om hulp te vinden en naar je wil luisteren.'

'En wat als ik geen hulp wil?'

'Dan wil ik alsnog naar je luisteren, anders was je denk ik niet naar het politiebureau gekomen.'

Zo gaat het nog een tijdje door. De jongen stelt zo ontzettend veel directe vragen dat ik soms niet weet hoe ik moet antwoorden, ook al voel ik dat dat belangrijk voor hem is.

Ik lul er soms een beetje halfbakken om- en overheen. Ik ben bang om het verkeerde te zeggen, of juist iets keihards. Woorden op een goudschaaltje wegen is niet mijn sterkste kant.

Terwijl we op de psycholance wachten, blijf ik toch met hem praten. Hij had vandaag naar eigen zeggen urenlang met een mes op zijn pols gezeten; hij hoorde stemmen in zijn hoofd die hem zeiden te snijden.

'Geloofde je die stemmen?' vraag ik.

Hij antwoordt niet direct.

'Ik vind het dapper dat je sterk genoeg was om de stemmen te negeren en naar het politiebureau te komen,' zeg ik. Dan zie ik in de verte de psycholance aankomen.

De jongen ziet het ook en zegt ineens: 'Nou goed, dank je wel voor het gesprek. Ik ga weer.'

Hij staat op en loopt richting de uitgang. Kut. Dat had ik niet ingecalculeerd.

Ik probeer hem uit te leggen dat de verantwoordelijkheid voor zijn gezondheid nu bij mij ligt en dat ik hem niet zomaar kan laten gaan. Als hij nu weggaat en zijn polsen doorsnijdt, dan word ik daarop aangesproken. Maar hij geeft me de kans niet en staat inmiddels al bij de deur.

Om te voorkomen dat hij het bureau uit loopt, ga ik voor hem staan. Ik hoop dat ik hem al pratend en zonder fysieke dwang kan overtuigen. Maar het is tevergeefs.

De jongen wordt boos. Heel erg boos. Gelukkig zijn de mannen van de psycholance nu binnen en staat er een collega van de balie naast me.

De mannen van de psycholance zetten alles op alles om hem zonder geweld en dwang de ambulance in te laten stappen. Als de deur van de ambulance langzaam dichtgaat, slaak ik een diepe zucht van opluchting. Tot ik hem door de deur hoor schreeuwen: 'Als ik binnenkort dood ben, dan is het jouw schuld!'

De opluchting die ik voelde, was van korte duur. Dit klinkt gemeend. Ik heb geen idee waarom precies die woorden me nu zo raken. Het is niet dat er geen ergere dingen tegen me geroepen zijn, en ik weet heus wel dat het niet daadwerkelijk mijn schuld zou zijn als hij zijn polsen doorsnijdt.

Een van onze motorrijders, die aan komt rijden, ziet mij er een beetje sip bij staan. Hij knikt met zijn hoofd in de richting van de wegrijdende psycholance en vraagt of ik een ingewikkelde casus had.

'Viel wel mee,' antwoord ik, 'maar het was wat onaardig van hem om mij de schuld te geven als hij alsnog binnenkort dood zou zijn. Ik probeerde hem te helpen, *that's all*.'

Ik gebruik het woord 'onaardig' vaak nogal sarcastisch. Maar mijn collega kent me al langer dan vandaag.

'Dat bedoelde hij vast niet zoals jij het opvat, Liek. Het zijn emotie en wanhoop tegelijk. Gelukkig krijgt hij nu hulp.'

Ik ben blij met zijn woorden, het is precies wat ik even moest horen. Soms weet je iets, maar moet een ander het je vertellen.

Ik ga terug naar binnen en maak nog maar een tosti, omdat het kan. Kaas is altijd goed, of die nou gesmolten is tussen twee sneetjes brood of in een croissant zit.

23

Niets wat de moeite waard is, is echt heel makkelijk

Werkplek: Amsterdam-Centrum
Functie: agent

De afgelopen tijd denk ik steeds vaker dat het wel weer goed met me gaat. Ik heb er ook genoeg sessies bij de psycholoog op zitten. En het leek lekker te gaan. Maar nu zit ik in de klaagmodus bij collega en vriendin Eva.

'Godverdomme, Eef. Ik dacht echt dat het beter met me ging dan het nu soms gaat, hoor.'

Eva weet van de shitzooi waar ik nu de psycholoog ook mee heb opgezadeld. Gelukkig krijgt hij er goed voor betaald, zullen we maar zeggen. Het heeft niets te maken met het werk, maar met moeizame privézaken. Ik ben er trots op dat ik eindelijk fatsoenlijk durf te zeggen dat ik het zo lastig vond dat ik het niet meer alleen kon. En waarom zou je het ook alleen doen als er professionele hulp voor is? Je gipst ook niet je eigen been in als dat gebroken is, toch?

Ik wilde niet thuis zijn, niet thuiszitten. Ik wilde ook vooral niet zielig zijn. En eigenlijk wilde ik gewoon doorgaan zoals altijd: goed, blij, positief en vrijwel altijd vrolijk.

Maar dat ging niet meer. Opa ging dood. En dat was eigenlijk alleen maar goed, want hij had veel pijn. Een opeenstapeling van gebeurtenissen daarna zorgde er echter voor dat de zaken in mijn hoofd als een gammele Jenga-toren in elkaar denderden.

Goed ging het niet, en Oop, mijn superheld, was er niet meer om me te vertellen dat het allemaal wel goed zou komen.

'Dag Oop, dag superheld. Je kon alleen niet vliegen, en dat kun je nu wel.' Ik zie mezelf weer staan met het papiertje met de laatste woorden voor opa in mijn handen. Voor het gemak ga ik er graag van uit dat opa daadwerkelijk kan vliegen. Dat-ie met me meevliegt als ik weer eens een zooitje maak van het leven. Dat-ie lachend naar beneden kijkt en zijn hoofd schudt. Wat zal-ie trots op me zijn omdat ik nu alle angst overboord gegooid heb. Ik zal nooit zijn trotse hoofd vergeten toen hij me de allereerste keer in mijn iets te grote en vormeloze uniform zag. Ik trots. Hij trots.

Eva en ik zitten in de binnentuin van bureau Nieuwmarkt. Als je daar hardop jankt, zal de buurman van het aangrenzende huis waarschijnlijk uit het raam kijken. Er is hier weinig privacy, dus je kunt hier niet een lekker partijtje schaamteloos schelden of janken zonder dat iemand je stoort.

Bureau Nieuwmarkt is geen bureau met een zogenoemde publieksfunctie. Je kunt er als burger niet naar binnen. Er staan een aantal kledingkasten, er is een keukentje waar je een ei kunt bakken of een tosti kunt maken, er staan vooral veel computers en er zijn enkele kleine hokjes waar je een serieus gesprek zou kunnen voeren als je privacy nodig hebt. Maar als je je stem verheft, luistert vervolgens de hele Nieuwmarkt mee. Je zou kunnen zeggen dat het bureautje van ellende uit elkaar valt, maar wat is het een heerlijke plek.

De meeste mensen hier weten dat het eventjes niet zo lekker met me gaat. Dat ik soms op het werk fysiek aanwezig ben, maar dat je niet te veel van me moet verwachten.

Ik mopper dat ik nog helemaal niet klaar ben met het proces waarvan ik dacht dat ik er al wel klaar mee was.

'Maar je hebt zover doorgezet, Liekely. Dat moet je niet vergeten!' zegt Eva. En ze geeft me een knuffel.

Ze heeft gelijk en ik word overspoeld met liefde die ik voel voor mijn vriendinnen. Het volwassen leven schopt me even iets te hard onder mijn kont. Maar het is niets wat ik niet kan hebben. Ik heb er zelf voor gekozen om hiermee aan de slag te gaan en ik zal het afmaken ook. En dat kan ik niet zonder de lieve mensen om me heen. Gelukkig hoeft dat ook niet.

'Wat wil je deze dienst?' vraagt Eva.

Ik ben blij met het vertrouwen van mijn leidinggevende. Als mijn gevoel zegt: 'Nu even niet', dan hoef ik niet de straat op. Maar vandaag wil ik dat wel.

'Ik wil lekker struisvogelen, gewoon even lekker doen alsof het allemaal goed is,' zeg ik tegen haar.

Eva kent me goed genoeg om te zien dat ik het meen en we gaan samen fietsend de wijk door. Er gebeurt niets wat leuk, mooi, gek, spannend of smerig genoeg is om te benoemen. Maar vandaag heb ik heerlijk gestruisvogeld. Ik ben blij dat het op deze manier kan en dat ik zelf de regie heb.

Ik pak de scooter naar huis. Ik had natuurlijk kunnen fietsen, maar ik was lui. Als ik vijf minuten onderweg ben, gaat er voor mijn neus een vrouw hard onderuit omdat ze met haar fietsband in de tramrail terechtkomt. Ik stop en kijk of ze direct opstaat of dat het toch iets minder goed gaat. Ze blijft kreunend op de grond liggen en ik stap van de scooter af.

'Gaat het?' vraag ik. Eigenlijk een gekke vraag. We weten allemaal dat ze niet zal antwoorden: 'Ja, gaat fantastisch, ik lig hier lekker te chillen.' Maar toch stellen we hem allemaal als er iemand valt of zo.

Haar antwoord luidt als volgt: 'Au, godverdomme. Mijn scheenbeen doet fucking veel pijn!'

Ik mag er niet om lachen, maar stiekem vind ik het heerlijk als iemand zo lekker loopt te schelden. Of ligt, in dit geval.

Ik zet haar fiets op de stoep en probeer haar overeind te helpen. 'Kun je opstaan?' vraag ik.

Dat kan ze, want in no time staat ze overeind. 'Ja,' zegt ze. 'Maar ik durf niet zo goed te kijken, want ik kan niet zo goed tegen bloed...'

Zelf vind ik bloed en andere smerigheid altijd interessant. Als er een melding is met bloed, word ik daar – *call me crazy* – altijd enthousiast van.

Het bloed sijpelt al een beetje door haar zwarte broek heen.

'Nou, ik zal even kijken of je been geamputeerd moet worden of dat het meevalt,' grap ik. Hoewel... dat klonk misschien een beetje cynischer dan ik het bedoelde. Maar de vrouw ziet mijn knipoog.

'Ja, graag. Echt, ik woon vlakbij! Ik was verdomme bijna thuis!' zegt ze met een slap glimlachje.

Ze heeft een wijde broek aan en als ik de pijp oprol tot waar de bloedvlek zit, zie ik een bloedende schaafwond. Het lijkt alsof haar trapper met kracht langs haar been is geraspt.

'Heb je nog ergens anders pijn?' vraag ik.

'Nee. Of ja, een deuk in mijn ego. En morgen heb ik verdomme een feestje waarbij ik een jurkje aan wil.' Ze godvert er rustig op los.

Ik moet er alleen maar om lachen. Ik kan er niks aan doen, maar ik voel gewoon direct een connectie met scheldende mensen. In gedachten ga ik even al mijn vrienden af en ja, die hebben ook echt allemaal een lekker grove vocabulaire. Soort zoekt soort, *I guess*.

'Het is een bloedende schaafwond. Daar ga je niet dood aan. In elk geval niet vandaag,' stel ik haar gerust. Ik rol haar broek weer naar beneden. 'Als je thuis de boel goed schoonmaakt, is het denk ik genoeg.'

'Oké. Superbedankt. Ben je verpleegkundige?' vraagt ze.

'Nee,' antwoord ik.

'O. Ik wel.'

Die zag ik even niet aankomen.

'Lekker handig als je dan niet tegen bloed kunt,' zeg ik verwonderd.

'Ja, maar verder kan ik tegen alles, hoor. En als het niet mijn eigen bloed is, gaat het beter dan nu.'

Ik ben nog een beetje verbaasd, maar ik weet ook veel te weinig van verkeer en werk toch echt bij de politie.

Maar ze geeft een mooie uitleg. 'Ik wilde gewoon heel graag verpleegkundige worden. En zoals alles in het leven: niets wat de moeite waard is, is echt heel makkelijk, toch?'

'Die kan zo op een tegeltje,' zeg ik en ik stap weer op mijn scooter. Op naar de late lunch met Sylvia.

Als ik thuiskom en mijn telefoon pak, lees ik een berichtje van Eva: Trots op jou, Liekely.

Ik kan wel janken. Deze keer van liefde. De verpleegkundige die niet zo goed tegen bloed kan heeft gelijk: niets wat de moeite waard is, is echt heel makkelijk.

24

Kon je je mond weer niet houden, Liek?

Werkplek: Amsterdam-West
Functie: surveillant, in (doorstroom)opleiding tot agent

Ik sta met een broodje voor de deur van politiebureau Oud-West. Er loopt een man langs die me ontzettend boos aankijkt. Hij maakt met zijn hoofd een 'wat moet je nou'-knikje naar me. Hij is zo overduidelijk boos dat ik het niet kan nalaten om mijn mond open te doen. 'Kan ik u helpen, meneer?'

'Je moet lekker opkankeren. Ik ga nog liever dood dan dat ik me door jou laat helpen.'

Zijn antwoord verbaast me niet. Door zijn hele lichaamshouding en non-verbale gedrag wist ik al dat dit geen goed gesprek ging worden, hoewel het me tegenvalt dat hij het woord 'kanker' gebruikt om te schelden.

'Goed… U ook een fijne dag,' antwoord ik vol sarcasme. Ik heb geen idee waarom ik überhaupt iets tegen die kerel zei. Mijn collega en vriendinnetje Eva en ik hadden er gisteren nog een gesprek over, dat het soms beter is om je mond te houden. In de praktijk is dit voor mij nogal een leerpunt. Er zit een stijgende lijn in, maar die gaat erg langzaam, zeg maar. Deze man heeft er ook moeite mee.

'Dat maak ik zelf wel uit!' bijt hij me toe.

Het is hetzelfde antwoord dat ik soms van collega's krijg als ik ze om zes uur 's morgens vrolijk goedemorgen wens. Voor ik kan besluiten of ik de man nog wil antwoorden, scheldt hij alweer verder.

'Kankersmeris, jij en je collega's hebben nog nooit iets voor mij gedaan. Nog nooit!'

Hij spuugt de woorden uit en ik snap werkelijk waar niet waaraan ik deze uitbarsting te danken heb. Mijn Amsterdamse branie neemt het over: 'Ik ken je niet eens, mafkees! Dus no shit, Sherlock, dat ik nog nooit iets voor je heb gedaan. Maar vertel, wat is je probleem of wat kan ik voor je doen? Want ik snap niet wat ik gedaan heb dat je zo idioot tegen me doet!'

Iets in de gezichtsuitdrukking van de man verandert. Hij heeft ook niet direct een antwoord terug.

Ik heb inmiddels enigszins spijt van mijn typische Lieke-reactie en sta nog altijd met het broodje in mijn hand in de deuropening.

'Laat ook maar!' snauwt de man me toe.

'Prima!' snauw ik terug. Ik kan het niet laten. Inmiddels tettert de portofoon in mijn oor. Er is een ongeval gebeurd waar een kind bij betrokken is. Een collega vraagt of er iemand in de buurt is die een traumabeertje kan komen brengen. Als er niemand direct reageert, doe ik dat. Ik geef door dat ik op het bureau ben en een traumabeertje naar de collega's zal brengen.

'Ik moet weer aan het werk!' roep ik naar de boze man.

'Ja, ga maar snel wat nuttigs doen,' zegt de man.

Ik leg mijn broodje in de koelkast – zweetkaas is nooit een succes – pak een traumabeertje en spring op de fiets. Ik cross naar het incident en geef de knuffel aan een collega, die gehurkt met het kindje zit te praten.

Om het jochie af te leiden heeft hij de hele politieauto al mogen bekijken en op alle knopjes mogen drukken. Hij mag ook even op mijn fiets zitten.

Nu ik er toch ben, assisteer ik ook nog even, want veel mensen hebben moeite met politielinten en willen niet begrijpen dat je daar niet onderdoor hoort te lopen.

Maanden later geniet ik van een bakje vers fruit van de fruitkraam op de Nieuwmarkt als er iets verderop een man tegen de vlakte gaat. Het lijkt alsof hij flauwvalt en hij klapt met zijn hoofd tegen de stenen. Het is bloedheet, het is zo'n dag waarop er altijd mensen onwel worden, zoals we dat dan noemen.

Mijn collega en ik rennen snel naar de man toe. Zelfs met zijn ogen dicht en een ingevallen gezicht herken ik hem meteen: het is de boze man uit Oud-West.

'Ik wil graag een ambulance op de Nieuwmarkt,' hoor ik mijn collega doorgeven aan de meldkamer. Hij geeft nog wat details door en de meldkamer geeft aan dat de ambulance gaat rijden.

Ondertussen houden we zijn oppervlakkige ademhaling en snelle hartslag in de gaten.

In zijn broekzak vinden we zijn portemonnee, en we halen zijn naam door het politiesysteem. Soms staat er informatie in over iemands fysieke toestand of ziektegeschiedenis, maar in dit geval komt de man alleen bij ons voor als aangever. Dat wil zeggen dat hij ergens aangifte van heeft gedaan, maar zelf nooit is aangehouden.

Als de man uiteindelijk bij kennis komt, ben ik een beetje bang voor zijn reactie. Zou hij me herkennen? Heeft hij nog steeds die gekke ongefundeerde boosheid? Ik doe wat ik altijd doe in een situatie als deze en stel me voor. Ik zeg dat we er zijn om hem te helpen en dat er een ambulance onderweg is.

Hij pakt mijn hand vast en kijkt me fronsend aan. 'Ik ken jou!' roept hij dan uit. 'Jij ging een beer naar een kind bij een auto-ongeluk brengen!'

Mijn collega kijkt me vragend aan.

'Ja,' zeg ik. 'Ik herken u ook, meneer. We zijn er nu om u te helpen. U bent flauwgevallen en er komt een ambulance om te checken of alles goed met u gaat. Gebruikt u medicatie of iets anders wat we misschien moeten weten?'

Ik maak me klaar voor een scheldpartij, maar voor hij kan antwoorden arriveert de ambulance. Pfoe, gered, denk ik.

De man kan met hulp van de ambulancebroeder opstaan en wordt met een beetje ondersteuning op de brancard gelegd. Als de schuifdeur dichtgaat zodat de man in de ambulance onderzocht kan worden, vertel ik mijn collega over onze eerdere ontmoeting.

'Kon je je mond weer niet houden, Liek?' is het eerste wat hij zegt. Lachend, dat dan weer wel. En hij heeft gelijk. Ik had die kerel destijds gewoon boos moeten laten kijken.

Even later zie ik de man de ambulance uit stappen. Hij ziet er alweer een stuk fitter uit.

Hij loopt bij ons weg en snauwt ons over zijn schouder nog een soort bedankje toe: 'Ik moet jullie nog steeds niet! Als jullie dat maar weten! Maar dank je wel!'

'Onze-Lieve-Heer heb rare kostgangers,' zegt een buurtbewoonster met een Platamsterdams accent. 'Maar niet druk om maken, daar is het veel te warm voor! Als jullie een ijssie willen, dan weet je me te vinden. De hele vriezer legt helemaal vol hoor, jongens!' roept ze ons nog na.

De vrouw is een bekend gezicht uit de wijk, maar ik heb geen idee waar ze woont. Maar het aanbod is lief en daar gaat het om. Het blijft een mooie stad, juist ook door al die rare kostgangers.

25

Zelfmoordpoeder

Werkplek: Amsterdam-Centrum
Functie: hoofdagent

Triggerwaarschuwing: dit verhaal bevat content over zelfmoord. Ben je of ken je iemand die hulp nodig heeft bij het vinden van ondersteuning en crisishulp? Aarzel dan niet en neem contact op met 113 Zelfmoordpreventie. Anoniem en vertrouwelijk. Als je op het punt staat zelfmoord te plegen, mag je ook 112 bellen.

De wekker gaat vroeg vanmorgen. Als ik een ochtenddienst heb, heb ik vrijwel altijd moeite met wakker worden, en vannacht heb ik sowieso niet goed geslapen. Met nog halfdichte ogen kom ik in mijn gele teddyjas het bureau binnenrollen, als een kuiken net uit haar ei. Als ik op de dienstlijst kijk, knap ik direct op. Noodhulp met Jordie. Heerlijk!

Jordie ken ik al sinds de dag dat we allebei zo groen als gras op de Sloterweg aan de politieacademie begonnen. Ik was net achttien, hij moest nog achttien worden.

Inmiddels zijn we heel wat jaren verder en maken we grappen over hoelang we elkaar al kennen. Ik ken zijn ouders, zijn broertje, zijn neef en zijn vriendin, en ging zelfs op kraamvisite bij zijn pasgeboren kindje. Als we samenwerken, facetimen we altijd even met zijn vader, als er tijd voor is, en dan roep ik altijd veel te enthousiast 'Haai vaders!', en dan is het net zo enthousiast 'Haai dochter!' terug.

Jordie en ik hebben samen allerlei spannende momenten en hilarische situaties meegemaakt, zoals een smerige reanimatie waarbij de bloedspetters letterlijk tot achter onze oren zaten. Maar we hebben samen ook gehuild en samen het leven even niet leuk, mooi, fijn of gezellig gevonden. Samen uren gepraat. We hebben steun aan elkaar, begrijpen elkaar als we elkaar nodig hebben om te herstellen en op te krabbelen, vol liefde en de nodige humor. Vooral dat laatste, en dat is fijn: we kunnen samen huilen, maar samen ook heel goed lachen. Ik herinner me een dag waarop we met zijn tweeën in de binnentuin van bureau Nieuwmarkt zaten, allebei niet op ons best. Door de tranen heen moesten we onbedaarlijk lachen: 'Moet je ons nou zien', al hoofdschuddend. Tranen over onze wangen, knorrend. Dat is zo waardevol. Ik heb veel collega's met wie ik goed kan opschieten, maar Jordie is er zo een met wie ik echt kan lezen en schrijven.

De noodhulpdienst begint rustig vandaag. We rijden twee nietszeggende meldingen, houden ons cafeïnelevel een beetje op niveau en genieten van een mooi zonnig uitzicht. Dan komt er een serieuze melding binnen: iemand ziet zijn vriend door het raam in bed liggen, bewegingloos. Hij geeft aan dat de man er bleek uitziet en niet reageert op kloppen en roepen. De melder weet dat zijn vriend het leven niet altijd even rooskleurig meer inzag, dus we moeten een zelfmoordpoging in ons achterhoofd houden.

Jordie trapt het gas in, en dat kan hij goed. Met gierende banden gaan we die kant op. We vliegen over de drempels en hobbels en ik copiloot zoals altijd mee: 'Rechts is vrij!' roep ik veel te blij.

Het blijft heerlijk om met gierende banden door de stad te vliegen. Begrijp me niet verkeerd: het mag snel, maar het moet niet gevaarlijk zijn. Ik ben een keer letterlijk bij een collega uitgestapt omdat hij geen vaart minderde, zelfs niet nadat ik tot twee keer toe iets over zijn te gevaarlijke rijstijl zei.

Bij Jordie zit ik altijd vol vertrouwen op de bijrijdersstoel, met een grijns op mijn smoel. Want eerlijk is eerlijk: we zijn onderweg naar een melding waar we – hopelijk – echt het verschil kunnen maken, dat is voor mij altijd de reden geweest om bij de politie te willen werken. De adrenaline die dan opkomt, daar kan ik echt van genieten. Daar kan vrijwel niets tegenop.

De gracht waar we moeten zijn is smal. Een auto past er nog net, maar dan is de gracht wel vol. Jordie zet de auto vrij strak langs de kant, zodat er op zijn minst nog een scooter of een fiets langs kan en er genoeg ruimte is voor de brandweer en een ambulance. De brandweer komt eventueel helpen met het openen van de deur, want wij hebben alleen een zogenoemde bonk, een soort stormram die we gezellig roze hebben geverfd. Het grovere geschut van de brandweer is soms nodig om bij echt goed afgesloten woningen binnen te komen.

Samen met de 1109, de bus van ons bureau, zijn we ter plaatse. Ik trek snel de aed uit de achterbak, voor het geval er gereanimeerd moet worden. We rennen de trappen op.

'Het is ook nooit op de begane grond, hè!' hoor ik een van mijn collega's hijgend zeggen.

Een paar tellen later staan we bij het raam waardoor de melder de man heeft zien liggen. Snel kijken we naar binnen. Het ziet er niet best uit.

Een collega klimt op het raamkozijn en na een zetje van ons staat ze al snel binnen. Ik ga erachteraan en zit bijna met mijn kont klem in het raamkozijn, maar het gaat gelukkig net goed.

We staan in de slaapkamer en het is direct duidelijk. De man is al helemaal koud en lijkstijf. We checken nog een keer goed op eventuele hartslag of ademhaling, maar hij is echt overleden.

Op het nachtkastje van de man ligt allerlei medicatie. Aangezien de melder het al over een mogelijke zelfmoord had, kijken we hier direct naar. Er liggen diverse tabletten tegen maagzuur, diazepamtabletten (kalmerend en spierverslappend) en paracetamol. Ook staat er een glas met nog een beetje wit spul op de bodem. De alarmbellen in mijn hoofd gaan af, zeker als ik een vel papier zie liggen: de gebruiksaanwijzing voor een zelfmoordpoeder. Ik weet dat het al dodelijk is bij een kleine hoeveelheid, en het schijnt zelfs gevaarlijk te zijn bij alleen al contact. Gelukkig hebben we de man niet met blote handen aangeraakt, en we zijn extra voorzichtig met de gebruikte handschoenen.

De melder is flink geschrokken. Logisch natuurlijk. We hebben met de man te doen. Hij ziet een klein legertje politieagenten het huis van zijn vriend binnengaan en ons vervolgens met slecht nieuws terugkeren. Dat gun je niemand. Ook al heeft de man volledig zelf gekozen voor dit einde van zijn leven, toch is het verdrietig voor de mensen die om hem geven.

De melder vertelt dat er nog een gesprek gepland stond met een psycholoog, en dat er nog een ander hulptraject was dat snel zou starten. Helaas niet snel genoeg.

Ik vind het mooi hoe de buurvrouw hem opvangt. Ook zij is flink geschrokken, maar ze biedt direct steun.

Vanwege dat zelfmoordpoeder lijkt de doodsoorzaak vrij duidelijk, maar in politietermen noemen we dit een onnatuurlijke dood. In deze gevallen komen de recherche en Forensische Opsporing voor onderzoek.

Ik moet toegeven dat zo'n poeder een vriendelijke manier van zelfmoord lijkt te zijn. Misschien is 'vriendelijk' niet helemaal de juiste omschrijving, maar voor iedereen die met een overledene te maken heeft, is dit een stuk minder heftig om te zien dan iemand die voor de trein of van een gebouw is gesprongen, zich heeft opgehangen of door het hoofd heeft geschoten.

Deze man heeft een kunstgebit dat niet helemaal goed op zijn kaak aansluit, waardoor het er een beetje luguber uitziet. Maar we zien zoveel andere manieren van de dood dat deze best vredig lijkt, hoewel ik natuurlijk niet weet hoe het voelt en of het een beetje een snelle en humane dood is.

Michiel, de chef van dienst, is gearriveerd en checkt hoe het met ons gaat. Wij staan alweer flauwe grappen te maken en worden gewezen op het feit dat we dit wel écht zachtjes moeten doen. Want we willen natuurlijk niemand met deze humor kwetsen. Michiel is zelf ook van de grappen en grollen. Zijn beste grap bij mij was het strakker maken van mijn koppel, terwijl ik even naar het toilet was. Toen ik hem dicht wilde klikken, dacht ik dat ik gek was geworden. Pas toen Michiel 'Wat zit je koppel lekker strak, Liek' tegen me zei, had ik het door. Tot op de dag van vandaag lachen we er smakelijk om, maar als het op zorg en verantwoordelijkheid aankomt en er gewerkt moet worden, is Michiel lief en betrokken.

'Ik maak een MIG op en we gaan straks even debriefen, ' zegt hij.

'Ik heb de laatste tijd meer MIG'jes dan aanhoudingen,' grapt Jordie, doelend op een eerdere zelfmoordmelding deze week.

Jordie zegt het enigszins grappend, maar het is wel een van de redenen dat MIG-formulieren bestaan. Als ik in korte tijd veel MIG'jes heb, zoals we ze noemen, dan kan mijn zorginspecteur Misha even een gesprek met me aangaan.

Als er in al die jaren dat ik nu bij de politie werk iets is verbeterd, dan is het de personele zorg. En ook zeker het gewoon kunnen praten over ingrijpende gebeurtenissen: even aangeven dat je niet zo lekker in je vel zit, dat je wat rust nodig hebt. Het kan allemaal. Ik vind dat we daar als politieorganisatie trots op mogen zijn. Ik weet dat het altijd beter kan en er op sommige gebieden echt nog wel een wereld te winnen is, maar in de tijd die ik bij de politie werk is het al enorm verbeterd.

Als al het papierwerk rondom de melding is geregeld, roept Jordie via Facetime traditiegetrouw zijn ouders op.

'Haai vaders!' schreeuw ik in de telefoon zodra Jordies vader opneemt.

'Haai dochter!' zegt hij lachend.

Ze zitten lekker op het strand te relaxen en ook Jordies broertje komt nog even in beeld. We kletsen een paar minuten, tot er abrupt een eind aan het gesprek komt: 'Nou, wij gaan even een broodje eten!'

'Kusjes!' roepen Jordie en ik tegelijkertijd.

Het is fijn om een *extended* blauwe familie te hebben.

26

Ik herken dat blauwe touwtje

Werkplek: cellencomplex hoofdbureau
Functie: surveillant

Triggerwaarschuwing: dit verhaal bevat content over zelfmoord. Ben je of ken je iemand die hulp nodig heeft bij het vinden van ondersteuning en crisishulp? Aarzel dan niet en neem contact op met 113 Zelfmoordpreventie. Anoniem en vertrouwelijk. Als je op het punt staat zelfmoord te plegen, mag je ook 112 bellen.

Vandaag heb ik een middagdienst waar ik totaal ongemotiveerd naartoe ga. Ik heb gisteren met een collega een gesprek gehad over seksuele geaardheid en heb nog steeds een baksteen in mijn buik. Hij vindt me een onwijs lieve, hardwerkende en fijne collega, maar omdat ik op mannen en vrouwen val, zou hij als ik zijn dochter was geweest 'met me op vakantie gaan en pas terugkomen als ik weer normaal was'.

Ik zal die woorden nooit vergeten. We hebben gepraat tot we bijna ruzie kregen: hij begrijpt mij niet en ik hem niet, en dat terwijl we wel echt fijn met elkaar kunnen samenwerken. Hij is een keiharde werker, professioneel en bij iedereen betrokken. Ik bewonder zijn ontwapenende houding als hij een situatie de-escaleert en hij heeft ook nog eens de humor en het soort sarcasme waar ik van houd.

Toen hij gisteren die uitspraak deed over mijn biseksualiteit is er iets gebroken. En misschien niet eens voor mijzelf, maar vooral voor de toekomst. Voor zijn toekomstige kinderen, want hij wil ontzettend graag vader worden. Maar wat nu als hij een kind krijgt dat niet hetero is? Daar zou hij dan mee op vakantie gaan tot het kind weer normaal was. Maar wat is dan verdomme 'normaal'? Het maakt me verdrietig, boos en teleurgesteld. Je kunt op wereldreis gaan met je kind, maar zijn of haar seksuele geaardheid zul je niet veranderen. Je seksuele geaardheid is geen keuze.

Mijn collega had hier geen boodschap aan, merkte ik al snel. Hij is met deze overtuiging opgevoed en opgegroeid, en zal die zo doorgeven aan zijn kinderen: een relatie hoort tussen een man en een vrouw te zijn. Hij vertelde me ook, alsof het daarmee allemaal goed was, dat hij verder geen mening had over mijn biseksualiteit. Maar het was duidelijk dat dat alleen maar is omdat ik zijn kind niet ben. Niet zijn zorg, niet zijn probleem. Ik hoopte ineens oprecht dat hij nooit kinderen zou krijgen, terwijl hij me een fantastische vader lijkt.

Na dat gesprek gisteren heb ik mijn hart uitgestort bij een collega van wie ik weet dat hij goed kan relativeren, in de hoop dat hij mij met zijn rust en geduld weer terug in mijn kracht kon zetten. Hij was van mening dat ik het gewoon moest laten gaan, dat ik waarschijnlijk niets aan zijn gedachtegang of ideeën kan doen. Ik heb het geprobeerd, met alles wat ik in me heb. Maar schijnbaar zit de pijn dieper dan ik dacht, want ik ben vandaag zonder enige motivatie opgestaan en voel me allesbehalve in mijn kracht.

Het lukt me niet om de knop om te zetten. Ik voel me leeg, moe en vol opgekropte woede. Vreemd genoeg neem ik de collega van gisteren niets kwalijk: hij is zo opgevoed en opgegroeid. Ik neem het mezelf echter kwalijk dat ik me dit zo aantrek en vandaag zo met mijn ziel onder de arm door de cellengangen sjok.

Humeurig en wel breng ik koffie en thee rond en ik kom aan bij de OBS, de observatiecel. In deze cel wordt alles waarmee een arrestant zichzelf in gevaar kan brengen of verwonden (tijdelijk) afgenomen. Als iemand in de OBS een broodje pindakaas wil, dan smeren wij dat, want in verband met de veiligheid mag er zelfs geen roer- of smeerstokje de cel in. Ook wordt alles vierentwintig uur per dag gefilmd, zodat we kunnen kijken of het goed gaat met de OBS'er. Dit is een grote inbreuk op iemands privacy, dus we moeten aan de dienstdoende hulpofficier van justitie toestemming vragen om iemand in de OBS te plaatsen. In de overige cellen gaat de camera alleen aan als de arrestant bijvoorbeeld contact met ons zoekt via de intercomfunctie in de cel.

Vandaag zit er een vrouw in de observatiecel. Ik heb geen idee waarom ze in de OBS zit en heb haar de hele dienst nog niet gehoord. Voordat ik het luikje opendoe om koffie of thee aan te bieden, kijk ik door het spionnetje naar binnen, om te voorkomen dat ik door het luikje wordt verrast door een rochel, een beker pis of iets anders wat sowieso mijn humeur niet gaat verbeteren.

De vrouw zit in haar scheurpak in een hoekje weggedoken. Een scheurpak is een pak dat speciaal bedoeld is voor onder andere suïcidale mensen: je kunt het pak niet gebruiken om je mee op te hangen of te verwurgen want – de naam zegt het al – het scheurt.

'Mevrouw, wilt u iets drinken? Ik heb koffie en thee.'

Stilte. Misschien spreekt ze geen Nederlands.

'Hello! Would you like some coffee or tea?' probeer ik.

Wederom stilte. De vrouw beweegt geen millimeter. Ze zit met haar beide handen voor haar gezicht. Ik hoor haar niet huilen en zie ook geen schokkende schouders.

Enigszins twijfelend probeer ik nog een paar keer een reactie bij haar los te krijgen. Ik moet gniffelen om mijn eigen gedachten, want die maken er al een scenario van waarin de vrouw opspringt en ik me helemaal de kolere schrik. Maar de vrouw geeft geen krimp, ze zit doodstil en ineengekrompen in de hoek.

Ik loop naar de securitydesk, maar de collega zit niet op zijn plek: hij loopt mopperend rond met de zogenaamde lijkenspray. Ik weet de echte naam van het goedje niet eens, maar we gebruiken de lijkenspray om de geur in een ruimte die stinkt iets te veraangenamen. Het cellencomplex is een continue verzameling van smerige geuren: kots, bloed, pis, daklozen die maanden niet gedoucht hebben, zweetvoeten, oud bier, natte hond, oud zweet, en af en toe echt een lijkengeur.

Ik vraag de collega met de spray in zijn hand om even mee te lopen naar de OBS'er. Hij zegt dat de verwarde vrouw in observatie zit omdat ze zichzelf thuis had opgesloten en geprobeerd heeft haar huis in de fik te steken. Een zelfmoordpoging dus, maar een waarmee ze ook haar buren in gevaar heeft gebracht. Ze zou Nederlands moeten spreken en is tot nu toe steeds aanspreekbaar geweest. Vreemd dus…

We treffen haar in precies dezelfde positie als waarin ik haar achterliet. Ze lijkt geen centimeter te hebben bewogen. We roepen haar nog meerdere malen en geven dan aan dat we de cel in komen als ze geen teken van leven geeft.

Er zijn inmiddels nog twee collega's bij gekomen, en we gaan haar cel in. Op dat moment draait de vrouw zich abrupt om. Ik heb niet eens tijd om te schrikken, want direct erna moet ik een paar keer met mijn ogen knipperen om te zien of het wel klopt wat we zien.

Er hangt een lichtblauw touwtje uit haar mond.

What the fuck… Het dringt langzaam tot me door. Ik herken dat touwtje. De vrouw zit vol overgave op een tampon te zuigen!

Ze zit in een scheurpak en is grondig gefouilleerd, dus de kans dat ze op een 'nieuwe' tampon zuigt is heel klein. Ik kokhals bijna als ik haar vacuümgezogen wangen zie.

'Wat is dit dan weer?' hoor ik naast me vol verbazing.

'Fucking hell, wat goor,' stamel ik, en ik voel mijn maaginhoud naar boven komen. Je kent dat gevoel misschien wel, het speeksel dat vlak voor je moet overgeven je mond in komt. Ik probeer het verwoed weg te slikken.

We zitten, afgezien van het feit dat het vrij smerig is om te zien, echter direct met een praktisch probleem: de vrouw mag niet op de tampon blijven zuigen, want ook dat is gevaarlijk voor eventuele verstikking en dus een manier om zich van het leven te beroven.

We negeren onze kokhalsreflexen en praten op haar in om haar over te halen de tampon uit te spugen in het kartonnen bekertje dat mijn collega snel naast haar heeft neergezet.

Ze lijkt gedissocieerd en we krijgen geen enkel contact met haar. Ik wil haar bijna smeken, zo weinig zin heb ik om de tampon onder dwang uit haar mond te moeten trekken.

Gelukkig hoeft dat niet, want ineens horen we een zacht plopgeluid. De tampon bungelt aan het touwtje en de vrouw laat hem met trots aan ons zien.

Mijn vermoedens bleken juist: het is een gebruikte tampon. We kokhalzen met zijn allen opnieuw, dit keer met geluid.

Altijd als ik denk dat het niet gekker kan, dan kan het toch nog gekker. Zo gaat het jaar na jaar. Het kan ook nooit normaal, werkelijk nooit.

Gelukkig stopt de vrouw de uitgezogen tampon zelf in het bekertje. Ze glimlacht naar ons alsof er niks aan de hand is.

Ik vertel dit verhaal nog altijd als er ranzige verhalen worden opgerakeld tijdens de dienst. Maar het blijft treurig. De vrouw had al meerdere zelfmoordpogingen gedaan, en ergens ben ik bang dat dit niet de laatste was. De geestelijke gezondheidszorg in Nederland is al jaren stroef. Het ligt in mijn ogen niet aan de mensen die er werken, maar aan de hoeveelheid bedden en de personele capaciteit. Er zijn in de loop der jaren ontzettend veel mensen met de politie in aanraking gekomen, terwijl ze eigenlijk geestelijke hulp nodig hadden. Soms raken wij er als politie moedeloos van. Het verloopt zo stroef, het duurt vaak zo lang en er zijn zo ontzettend veel mensen 'niet gek genoeg', zoals we dat dan noemen. Zodra ze bij de Spoedeisende Psychiatrie worden 'ontslagen', komen wij ze weer tegen in een crisissituatie. Soms niet eens een dag later.

We vragen ons weleens af wat er dan wel moet gebeuren, hoever het uit de hand moet lopen voor iemand passende hulp krijgt. Laatst hoorde ik nog een collega gefrustreerd roepen: 'Hij moet eerst iemand vermoorden, dan nemen ze hem vast wel op bij de SPOR.' SPOR staat voor Spoedeisende Psychiatrische Onderzoeksruimte. Het was pure frustratie, maar ik begrijp hem maar al te goed. Ik roep zelf vast en zeker grovere dingen, want het moet echt anders. Er moet meer geld naar de geestelijke gezondheidszorg. Er is een groter en sneller vangnet nodig, en snellere hulpverlening op maat.

We kampen ook vaak met mensen die we 'zorgmijders' noemen: personen die alle aangeboden hulp weigeren, maar wel hetzelfde gedrag of psychische ziektebeeld blijven vertonen. Een bijkomend probleem is de overlast die sommige van deze mensen geven. Zoals een man met ontbloot bovenlijf die al schreeuwend over het Damrak loopt en mensen laat schrikken door met opgeheven handen op ze af te lopen, alsof hij een spook is. Hij maakt er allerlei angstaanjagende geluiden bij, en in combinatie met zijn onverzorgde uiterlijk is het plaatje 'compleet': de politie wordt gebeld.

De meldkamer neemt de melding aan en zet hem bij ons uit als 'overlast persoon'. In de melding staat er dan iets als: 'Man, onverzorgd uiterlijk en ontbloot bovenlijf, schreeuwt en valt voorbijgangers lastig.'

Ter plaatse vraag je zo iemand om zijn identiteitsbewijs, om te kijken of hij bij ons bekend is, of hij vaker dit soort gedrag vertoont. Als je mazzel hebt werkt zo'n man mee, als je pech hebt heeft hij geen identiteitsbewijs bij zich. In dit geval konden we de man natrekken en bleek hij al twee keer eerder 'overlast door verward/overspannen persoon' op zijn naam te hebben staan in de politiesystemen. Hij is beoordeeld door de SPOR, maar zij vonden hem 'niet gek genoeg'.

Ik heb daar verder geen verstand van, maar wat ik wel heb is straatervaring. De ervaring leert dat deze man dan misschien niet 'gek genoeg' is voor behandeling, maar ook niet voldoende functioneert in de maatschappij. Als je de man vraagt waarom hij schreeuwt en mensen lastigvalt op het Damrak, dan zal hij antwoorden dat dat niet zo is. Kort gezegd komt het hierop neer: we kunnen er vrijwel niets mee en hij komt in de categorie 'nieuwe overlastplegers in ons gebied'.

Hij is niet de eerste en zal niet de laatste zijn. En als hij onze bemoeienis door bijvoorbeeld vierentwintiguursverboden uiteindelijk vervelend vindt worden, vertrekt hij naar een andere wijk of een ander stadsdeel. Maar het probleem verplaatsen is natuurlijk geen oplossing, dat is hetzelfde als alle troep in een kast proppen en de deur dichtdoen: je ziet het niet meer, maar het is nog steeds een rommeltje.

We kunnen zo iemand bekeuren of een gebiedsverbod geven, en dat gebeurt soms wel, maar ik vind dat niet de juiste oplossing voor iemand die geestelijke hulp nodig heeft. Ik weet dat veel collega's het met me eens zijn, maar voordat iemand gedwongen geestelijke hulp krijgt, moet er in Nederland heel wat gebeuren.

En tot die tijd wordt er naar de politie gekeken. Want waarom doen we er niets aan?

Mijn rothumeur door de vervelende discussie met mijn collega gisteren ben ik door de bizarre casus met de tampon alweer vergeten. Dat is ook het mooie van ons werk: de waan van de dag wint altijd.

Alweer lachend loop ik door de naar lijkenspray stinkende gang, op weg naar de chef van dienst om dit incident te melden. Want zolang ze bij ons zit, zullen we deze vrouw goed in de gaten moeten houden en wat extra aandacht moeten geven.

'Wij vinden dit niet raar. Wij vinden dit bijzonder!' roep ik naar mijn collega. Hij maakt een overgeefgeluid en lacht naar me.

27

Masseren

Werkplek: Amsterdam-Centrum
Functie: hoofdagent

Het is een relatief rustige dienst in lockdowntijd. Ik scrol door mijn eeuwig onoverzichtelijke mailbox, op zoek naar dat ene mailtje dat ik nog moest beantwoorden. Een paar keer per jaar bedenk ik dat alles beter moet, georganiseerder. Toch eens die ene stille nachtdienst gebruiken om mijn mailbox goed op te schonen. Maar nee, ik ben liever op straat. Zelfs als het doodstil is.

Ineens klinkt het uit de portofoon: 'Kunnen er een paar collega's naar de lift komen?' Omdat zo'n oproep meestal betekent dat een verdachte zich in de lift aan het verzetten is, spurt ik erheen.

Als ik bij de lift aankom, gaan de deuren net open. Ik help de collega's van het transport om de scheldende en niet meewerkende verdachte naar een van de dagverblijven te begeleiden. Omdat hij nog gefouilleerd moet worden, leggen we hem op zijn buik.

'Meneer, we willen u alleen maar even fouilleren,' zeg ik. 'Als u even stil blijft liggen, is het zo gepiept.'

Hij blijft protesteren. 'Blijf met je poten van me af. Ik ga verdomme al jullie moeders neuken. Klootzakken!'

Ondanks zijn protesten lukt het ons om hem te fouilleren.

Ik probeer een beetje contact met de man te krijgen. 'Mijn naam is Lieke, wat is uw naam?'

'Dat gaat je geen ene moer aan.' Hij spuugt de woorden in mijn gezicht.

'Goed, laat maar dan.' Ik rol met mijn ogen naar mijn collega Leon. Hij schudt een beetje vermoeid zijn hoofd, een soort van 'het is weer eens zover'-momentje.

Dan begint de man te gillen. 'Ik wil nú mijn advocaat. Bel die advocaat. Hij gaat jullie allemaal kapotmaken.'

'We gaan uw advocaat zo meteen bellen, meneer. We zijn nog niet klaar met fouilleren en zo,' zeg ik.

'Houd je kankerbek!'

Ik zou hem wel opvoedkundig kunnen vertellen dat het gebruik van het woord 'kanker' heel pijnlijk kan zijn, maar ik bespaar mezelf de moeite.

Leon doet nog een poging: 'Meneer, hoe heet u?'

Het antwoord laat wederom te wensen over. 'BEL MIJN KANKERADVOCAAAAT. HIJ MAAKT JULLIE KAPOT!'

We proberen de man rechtop te laten zitten of staan, zodat we ook zijn buik kunnen fouilleren. Vaak dragen verdachten die op de Wallen worden aangehouden een mes bij zich. Als je hun vraagt waarom, dan is het antwoord meestal: 'Zelfverdediging', of: 'Iedereen heeft een mes.' Zo komen we natuurlijk nooit van die messen af.

De bittere waarheid is dat er met regelmaat steekpartijen zijn. En messen worden ook vaak gebruikt voor bedreigingen en straatroven. Regelmatig hebben verdachten een mes in bijvoorbeeld hun broeksband verstopt, vaak met een geïmproviseerde hoes van ducttape om het lemmet.

'Meneer, als u nou gewoon rustig overeind komt zitten. We moeten nog even bij uw buik masseren.'

Masseren. Uw buik masseren. We moeten nog even bij uw buik masseren. Tegen een verdachte. Ja. Dat zei ik. En alsof het nog niet beschamend genoeg was, zeg ik het gewoon nog een keer: ‘Werk nou even mee. We moeten nog even bij uw buik masseren!’

Leon kijkt me met een kronkel in zijn wenkbrauw aan.

Dan besef ik wat ik uitgekraamd heb, en ik kan wel door de grond zakken. Ik voel het bloed naar mijn hoofd stijgen. Ik weet dat ik daar nu sta met een knalrode kop.

Nog even denk ik: die verdachte is zo naar de klote van de drank en drugs. Hem is het vast niet opgevallen.

Totdat hij vol zichtbare walging zegt: ‘Rot op, ik wil niet door jullie gemasseerd worden!’

Prompt breekt het zweet me uit. Ik moet dit rechtzetten, en snel ook. Misschien moet ik doen alsof ik dit nooit gezegd heb? Nee, ik heb het verdomme nog herhaald ook, en de verdachte reageerde erop, dus ik kan nu niet doen alsof mijn neus bloedt.

Ik haal diep adem: ‘Meneer, sorry! Ik zei masseren, maar ik bedoelde natuurlijk fouilleren. We moeten nog even bij uw buik fouilleren.’ En ik leg de nadruk op ‘fouilleren’. Ik articuleer alsof mijn leven ervan afhangt, want ik schaam me kapot.

Gelukkig doen de collega’s alsof ze niets gehoord hebben. Maar als de man uiteindelijk gefouilleerd en wel in het dagverblijf zit en we de deur dichtdoen, kan Leon het niet laten om nog even een paar grappen te maken: ‘Is het je type, Liek? Hij heeft vast een heerlijke buik om te masseren.’

Ik schud mijn hoofd vol schaamte en even weet ik niks uit te brengen.

Ik had eigenlijk nog wel honderd grappen verwacht van Leon. Maar misschien maakt-ie ze niet omdat hij weet dat ik door de restklachten van mijn hersenschudding soms niet uit mijn woorden kom. Hij moest zich vast inhouden.

Ik app mijn maatje Patrick, die in Limburg bij de politie werkt.

Regelmatig appen we elkaar met toffe verhalen, maar ook over momenten als dit.

Patricks eerste reactie op mijn bericht is de vraag of ik écht 'masseren' zei of dat dat een typfout was in mijn berichtje aan hem. Als ik hem app dat ik toch echt – zelfs tot twee keer toe – 'masseren' zei en het niet slechts dacht of dat het een typfout was, stuurt hij terug dat hij heel hard moest lachen en: Waar het hart van vol is...

Patrick hoeft zich niet in te houden.

28

Hoarder

Werkplek: Amsterdam-Centrum
Functie: hoofdagent

Midden in coronatijd is er in onze wijk niet veel te beleven. Mijn collega Ilona en ik doen beiden onze administratie en kletsen ondertussen de oren van ieders kop. We hebben de portofoon aanstaan en als er buiten iets gebeurt, sprinten we zo de trap af terwijl we roepen: 'Kunnen we zo zijn!'

Maar dat gebeurt niet. Tegen één uur 's nachts stappen we de auto in voor een paar geluidsoverlastmeldingen. We veroorzaken ondertussen zelf al meezingend met de radio ook geluidsoverlast: wat een kattengejank komt er uit onze smoel. Diensten met Ilona zijn altijd fijn.

Maar dan komt er een echte hulpverleningsmelding: of we de ambulance willen ondersteunen. Debby en haar collega's van de ambulance hebben ons nodig. Debby is altijd in voor een geintje, maar vandaag is ze bloedserieus. Het gaat om een ernstig vervuilde woning van een ouder stel, en de man is gevallen. Hij is niet alleen gevallen, maar schijnt daar ook al drie hele dagen te liggen, in zijn eigen uitwerpselen. Het is een mensonterende situatie en niemand snapt wat er nu precies aan de hand is, maar de man leeft gelukkig nog wel.

Hij moet uit deze benarde positie gered worden en naar het ziekenhuis gebracht worden, maar de grote vraag is: hoe? De brandweer vragen de man via het raam af te hijsen zou een goede optie zijn, maar dit huis is volledig volgestouwd met troep: de ramen zijn niet eens zichtbaar door de hoeveelheid opgestapelde spullen. We kunnen amper bij de man komen, laat staan met twee man en een brancard. De woning stinkt en overal waar je kijkt, staat het tot schouderhoogte of hoger volgebouwd. Dit is echt tetris voor gevorderden.

We kijken even vol ongeloof om ons heen. Het is een uitdaging, maar met de Evac+Chair moet het lukken om de man de trap af te 'rijden'. De evacuatiestoel is speciaal ontworpen om trappen mee af te kunnen gaan, maar ook deze stoel heeft enige ruimte nodig. En hoe maak je ruimte in een woning waar waarschijnlijk vijf jaar geleden al geen ruimte meer was?

Ilona geeft mij wat spullen aan, en ik geef ze een plekje ergens anders. We stapelen de boel hoger en hoger om ruimte te maken: een familieverpakking met zes pakken ontbijtkoek, een voordeelverpakking schoonmaakdoekjes, een vaas met plastic fruit, een stapel papieren servetten met kerstprints en iets wat lijkt op een vibrator maar een Tel Sell-keukenapparaatje blijkt te zijn. Samen verplaatsen we van alles en nog wat en in no time hebben we een doorgang gemaakt die precies breed genoeg is om de evacuatiestoel naar de voordeur te kunnen rijden.

Er hangt een doordringende geur van ontlasting, maar dat ruiken we niet voor het eerst, daar kijken we niet meer van op. Het huis is ontzettend vol en smerig; als je me zou vertellen dat er twee lijken van een jaar oud verstopt zouden liggen, zou ik het direct geloven.

We praten even met de bewoonster over hoe het zover heeft kunnen komen. Het is een wat oudere vrouw en Ilona informeert voorzichtig maar kundig of ze wel voor zichzelf kan zorgen. 'Kunt u bijvoorbeeld nog koken?' vraagt Ilona.

De vrouw wijst naar het aanrecht en vertelt dat ze gewoon goed eten. Wij hebben er een beetje onze twijfels bij, maar het aanrecht ziet er naar omstandigheden redelijk uit, dus wie weet.

De kleren die de man en de vrouw aanhebben, zijn duidelijk al een tijdje niet gewassen en zeker niet fris meer.

'Hoe doen jullie het met douchen, en de was en zo?' informeert Ilona.

'Ja, dat is wel lastig, maar we doen ons best.'

Ilona heeft het talent om mensen in hun waarde te laten maar ondertussen wel moeilijke of soms gênante vragen te stellen. Ze verzamelt moeiteloos de informatie die we nodig hebben. Ik sta ernaar te kijken en denk: *watch and learn*, Liek, voor je weer eens lomp doet.

Ilona vraagt of ze weleens hulp heeft gehad met opruimen, maar hoe langer we met haar praten, hoe verwarder ze overkomt. Ze is vooral bezorgd om haar man, ook al vind ik dat lastig te rijmen met het feit dat hij er al een paar dagen lag. Misschien is het dementie.

We noteren de gegevens van de vrouw en stellen haar gerust. Haar man is in de allerbeste handen en er wordt goed voor hem gezorgd.

Er is echter nog iets waarvoor gezorgd moet worden: de leefbaarheid in deze woning. Of eigenlijk het gebrek daaraan.

Dit soort ernstig vervuilde woningen komen we gelukkig maar af en toe tegen. De bewoners zijn vaak hoarders, zoals we dat noemen: mensen die van alles en nog wat blijven kopen en verzamelen. Vaak loopt dat langzaam uit de hand, want met zijn tweetjes maak je natuurlijk niet snel een grootverpakking met honderden theezakjes op, en twintig pakken koffie vliegen er ook niet per se doorheen in een tweepersoonshuishouden. Zonder het te gebruiken of er een fatsoenlijke opbergplek voor te hebben, stapelen alle koopjes zich dan op. Men gooit ook niets meer weg, omdat het een dwangmatige verzamelwoede is. Uiteindelijk ontstaat er een groot schaamtegevoel, en dat gaat dan weer hand in hand met sociale isolatie.

Dit geldt ook voor deze casus. Los van het feit dat deze situatie niet leefbaar is, is het ook ontzettend gevaarlijk. Deze rommel is niet heel brandveilig, en de aanwezigheid van ongedierte en het gebrek aan doorluchting maken het ongezond om hier te leven.

Samen met de GGD en de wijkagent zullen we alles in werking stellen om deze mensen te helpen, maar eerst moet de man de medische hulp krijgen die hij nodig heeft.

Als de man eindelijk bevrijd is uit zijn benarde positie gaan Ilona en ik nog even met Debby en haar collega's mee naar de ambulancepost. Met een kop thee erbij praten we midden in de nacht op het stille balkon van het ziekenhuis even na over de casus. We maken duidelijke afspraken over wie wat doet, zodat er hulp komt voor dit stel, dat niet langer in deze onveilige en ongezonde situatie kan blijven wonen.

Een paar uur later worden we opgeroepen via de portofoon. Of we even willen bellen.

Dat is geen goed nieuws. Als er een oproep binnenkomt die begint met 'Willen jullie even bellen met…', dan is dat vrijwel nooit een leuk telefoontje. Zo heb ik meegemaakt dat de meldkamer me op mijn kop gaf omdat ik te brutaal of te grof was over de portofoon, ik te horen kreeg dat ik een of andere rotklus moest doen zoals iemand urenlang bewaken in een ziekenhuis, bijvoorbeeld, of een ingewikkelde aangifte waar ik urenlang zoet mee was.

Sinds twee jaar is daar een nieuwe optie aan toegevoegd: je bent in contact geweest met een coronapatiënt. Op het moment dat ik daaraan denk, krijgt Ilona al een appje binnen. Het is Debby van de ambulance, de man van de melding uit de woning is positief getest op corona.

We schelden de hele boel bij elkaar, want dit betekent dat we vijf dagen in quarantaine moeten. Gelukkig luistert de meldkamer niet mee, want anders hadden we zeker weten nog een belletje moeten doen wegens grof taalgebruik.

We rijden terug naar het bureau en blèren nog even lekker hard mee met de muziek. Wat een gezeik. We proppen ons uniform in een vuilniszak om thuis te wassen en ontsmetten onze schoenen met een alcoholspray waar je volgens mij geen leer mee mag reinigen, maar daar halen we lachend onze schouders over op.

Mopperend en wel gaan Ilona en ik allebei naar huis. Vijf dagen en een negatieve test later zijn we er weer.

29

'Je mag aan mijn pik zuigen'

Werkplek: Amsterdam-West
Functie: surveillant

'Je mag aan mijn pik zuigen, kankerhoer.' De man kijkt me uitdagend aan.

Ik vind het een bijzonder antwoord op een vrij simpele vraag van mijn kant. Ik vroeg hem om zijn rijbewijs omdat ik hem een bekeuring wilde geven voor het negeren van drie rode verkeerslichten en het bijna overhoop rijden van een oude vrouw bij een zebrapad.

Ik heb altijd wel een snel antwoord klaar, maar deze keer even niet. Ik sta er een beetje beteuterd bij, maar herpak me snel. In plaats van een simpele bekeuring wordt het een aanhouding voor belediging.

De licht ontvlambare man blijft schelden en tieren. Hij was al te laat voor zijn eerste 'kankerafspraak' en heeft geen tijd voor mijn 'kankeronzin'.

Mijn geduld met deze kerel is op. Ik kan het niet nalaten hem te melden dat het uitzicht vanuit zijn cel de komende uren misschien minder adembenemend zal zijn dan dat vanuit zijn kantoor op de Zuidas, maar dat de geur in het cellencomplex dat wel zal zijn. Adembenemend smerig.

Ik weet dat het vandaag op het cellencomplex nog erger stinkt dan normaal, omdat ik er een uur geleden nog ben geweest. Vanochtend is een van de bekendste, of beruchtste, daklozen van Amsterdam binnengebracht. Zijn penetrante lucht ruik je al bij de hoofdingang en dringt tot in alle hoeken en gaten door. Hij weigert al wekenlang te douchen en heeft een rottende vleeswond aan zijn been. Deze geur ontgaat niemand, en ook zeker de neus van meneer Zuidas in driedelig pak niet.

Na een aantal uur wordt hij verhoord. In het verhoor lees ik dat hij vond dat ik hem 'gewoon' lastigviel door naar zijn rijbewijs te vragen. Ik had die boete namelijk ook op zijn kenteken kunnen schrijven. Daar heeft hij gelijk in. Veel boetes kun je en mag je schrijven zonder aanwezigheid van de bestuurder van een voertuig. Politioneel noemen we dat 'op kenteken'.

Op de vraag waarom hij had gezegd dat ik aan zijn pik mocht zuigen, antwoordt hij dat hij dat 'gewoon een uitdrukking vond'. Hij snapt niet dat ik dat als beledigend opvat. 'Kankerhoer' had-ie in een opwelling gezegd, dat had hij natuurlijk niet zo bedoeld, en hij begrijpt niet waarom ik hem daar zo hard voor aanpak.

Gelukkig is hij de enige die dat niet begrijpt. Justitie geeft hem een boete van een paar honderd euro. Hij wekt niet de indruk dat dat hem veel zorgen baart of dat hij iets van deze boete zal leren. Maar dat is een ander verhaal.

In al mijn jaren bij de politie ben ik al talloze malen beledigd. We noemen dat 'belediging van een ambtenaar in functie'. Iedere politieagent 'mag' zelf weten hoe hij of zij met beledigingen omgaat. Bij mij verschilt het een beetje wat ik ermee doe. Ik vind de omstandigheden belangrijk. Laat ik me uitschelden terwijl er allemaal mensen om me heen staan? Nee, zeker niet. Maar houd ik iedereen aan die wat lelijks tegen me zegt? Nee, ook zeker niet.

Als vrouw bij de politie krijg je niet alleen te maken met beledigingen, maar ook vaak met seksueel getinte opmerkingen of ander seksueel grensoverschrijdend gedrag in de vorm van gebaren of geluiden, die uiteraard ook beledigend zijn. Soms kun je daar met een scherp weerwoord gewoon tegenin gaan, en dan is het klaar. Een andere keer ga ik het gesprek aan.

Een van de dingen die ik tegenwoordig vaak doe, is vragen wat iemand ervan zou vinden als er zoiets tegen of over zijn zus gezegd zou worden. Als iemand dan direct 'Begin niet over mijn zus!' roept, dan weet je het al: het is zo iemand die denkt dat hij alles zonder consequenties mag roepen of doen. Maar met regelmaat levert het een goed gesprek op. Ik leg dan uit dat ik aan het werk ben, zijn opmerkingen echt respectloos zijn en dat ik er niet van gediend ben. Soms werkt dat en is het genoeg. Ik zet dan vaak nog wel in de politiesystemen wat er is gezegd of gebeurd. Mocht het een volgende keer gebeuren, dan is er in ieder geval vastgelegd dat het niet de eerste keer is.

Soms gebeuren er ook 'mooie' dingen. Toen ik een keer iemand aansprak op een seksueel getinte opmerking – 'Jouw kont ziet er lekker uit in je uniform, hoor' – volgde daar een goed gesprek op. Toen ik dezelfde man een paar weken later weer tegenkwam omdat ik hem voor een collega even moest controleren, kwam er geen onvertogen woord uit: hij was supernetjes. Toen ik dat opmerkte, zei hij: 'Ja mevrouw, een vriendin van me wil bij de politie solliciteren. U hebt me wel aan het denken gezet.'

Op dat moment betrapte ik mezelf op vooroordelen. Want toen ik de man herkende, ging ik er al van uit dat hij me weer zou beledigen, zo van: *here we go again*. Dat is een valkuil, want als iets eerder op een bepaalde manier ging, wil dat niet zeggen dat het altijd zo zal gaan. Ik heb hem dus aan het denken gezet over zijn taalgebruik, en hij heeft mij onbewust een les gegeven over hoe je te allen tijde open een situatie in moet gaan. Win-win!

Er wordt me vaak gevraagd of het door seksueel getinte opmerkingen of beledigingen lastig is om als vrouw bij de politie te werken. Het eerste antwoord dat in me opkomt is: nee. Maar als ik er langer over nadenk, is het genuanceerder. Ik vind het niet lastig, maar ik ben er wel in gegroeid. Vroeger ging ik niet vaak het gesprek aan over seksueel getinte opmerkingen, ik ging er gewoon niet op in of deed alsof ik het niet hoorde als het niet echt alle perken te buiten ging. Nu confronteer ik mensen vaker. Zij mogen dan wel denken dat ze 'het goed bedoelen' en het dan wel oké is, maar zo is het niet. En nee, tegen een agente zeggen dat ze een lekkere kont heeft in haar uniform is geen compliment. Dat kan gewoon echt niet.

Vroeger hield ik mensen sneller aan voor belediging dan tegenwoordig. Niet dat ik nu nooit meer iemand aanhoud, maar als het over 'goedbedoelde' seksistische kloteopmerkingen gaat, ga ik tegenwoordig eerst het gesprek aan, of ik zet iemand duidelijk op zijn plek met humor of sarcasme. Misschien niet honderd procent volgens het boekje, maar het op deze manier aanpakken werkt voor mij goed. De Zuidas-man kan daar niet over meepraten, want dat was me echt veel te grof.

30

Brand is voor de brandweer

Werkplek: Amsterdam-West
Functie: surveillant in (doorstroom)opleiding tot agent

Ik rijd deze dienst de beveiligingsroute, wat inhoudt dat je binnen een uur een route langs adressen rijdt waar je moet kijken of er bijzonderheden zijn. Het is geen populaire dienst, want je houdt je alleen met de bewakingsroute bezig: afvinken hoe laat je bij het pand was en of er bijzonderheden waren. En weer door naar de volgende ronde.

Meestal wisselen we deze klus af, onder het motto 'gedeelde smart is halve smart'. Het is nu eenmaal niet de meest hartslag verhogende en populaire klus in onze baan, zeker niet als je wegens personele krapte alleen rijdt.

De route gaat langs een aantal joodse 'objecten', zoals we de panden langs een beveiligingsroute noemen. Onderweg naar de volgende stop zie ik verderop in de straat donkere rook uit een zolder of het bovenste appartement komen. Ik heb er nog niets over gehoord op de portofoon, wat betekent dat het nog niet bekend is. Ik vraag direct de meldkamer om de brandweer te sturen, want dit is niet best.

Ik trap voor die paar honderd meter het gas vol in. De meldkamer antwoordt dat de brandweer eraan komt en dat ik niet naar binnen mag. Dat laatste wordt met nadruk uitgesproken, zoals dat altijd gebeurt bij brandmeldingen.

Inmiddels sta ik voor de deur van het pand. Er staan al een paar mensen beneden. Ik vraag of iemand weet of er nog mensen in het pand zijn en roep tegen iemand naast me dat hij bij de panden ernaast ook alle bellen in moet drukken en moet roepen dat iedereen naar buiten moet komen.

De rookwolken worden in rap tempo groter. Iemand zegt tegen me dat alle verdiepingen inmiddels leeg zijn, iedereen staat beneden. Voor de zekerheid vraag ik het per verdieping na wie er allemaal wonen, en dan blijkt de bewoonster van de eerste verdieping toch nog niet buiten te zijn.

Ik ren naar de deuropening van de centrale toegangsdeur en schreeuw naar binnen, nog voor ik goed gekeken heb. Op de eerste verdieping in haar deuropening zie ik een wat oudere vrouw staan. Ze reageert niet op mijn geschreeuw. Kut. Zou ze me niet verstaan? Of zou ze van schrik verstijfd zijn? Slecht ter been? Doof of slechthorend? Het trappenhuis stinkt al flink naar rook.

Ik voel paniek en daadkracht tegelijk, maar er komt nog iets bij: angst.

Het knaagt aan me. Angst is in de meeste gevallen een slechte raadgever, maar niet als het om brand gaat. Angst voor brand voel je niet voor niets. Vuur is allesvernietigend, om nog maar te zwijgen van rook en andere gevaren die bij een brand komen kijken.

Twee basisregels die je al in de eerste weken van de politieleiding krijgt ingepeperd: 'Brand is voor de brandweer' en 'Politie gaat niét naar binnen'. We zijn er niet voor opgeleid, we hebben geen ademlucht op onze rug hangen en we hebben geen beschermende kleding aan.

Je zou zeggen: reden genoeg om het niet te doen. Maar de angst die ik voel, is angst voor de toekomst. Angst voor de gevolgen als ik niet zou handelen naar wat mijn instinct me zegt te doen. Wat zouden de gevolgen zijn als ik nu niét die trap op ren en die vrouw naar beneden begeleid? Zou ik het mezelf vergeven als die vrouw doodgaat? Zou ik dan simpelweg kunnen zeggen: 'Ik heb gedaan wat ik kon doen?'

Ik weet direct dat het antwoord nee is, maar in theorie zou het antwoord ja moeten zijn. Als iemand me deze casus tijdens mijn opleiding zou hebben voorgelegd, zou ik hebben geantwoord dat de brandweer eraan komt en dat de vrouw dus moet wachten.

Op dat moment hoor ik mijn roepnummer weer over de portofoon. Ik word opgeroepen, maar ik antwoord niet. Ik denk dat het instinct is: ik roep naar de vrouw dat ik haar kom helpen, adem diep in en ren de trap op.

Ik hoor de portofoon weer. Ik hoor de dwingende stem van de collega van de meldkamer: 'U gaat DIRECT naar buiten.'

Vanaf dit moment is alles een waas.

Ik weet niet meer wat ik tegen de vrouw op de eerste verdieping heb gezegd, en eigenlijk niet eens óf ik wel iets heb gezegd. Ik weet dat ik haar heb opgetild, dat ik haar licht vond – of me sterk voelde door de adrenaline – en dat ik in no time weer beneden stond. De vrouw werd opgevangen door de buren en later gecheckt door de ambulance.

Ik werd nog vaker geroepen over de portofoon. De brandweer liep ondertussen in vol ornaat het pand in: met beschermende kleding en ademlucht op hun rug, zoals het hoort.

De vlammen sloegen inmiddels heftig uit de bovenverdieping en op straat werd er gegild door wakker geworden en wakker gemaakte buurtbewoners. De vrouw was in veiligheid gebracht, waar ik blij om was, maar ik wist dat ik een grens over was gegaan.

De meldkamer was boos en ik kreeg op mijn sodemieter. Terecht.

De collega's die arriveerden om te assisteren, hadden van de omstanders al gehoord dat ik het pand in was gegaan precies op het moment dat ik dus niet reageerde op de portofoon, en hadden dat doorgegeven aan de meldkamer. Dat bedoel ik niet verwijtend en zo voelde het ook helemaal niet. Ze doen gewoon hun werk. Ik zou hetzelfde doen als ik ergens aankom en er blijkt een politieagent naar binnen te zijn gegaan.

Mijn coach Jaco was ook boos. Gelukkig maar voor heel even: ik kreeg liefdevol op mijn kop. Ik accepteerde het volledig en ging voor de verandering eens niet tegen Jaco in. Hij had gelijk.

Ik heb ook de meldkamer mijn excuses aangeboden. Ook zij hadden gelijk. Ik wist donders goed dat ik het pand niet in mocht: brand is voor de brandweer.

Een paar jaar geleden was ik zelf boos op een collega die een pand met rook had betreden. Boos en bezorgd. Maar ik besef ook dat het anders is als je er zelf staat en in een seconde iets moet beslissen.

Jaco stelt me de vraag die we onszelf bij de politie met enige regelmaat stellen: is het goed gegaan of is het goed gedaan?

Hij geeft me zijn 'je weet het antwoord al'-blik, en ik duik weg. Ik weet het.

Laat ik het er maar op houden dat het zeker niet mijn allerverstandigste actie is geweest in mijn jaren bij de politie. Maar ook niet de allerdomste. *And I did some pretty stupid shit.*

31

Versiertruc

Werkplek: Amsterdam-Centrum
Functie: hoofdagent

In de gang op weg naar de cellen op bureau Burgwallen hangt een straatnaambordje met een naam erop: BERT FARENHORSTSTRAAT. Het bordje hangt daar ter ere van collega Bert Farenhorst, die op 21 april 2018 is overleden na een bikkelharde strijd tegen kanker. Bert heeft mij altijd geadviseerd te doen waar ik blij van word, net als hij deed. Daarmee heeft hij me ook geïnspireerd om dit boek te schrijven.

Zijn grotere nalatenschap is Actie Bert. Het is de naam voor acties in burger waarbij we met zoveel mogelijk collega's zakkenrollers, straatrovers, dealers en allerlei soorten overlast aanpakken. Inmiddels is de actie beroemd en berucht, want er zijn genoeg dealers die de naam van de actie kennen. Deze actie leeft op het bureau en ook op straat.

Er zit altijd een fantastische drive achter de actie. Die is bij de briefing al voelbaar. Daar waar politiewerk normaal rennen of stilstaan is, is Actie Bert een soort marathon: tot het weer licht wordt, wordt er 'gesleept' met boeven. 'Slepen' is politietaal voor 'heel veel boeven vangen'.

We zijn tot op de onderbroek doorweekt als het regent, maar tijdens Actie Bert zetten we door, bijten we ons vast. Het resultaat:

dagverblijven vol arrestanten. Iedereen helpt elkaar. En tegenwoordig gaat ook de afhandeling sneller en efficiënter, want het Openbaar Ministerie is vaak ook aanwezig, met een officier van justitie en een parketsecretaris die direct naar de aanhoudingen kijken.

Het werken in burger vind ik erg leuk. Ik ben er langzaam in gegroeid. Heel langzaam, kunnen we wel zeggen. Met veel hulp en geduld. Vooral dat laatste was een ding, want ik hield in het begin bijna alleen maar dealers aan op de Wallen. Dat is het zogenoemde 'korte klap'-werk. Een zakkenroller vangen is moeilijker. Daar had ik in het begin te weinig geduld voor, maar nu ik meer en meer inzicht krijg in hoe zakkenrollers te werk gaan, begin ik het steeds leuker te vinden. Het leukste vind ik het om me te laten rollen, als 'lokmokkel', om het gekscherend te zeggen. Liever dat ze mij rollen dan een vrouw die dan een echt slachtoffer is, en misschien ook wel geestelijk last krijgt van de smerige manier waarop het vaak gebeurt.

Een paar maanden geleden deed ik me in burger voor als een dakloze. Ik zat zogenaamd een beetje in een vuilnisbak te rommelen, maar in werkelijkheid hield ik een dealer een paar meter verderop in de gaten. Een die heel scherp is op collega's in burger, dus vandaar mijn 'afleidingsmanoeuvre'.

Vandaag kan ik mijn geluk niet op: ik ga niet voor een dealer, maar voor een zakkenroller. Dus ik hoef geen fake interesse te tonen in een prullenbak. Scheelt weer.

Onder mijn spijkerbroek heb ik een thermolegging aan. Verder warme sokken, Timberlands, een thermoshirt met lange mouwen en een oversized shirt met korte mouwen. Charmant? Nee. Lekker warm? Ja. Mijn wapen draag ik in een verdekte holster in mijn broeksband, de burgerpepperspray – die ik liefkozend 'babypepperspray' noem vanwege het kleine formaat – heb ik in mijn jaszak, en mijn handboeien heb ik weggestopt. De portofoon zit in een elastieken band om mijn middel – die noem ik iets minder liefkozend de 'corrigerende buikband' – en mijn oortje heb ik in.

Ik ben bijna volledig verstopt in een enorme sjaal met panterprint, maar ik ben er klaar voor.

'Test, test,' zeg ik in de kleine, in mijn kleding verstopte spreeksleutel. Dat doe ik om er zeker van te zijn dat al die lagen kleding er niet voor zorgen dat ik niet meer hoorbaar ben over de portofoon.

'Ja! Ik hoor je, Liek,' zegt een collega. Mooi, *ready to go.*

Ik banjer de Wallen op en verdwijn in het straatbeeld.

Zakkenrollers zijn een groot probleem in de binnenstad. De slachtoffers zijn vaak nietsvermoedende en dronken toeristen, en als wij het dan niet 'zien' gebeuren, is het maar de vraag of ze er aangifte van doen als ze er, soms pas uren later, achter komen. Er zijn genoeg toeristen die na een dagje of weekendje Amsterdam zonder telefoon, portemonnee of hun horloge terug naar huis keren.

Het zakkenrollen gebeurt met allerlei trucjes. De zakkenrollers werken regelmatig samen, en zijn zo sluw en gehaaid dat je er vaak pas achter komt dat je telefoon of horloge weg is als het te laat is. Zo heb je de 'voetbaltruc', waarbij de zakkenroller je uit balans brengt en met zijn been tussen jouw benen haakt. Hij maakt wat voetbalbewegingen, waarbij er veel fysiek contact is, en hoppa: weg telefoon.

Overdreven vriendelijk gedrag is ook een veelgebruikte truc, tot knuffelen en omhelzen aan toe: *'How are you? Where are you from? Do you like Amsterdam?'* Terwijl jij nog een beetje overdonderd bent door zoveel vriendelijkheid van vreemden, zijn de zakkenrollers alweer onderweg naar het volgende slachtoffer, met jouw portemonnee 'veilig' in hun jaszak.

Ze hebben ook een favoriete truc om je dure horloge te jatten. Ze doen alsof ze dronken zijn en geven je een halfbakken high five, waarbij hun hand op je pols terechtkomt. In een fractie van een seconde checken ze of je horloge makkelijk af gaat, of het wordt ter plekke op slinkse wijze van je pols af geschoven. Als je nog meer pech hebt wordt je horloge, als het niet makkelijk gaat, hardhandig en soms zelfs met flink geweld van je pols geroofd. Zo makkelijk loopt zakkenrollerij uit op straatroof.

Ik loop pas net op straat als een jongen van een jaar of twintig me aanspreekt. Met wat complimentjes in steenkolenengels vermengd met wat Frans vraagt hij waar ik heen ga. Tegelijkertijd voel ik dat hij zijn arm losjes om me heen probeert te slaan.

Ik wijs een beetje wazig naar rechts. *'I'm going home,'* zeg ik, terwijl ik alleen maar denk: gaat hij proberen me te rollen?

Ik hoor in mijn oortje dat ik op camera wordt gevolgd door Johan, Berts beste maat op het werk. Hij hamert altijd goed op de veiligheid van collega's. Nu ook.

'Jongens, Lieke heeft beet!' hoor ik hem zeggen. Hij geeft de locatie door en zegt dat er meerdere collega's in de buurt lopen, mocht er iets misgaan of als ik hem wil aanhouden. Dat is een fijn en veilig gevoel.

De jongen loopt met me mee richting de Nieuwmarkt en hij blijft proberen om fysiek contact met me te leggen. Ik geef meerdere malen aan dat ik naar huis ga, maar expres een klein beetje sloom en onduidelijk, alsof ik onder invloed ben. Ik doe dit bewust om niet op te vallen in het straatbeeld, waar iedereen op dit tijdstip op de Wallen wel een borrel opheeft.

Ondertussen ritst hij heel gehaaid mijn tasje open. In het tasje zitten onder andere mijn diensttelefoon, lippenbalsem, kauwgom en een haarbandje, om mezelf snel een minimake-over te kunnen geven.

Nu mijn tasje is opengeritst weet ik het zeker: hij is van plan me te rollen, en het gaat hem niet om de lippenbalsem of de kauwgom. Het voorval maakt me boos, want deze 'truc' wordt steeds meer gebruikt: een vrouw proberen te versieren en ondertussen haar spullen stelen.

Hij wil me naar de taxistandplaats brengen. Lekker makkelijk voor hem, denk ik: donker en stil.

Johan roept over de portofoon dat het te donker is op de camera's en dat hij het even allemaal niet zo goed kan zien. Mijn collega's cirkelen echter nog steeds om me heen, dus het komt sowieso goed.

Het feit dat Johan communiceert over mijn positie maakt dat ik me veilig voel, ook al kan ik nu natuurlijk zelf niet praten. Ik vind het spannend, zal het dan nu gaan gebeuren? Mijn tasje hangt nog altijd opengeritst tussen ons in.

Sluw pakt hij met zijn door mijn arm gehaakte hand de telefoon uit het tasje. Hij pakt hem rustig over met zijn andere hand en stopt hem in zijn jaszak.

Hij deed dit zo gewiekst dat ik het echt alleen doorhad omdat ik er scherp op aan het letten was. Dit ging zo gladjes, dit moet hij vaker gedaan hebben.

Ik hoor Johan enthousiast roepen dat alles is vastgelegd op camera. Gelukkig!

Als de jongen mijn telefoon al te pakken heeft, probeert hij me bij een van de auto's naast de gracht ook nog te zoenen. Gadverdamme!

In burger werken en opgaan in het straatbeeld om me te laten rollen is één ding. Ook de grijpgrage handjes van zakkenrollers 'accepteer' ik, het hoort er een beetje bij in dit toneelstuk. Ik heb het er allemaal voor over. Maar dit... Nee. Dit gaat me echt te ver.

Ik zeg dat ik het niet wil en duw hem hardhandig van me af.

Shit, denk ik gelijk. Ik ben al die tijd een best mak lammetje geweest en nu opeens nogal fel. Dat moet wel opvallen. Hij doet nog een poging.

Ik duw hem nogmaals, maar dit keer hard tegen een geparkeerde auto aan. Op deze manier geef ik hem geen kans om de telefoon in het water te gooien en zich dus van het bewijs te ontdoen. En mijn diensttelefoon in de gracht zou ook flink onhandig zijn.

Mijn collega's springen bij en helpen met de aanhouding. We proppen de jongeman in de boeien. De uitdrukking op zijn kop is onbetaalbaar.

Stuiterend van blijdschap om deze vangst ga ik naar binnen voor het papierwerk. Ik werk een vette hap naar binnen en ondertussen hoor ik hoe de collega's die binnen via de camera's meekeken letterlijk aan het juichen waren toen de verdachte was aangehouden.

Rachèl leidt alle communicatie rond de burgeractie in goede banen, en voor scherp camerawerk hebben we Johan. Ze laten me de camerabeelden terugkijken. Het staat kraakhelder op beeld hoe sneaky het allemaal gebeurt.

'Blij dat deze achter slot en grendel zit,' zeg ik. Ondertussen vraag ik me af hoeveel vrouwen er vanavond zonder hun telefoon thuiskomen. En misschien ook wel aangerand worden, als deel van de 'truc'. Het is walgelijk en respectloos.

Na het nodige typwerk sta ik alweer te springen om naar buiten te gaan. Ik wil nog een keer! Ik grap nog wat tegen collega's dat het fijn zou zijn om een mooie vrouw of man aan de haak te slaan in plaats van een zakkenroller. Maar dat komt later wel, Actie Bert krijgt voorrang, roep ik lachend als ik de trap weer afloop.

In no time word ik aangesproken op de Korte Niezel, een druk en smal straatje tussen de Oudezijds Voorburgwal en Achterburgwal in. Een jongen vraagt of ik een vuurtje voor hem heb. Een klassieker: zakkenrollers vragen vaak om een vuurtje, of hoe laat het is. Op deze manier kunnen ze vaak zien in welke zak je je telefoon of andere waardevolle spullen hebt zitten, en of je een duur horloge om je pols hebt. Eerlijk is eerlijk: slim is het wel.

Ik zeg in het Engels dat ik niet rook. Het is niet eens een leugen, ik heb in mijn hele leven nog nooit een sigaret gerookt.

'Ah, no, I see,' is zijn antwoord, gevolgd door een schuine glimlach. Ik weet direct dat ik word aangezien voor een potentieel slachtoffer van zakkenrollerij of straatroof.

En ik heb gelijk. Daar zijn ze al: de complimentjes in gebroken Engels gecombineerd met een beetje Spaans.

In mijn oortje hoor ik Johan over de portofoon. Hij geeft aan de collega's door dat ik weer omringd moet worden. Ik geloof bijna niet dat ik zo snel weer 'beet' heb.

Vlak na de complimentjes steekt de jongen een sigaret op, met zijn eigen aansteker. Ik moet er bijna om lachen, zo doorzichtig is zijn truc. Maar ik blijf in mijn rol en doe alsof ik niets doorheb. Ik pas mijn taalgebruik ook aan naar een soort halfbakken Engels en brabbel wat over hoe slecht roken wel niet voor je is.

De jongen lult vrolijk mee: over Barcelona, mijn ogen, mijn haar. Ik verlies mijn geduld, het duurt me te lang voor hij een poging doet mijn tasje open te maken. Ik begin bijna te denken dat deze jongen toch niet op mijn waardevolle spullen uit is. Verdomme, ben ik al mijn tijd aan het verdoen.

Dan gaat zijn hand ineens naar mijn tasje. Hij maakt een slechte grap, lacht daar vooral zelf gierend hard om, met allemaal overdreven bewegingen, en ondertussen raakt hij heel sluw mijn tasje aan. Een seconde later zie ik vanuit mijn ooghoek dat de rits van mijn tasje ineens een paar centimeter openstaat. What the fuck, denk ik. De rits was toch echt dicht. Het is ongelooflijk dat je dit dus echt alleen doorhebt als je ontzettend scherp en oplettend bent. Mooie afleidingsmanoeuvre, dat zogenaamde gieren van het lachen…

Het duurt lang. Meneer de zakkenroller neemt de tijd en ritst onder overdreven luid gebral en lachen het tasje steeds verder open. Eens kijken wie er beter toneel kan spelen, meneer de zakkenroller, denk ik geniepig bij mezelf.

Ik blijf herhalen dat ik naar huis ga, dat ik moe ben en naar bed moet. Ik gebruik overdreven gebaren zodat mijn collega's een idee hebben van wat er gaande is. Het voelt veilig dat er in mijn oor non-stop gecommuniceerd wordt over waar ik loop, want mocht er iets gebeuren, dan zijn de collega's echt dichtbij. Want het zal niet de eerste en zeker niet de laatste keer zijn dat er ineens geweld wordt gebruikt bij zakkenrollerij.

Opeens is mijn geduld op. Ik ben er klaar mee. Deze klootzak durft het niet aan om me te rollen; hij wil met me mee naar huis. Hij zit ook de hele tijd aan me en haalt zijn handen door mijn haar. Het irriteert me en ik krijg er vreselijk de kriebels van. Even denk ik: waarom laat ik dit allemaal toe voor het werk? Maar ik weet donders goed waarom. Liever ik, ik kan hem hebben, dan iemand die een echt slachtoffer is.

Ik ben boos en teleurgesteld. Dit is zonde van mijn tijd. Ik moet terug de Wallen op, er is nog tijd genoeg vanavond om een nieuwe zakkenroller te vinden. Of een zakkenroller mij te laten vinden. Het is maar hoe je het bekijkt.

De jongen vraagt bijna smekend of hij niet bij mij mag slapen. Hij zegt geen slaapplaats te hebben omdat alle betaalbare hotels vol zouden zitten.

'No! I sleep alone!' zeg ik overduidelijk geërgerd. Het boeit me niet meer. Hij gaat me toch niet rollen, want hij durft niet.

Als hij afscheid van me neemt, geeft hij me – gadverdegadver – razendsnel een kus op mijn wang. En dan gaat het bizar snel. Weg is mijn telefoon!

En ik maar denken dat het hem niet meer ging worden. Ik steek de straat over, maar zodra de jongen een paar meter bij me vandaan is, roep ik over de portofoon dat hij aangehouden kan worden.

Mijn collega's rekenen hem razendsnel in, terwijl hij doet alsof hij belt en van niets weet. Maar hij 'belt' nota bene met mijn telefoon! Hij verklaart dat de telefoon van zijn vriendin is.

Ik sta uit zijn zicht alweer te springen van enthousiasme en blijheid, maar ook door de ontlading van de spanning. Ik ben een stuiterbal vol adrenaline, maar ben trots op mijn geduld.

De Lieke van een jaar geleden had geen geduld gehad voor deze zeer langzame zakkenroller. En ook al heb ik vanavond tig keer 'duurt lang' gedacht, toch hield ik rustig vol. Het voelt als progressie in mijn burgerwerk, en twee vangsten zo snel achter elkaar zal ik niet snel overtreffen.

Talent voor het werken in burger heb ik echt niet, maar plezier in mijn werk, veel hulp en doorzettingsvermogen werpen toch hun vruchten af. En het meedoen aan Actie Bert is elke keer weer een prachtig eerbetoon.

32

Pindakaas met stukjes

Werkplek: Amsterdam-Centrum
Functie: hoofdagent

Wie mij een beetje kent, weet dat ik altijd met eten bezig ben. Ik ben zo'n type dat in de avond al zin kan hebben in het ontbijt van morgen. Laat mij losgaan op een ontbijtbuffet en ik doe de rest van de dag (tot lunchtijd) '*happy-food*'-dansjes. Dat kunnen letterlijk al mijn vrienden bevestigen.

Eten maakt me echt ontzettend blij. Chocola, snoep, koek, ijs, taart... En ook natuurlijk allerlei hartige dingen. De keerzijde: strontchagrijnig als ik honger heb. Dan ontstaat er kortsluiting in mijn hoofd en ben ik echt geen leuk mens meer. Uit zelfbescherming tref ik daarom voorzorgsmaatregelen. Ik heb bijvoorbeeld altijd wel een pak knäckebröd, crackers of rijstwafels in mijn postvakje liggen. En een pot pindakaas. Die biologische pure pindakaas die zo lekker van je mes af druipt. Met stukjes. Pindakaas is een prima lunch. Of ontbijt. Of avondeten, nadat je al drie keer de deur uit bent gerend voor een spoedmelding en je opgewarmde pasta nu écht verpieterd is.

Ook heb ik een mueslireep, een pakje koekjes, chocola of snoep in de borstzak van mijn uniform zitten. Zodat ik zo aardig mogelijk blijf voor de collega met wie ik in de auto zit als het eten er weer eens bij inschiet.

Deze dienst is mijn maatje Sander weer eens de gelukkige. Of ongelukkige, het is maar hoe je het bekijkt. We krijgen een melding van een vechtpartij, en als we aankomen zien we twee jongens die op elkaar inslaan. Snel parkeren we de auto, rennen erheen en halen de jongens uit elkaar.

We zetten ze met hun rug naar elkaar toe. Zo kunnen zij elkaar niet zien, maar kunnen Sander en ik elkaar wel in het oog houden terwijl de jongens hun verhaal doen.

'Ik begrijp niet waarom de politie is gebeld,' zegt de jongen die ik vasthoud. 'Echt onzin.'

Ik praat er een beetje overheen en wijs naar de rode vlek in zijn gezicht, net onder zijn oog. 'Doet dat pijn?'

'Nee. Hij slaat als een wijf.'

'Dat denk ik niet,' zeg ik voorzichtig lachend. 'Dan was je knockout geweest.'

Omdat de sfeer gemoedelijk is, denk ik dat een grap wel op zijn plek is. En inderdaad moeten Sander en de andere jongen ook lachen.

'Waar hadden jullie ruzie over?' vraag ik de jongen. 'Waarom is het zo uit de klauwen gelopen?'

De jongen antwoordt niet en kijkt naar de grond. 'Het gaat over een meisje,' mompelt hij dan.

Ik knik begrijpend en zeg dat vrouwen ook best lastige types kunnen zijn: 'Ik weet er alles van. Toch moeten we dit wel even in de politiesystemen zetten, want dat hoort nu eenmaal bij ons werk. Maar we hopen dat jullie weer verder kunnen met jullie dag.'

'Sorry,' zeggen de jongens bijna tegelijk.

En ook wij gaan weer door met onze dag.

In de auto wil ik de melding afmelden, maar er ontbreken een paar letters op het toetsenbord.

Dat is niet gek, aangezien het toetsenbord tijdens een spoedrit de halve auto door vliegt en met regelmaat op de knieschijven van de bijrijder klapt als het niet in de daarvoor bestemde houder zit.

De ontbrekende letters zijn echter een goede reden om het kort te houden. Zelf heb ik nog een andere reden.

'San, ik heb wel echt honger, hoor,' zeg ik terwijl mijn maag al begint te rommelen.

Nog voordat Sander kan antwoorden dat we nu écht gaan eten, roept de meldkamer ons alweer. 'Geen gehoor bij een bewoner. Meerdere mensen maken zich zorgen omdat hij niet is komen opdagen terwijl ze een afspraak met hem hadden. En hij ligt niet in het ziekenhuis.'

In 90 procent van de gevallen is er dan sprake van een lijk. En een casus waarbij er een lijk gevonden wordt, duurt lang. Ontzettend lang. Mijn maag protesteert nu al. Sander moet hardop lachen, die kent mij en mijn *hangry* mood al eventjes.

Voorzichtig snuiven we door de kieren van de potdichte deur en dan trekken we definitief de conclusie: die is dood.

'We gaan de deur opendoen,' zeggen we tegen degene die de melding heeft gedaan. 'Om alles uit te sluiten.'

De melder knikt gelaten. Ik denk dat hij ook wel weet wat eraan zit te komen.

'Je kunt verderop wachten,' zeg ik tegen hem. Omdat we wel denken te weten wat we aan gaan treffen in de woning – namelijk een lijk – maar niet hoe, is het handig dat de melder er niet mee geconfronteerd wordt. Gelukkig wordt hij opgevangen door een kennis die ook in het gebouw woont.

We openen de deur zo voorzichtig mogelijk, om zo min mogelijk schade te berokkenen. Toch vallen we bijna letterlijk met de deur in huis. Of beter gezegd: we vallen bijna letterlijk met de deur op het lijk.

Direct naast de voordeur zit de toiletdeur. De man is klaarblijkelijk doodgegaan op het toilet, want zijn benen liggen nog op tegeltjes die vermoedelijk ooit wit zijn geweest. Om zijn enkels slobbert zijn verwassen, vale onderbroek, zijn billen liggen naast de toiletpot en zijn bovenlijf ligt in de gang. Aan de blauwpaarse lijkvlekken in zijn gezicht te zien is hij echt dood. Maar voor de zekerheid checken we het toch even. Dat is protocol.

En dan begint het wachten. Op de schouwarts, op de recherche. Op mijn rommelende buik. Sander hoort het en moet lachen.

Als de chef van dienst langskomt, vraagt hij of hij iets voor ons kan doen. Omdat het me een beetje ongepast lijkt om hem te vragen even een broodje te halen, houd ik mijn mond. Maar nog geen vijf minuten later, als mijn buik weer rommelend van zich laat horen, heb ik daar enorm veel spijt van.

Ik voel in de zakken van mijn kogelwerende vest. Er zit van alles in: een notitieblok, een gebiedsverbodenboekje, een warmtedeken, een paar pennen, lippenbalsem, een zaklampje, een doosje Tic Tac, een leeg kauwgompakje, verschillende stempelspaarkaarten van koffietentjes, een flesje handalcohol, muntgeld en een spuugmasker. Dat laatste is handig als een verdachte je wil bespugen – je kunt het masker dan over het hoofd van de verdachte trekken. Hij kan dan gewoon ademen en heeft wel zicht, maar er komt geen vloeistof doorheen. En je kunt het niet eten. Shit.

Ik geef al bijna op, tot ik mijn redder in nood voel: een geplette muesli reep, mét chocola. Waarschijnlijk zit die al weken of maanden onder in mijn zak, want ik kan me niet meer herinneren wanneer ik hem gekocht heb. Maar hij zit nog dicht, en dat is voor mij voldoende.

Als ik de reep uit de wikkel haal, zie ik dat de chocola wit is uitgeslagen. Maar dit is niet het moment om kieskeurig te zijn. Op nog geen twee meter afstand van de overledene zet ik mijn tanden in de mueslireep. 'Sorry, meneer, maar ik heb honger,' mompel ik een beetje lachend, en een beetje beschaamd. Ik ben nog nooit zó blij geweest met een mueslireep.

Sander haalt zijn schouders op en glimlacht. 'Lekker bezig, Liek.'

Hij is inmiddels allang gewend aan mijn honger.

Binnen een paar minuten voel ik me weer mens en ik loop een rondje door de woning. Overal waar ik kijk, zie ik lekkere dingen. Koekjes, cake, een halve Toblerone. En dan: pindakaas, de bioversie met stukjes. Deze man weet wat lekker is. Wist.

En daarom vertel ik mezelf dat het toch oké is dat ik naast zijn dode lichaam mijn mueslireep stond weg te knagen. Hij zou het vast begrepen hebben.

33

Ga boeven vangen

Werkplek: Amsterdam-Centrum
Functie: agent

Een van de eerste dingen die ik op straat heb geleerd, is dat mensen wel respect willen krijgen maar het niet willen geven.

Toen ik mijn eerste bon schreef, trilden mijn handen.

'Je lijkt net Bambi die in een koplamp kijkt,' zei de man die de bekeuring kreeg.

Stoer schreef ik verder, want mijn coach stond vlakbij en ik wilde laten zien dat ik echt wel een simpele bon kon schrijven.

'Moet je geen boeven gaan vangen, eenstreper!'

Deze oneliner heb ik daarna nog wel honderd keer gehoord. Een paar strepen op mijn schouders en een boel jaren verder roept men nog met regelmaat dat ik boeven moet gaan vangen. Of heeft men commentaar op waar 'hun belastinggeld' naartoe gaat. Ik ben gelukkig niet op mijn Amsterdamse bekkie gevallen en nat achter mijn oren ben ik ook allang niet meer.

Toch voelt dat soms nog wel zo. Soms kom je in situaties terecht waarin je denkt: shit, kan ik even een hulplijn bellen? Kan iemand me het goede antwoord in mijn oor fluisteren? Waar is mijn spiekbriefje?

Want je staat daar maar in je uniform. Iedereen verwacht van alles van je – en jijzelf misschien nog wel het meest.

'Politiewerk is mensenwerk.' Een uitspraak die niet met zijn tijd mee is gegaan, maar wel nog steeds gebruikt wordt. We zijn allemaal mensen, iedereen is goed op zijn eigen manier. Iedereen werkt vanuit zijn of haar eigen kracht. Dat is ook de enige manier om je werk leuk te houden. En vol te houden.

Natuurlijk heb je uitdagingen en nieuwe prikkels nodig, maar je moet wel altijd dicht bij jezelf blijven. Als je dat niet doet, werk je met een masker op. Je anders voordoen dan je bent, levert alleen maar ellende op en kost je heel veel energie. En dan duren je werkdagen lang. Erg lang.

Vandaag werk ik samen met twee andere collega's undercover in het Wallengebied. Een van hen is Appie. Hij is een van mijn maatjes en in mijn ogen de beste collega die er is als het gaat om het werken in burger. Ik ken hem al jaren en we deden ook samen onze doorstroomopleiding van surveillant naar agent. Ik vind hem fantastisch en kan veel van hem leren op het gebied van burgerwerk. Dat doe ik dan ook graag.

We hebben een dealer op het oog. Hij spreekt toeristen aan, in de hoop zijn nepdrugs te verkopen. Wij noemen dit 'nepdope'. Het kan van alles zijn, van een vitamine C-pil tot een mengsel van wit poeder – fijngestampte paracetamol bijvoorbeeld – in een mooi wit klein envelopje. Een wikkel. Kabouterpost. De dealers maken daar dikke winst op. Veel toeristen komen naar de Amsterdamse Wallen omdat ze denken dat het er een walhalla is: seks, drugs, drank en feesten. Tot je zo lam bent dat je niet eens doorhebt dat iemand je troep heeft verkocht.

Maar dat is niet het enige wat ze verkopen. Dezelfde dealers verkopen ook echte drugs aan verslaafden en gebruikers in de wijk. Zo ook de dealer die we nu op het oog hebben. En ik hoop dat als we hem straks aanhouden voor het verkopen van nepdope, we tijdens het fouilleren ook echte drugs vinden in plaats van alleen vitaminepillen of gestampteparacetamolpoedertjes.

Als ik langs hem loop, spreekt hij me aan. Niet om me drugs te verkopen, jammer genoeg – want dan had ik hem aan kunnen houden – maar om me mijn telefoonnummer te vragen. 'Wil je wat drinken binnenkort?' vraagt hij. Fuck.

Ik bedank hem vriendelijk, maar baal vanbinnen als een stekker. Want hoewel ik niet 'stuk' ben – dat wil zeggen: herkend als politieagent – kan ik nu niet meer bij hem in de buurt komen zonder mezelf verdacht te maken.

Gelukkig zien we vlak daarna van een afstandje een deal plaatsvinden. Appie zegt dat-ie aangehouden kan worden. Yes! Ook zien we zijn stashplaats, de plek waar hij zijn voorraad drugs bewaart: een loze ruimte tussen de achterkant van een bel en de voegen in de bakstenen muur. Omdat er geen geüniformeerde collega's in de buurt zijn, besluiten we hem snel zelf aan te houden.

De dealer weigert mee te werken en wurmt zich in alle bochten om los te komen. Hij heeft flinke spierballen, maar gelukkig weten we hem met z'n drieën te overmeesteren. De dealer kijkt me recht in mijn gezicht aan, en als hij me herkent, spuugt hij op de grond, net naast mijn schoen. Gelukkig niet in mijn gezicht, want ik heb een bloedhekel aan spugen. Ik heb liever een blauw oog dan een klodder spuug in mijn gezicht.

'Gadver,' zegt de man. 'Ik hoef niks met jou te drinken. Je bent gewoon een lelijke hoer van justitie. Nog erger dan die hoeren op de Wallen.'

'Net als zij verdien ik op een eerlijke manier mijn geld,' snauw ik terug. 'Dat kun jij niet van jezelf zeggen.'

'Ik hoop dat je vader trots op je is,' mompelt hij, en nog iets over geen respect wat ik maar half kan verstaan.

Voor de verandering doe ik eens geen moeite om te antwoorden. Ik weet dat mijn vader trots op me is en houd mijn gedachten verder voor me.

De ziplock vol wikkels, die we in de stashplaats vinden, nemen we mee naar het bureau. Daar testen we de drugs met een testbuisje. Als het buisje een blauwe kleur aangeeft, betekent het dat er sprake is van cocaïne. Daar hoop ik op, maar terwijl ik nog bezig ben met het papierwerk hoor ik Appie al mopperen. 'Die mafkees gaat vechten voor niks... Het is allemaal neppe troep.'

Verdomme. Omdat al het papierwerk – en dat is er veel in een zaak als deze – ondanks de uitslag van de drugtest in orde moet zijn. Je hebt dus liever dat er ook echte drugs gevonden worden. Met nepdope staat hij snel weer op vrije voeten.

Ik loop de verhoorkamer in om de verdachte te verhoren. 'Je hebt nu ook een gebiedsverbod voor vierentwintig uur,' deel ik hem mee. Hij vind het allemaal prima en zit er wat beteuterd bij. 'Ik vind jou geen hoer, hoor,' zegt hij dan. 'Ik was gewoon een beetje boos.'

Eerlijk gezegd ben ik meer onder de indruk van zijn excuses dan van de scheldwoorden. 'Boos is prima,' zeg ik. 'Maar als je gepakt wordt, waarom werk je dan niet gewoon mee? Dit ging toch nergens over?' Ik laat hem mijn keurig gelakte gebroken pinknagel zien en trek een sarcastisch verdrietig gezicht.

Hij ziet de humor ervan in en lacht met me mee. 'Gaan jullie me ook het verzet en de belediging ten laste leggen?' vraagt hij dan schoorvoetend.

'Nee,' antwoord ik sarcastisch. 'Je bent zo'n slappe. Dat kun je toch geen verzet noemen?'

Hij schiet in de lach. Het schorremorrie in ons gebied maakt me zo vaak aan het lachen dat ik ook een beetje van ze houd.

Maar ja, dat kun je natuurlijk niet hardop zeggen.

'Maar wil je de volgende keer wel gewoon normaal doen?' vraag ik met een strak gezicht als ik de cel uiteindelijk weer dichtdoe.

Hij knikt. 'Mag ik nog een bekertje water? Ik heb liever koffie, maar die koffie van jullie is echt smerig.'

Als je weet dat onze koffie smerig is, kom je te vaak op het politiebureau. Maar natuurlijk breng ik hem wel even water.

Een week later fiets ik tijdens mijn stille ochtenddienst mijn zoveelste rondje door de wijk. Dan klinkt mijn portofoon: 'Er wordt gevochten met een agressieve winkeldief op het Damrak.'

Het Damrak is dichtbij. Meteen trek ik een sprint die kant op, maar op een van de vele bruggetjes glijdt mijn achterwiel weg over de gladde steentjes. In een nanoseconde lig ik als een blauw-geel vloerkleed languit op de brug.

Voor een moment ben ik gedesoriënteerd, maar dan hoor ik mijn portofoon alweer in mijn oor tetteren. 'Ter plaatse! Maar we willen graag nog meer collega's erbij, want hij is behoorlijk agressief!' Op de achtergrond hoor ik geschreeuw en een hoop herrie.

Als ik overeind wil krabbelen, hangt er ineens een bekend gezicht boven me. Met een uitgestrekte arm. 'Ik ben dan wel een slappe, maar zal ik je overeind helpen?'

Met een glimlach pak ik zijn hand vast. De spierballen die een week geleden tegen me werkten, trekken me nu zonder moeite van de grond.

Het bekende gezicht heeft een grote grijns. 'Je fiets staat daar, hij is nog heel. Hier is de sleutel.'

Een beetje verbouwereerd pak ik de sleutel aan. Verfomfaaid stap ik op de fiets, terwijl ik maar hoop dat verder niemand dit heeft gezien. Gelukkig was het net buiten de camera's.

'Ik ga zijwieltjes voor je kopen,' hoor ik nog als ik wegfiets.

'Ga eerst maar een fatsoenlijke baan zoeken dan!' roep ik lachend terug, en ik zet mijn tweede sprint van de dag in. En door!

34

Noord gestoord

Werkplek: Amsterdam-Centrum
Functie: hoofdagent

Als ik met Sander rondjes rijd, krijgen we een 'typische Amsterdam-Noord-melding' binnen. Iedere politieagent die een paar diensten, of een paar uur, in Amsterdam-Noord heeft gewerkt, weet meteen wat ik bedoel. Hoewel Noord qua gebiedsverdeling onder het centrum valt en je er na één keer het gas goed intrappen in de IJtunnel al bent, is het een regio op zich.

De meldkamer begrijpt de melding niet helemaal. 'Het is lastig om de rol van de melder hierin vast te stellen,' zeggen ze. 'Maar er zijn in elk geval buren bij betrokken. En er is een bijl.'

Omdat ik in plaatjes denk, zie ik meteen een vechtpartij met boze buren en een bijl met bloed voor me. En andere buren eromheen, die geshockeerd staan toe te kijken. Of rustig een biertje drinken. Kan ook. Het is tenslotte Amsterdam-Noord en daar kan alles.

Als we aankomen, zien we behalve een dikke rode kater nog niets. Ik wil hem graag aaien, maar gezien de aard van de melding zou het wat vreemd zijn als ik nu uitgebreid een kat ga knuffelen terwijl er misschien iemand met een bijl achter zijn buurman aan zit. Of met een bijl in zijn achterhoofd dood ligt te bloeden.

Toch ziet het er allemaal vredig uit. Niets in de straat duidt op een vechtpartij of op een bijl. Er is nergens bloed te bekennen. Als we de woning inkijken, zien we een houtkachel. Heb je ook een bijl voor nodig, denk ik terwijl ik de bel indruk.

Een grote man doet open. Zonder bijl. Hij heeft een vlassige snor, die ver over zijn bovenlip hangt. Sterker nog, zijn bovenlip is niet meer te zien. Meteen krijg ik kippenvel. Niet naar kijken, Liek, zeg ik tegen mezelf.

'Ik weet niet waarom jullie aanbellen, hoor,' zegt de man.

'Dus je hebt geen incidentje gehad met een bijl?' vraagt Sander luchtig.

'Nou ja... Jawel, maar 't is alweer goed...'

'Vindt de tegenpartij ook dat het goed is?'

'De tegenpartij, de tegenpartij... Het viel allemaal wel mee, hè. Jullie motte het niet overdrijven.' Als hij de straat inkijkt, blijven zijn ogen bij een andere politieauto hangen die met onze melding mee is gereden. 'Jullie komen met een half leger. Moeten jullie geen boeven vangen?'

'Dus er ligt niemand bloedend met een arm minder in uw achtertuin, meneer?' Ik hoor de sarcastische teleurstelling in mijn eigen stem. Deze melding is een stuk saaier dan verwacht.

'Nee, moppie, natuurlijk niet! We hadden effies een klein beetje mot.'

'Mogen we toch even in de tuin kijken?'

'Ja hoor, maar d'r is niks aan de hand. We drinken gewoon een pilsje.'

Zodra de tuindeur opengaat, komt de gezelligheid ons al tegemoet. De vrouw van de man met de snor, Nel Pantervel, roept: 'Pak een pilsie, jongens!'

'Wij slaan effies een beurtje over, als u het niet erg vindt,' zeg ik platter dan ik wil. Een paar minuten met deze mensen en ik pas automatisch mijn accent aan.

Als ik snel de tuin scan, zie ik de bijl tegen een kratje vol lege bierflesjes staan. Met ernaast een enorme asbak met wel honderd peuken erin. Een houten plank over een door de zon uitgebleekt Amstel-kratje doet dienst als tuintafeltje, waarop een plastic bakje met borrelnootjes staat.

'Eigenlijk is dit de aanleiding dat we hier staan,' zeg ik terwijl ik naar de bijl knik.

De buurman lacht. 'Ja, hij was een beetje over de pis. Maar we benne weer oké!'

'Ja, we kenne mekaar al heul wat jaartjes, hè Sjon,' zegt de man met de snor een beetje weemoedig. 'Wil je weten hoe we mekaar hebben leren kennen?' Zonder te wachten steken de twee van wal, zo geroutineerd dat ik vermoed dat ze dit verhaal vijf keer per week vertellen aan iedereen die het maar horen wil. Of niet horen wil.

Nel Pantervel staat op van haar tuinstoeltje. 'Ik ga effies de frituur aanzetten!'

De teleurstelling die ik net nog voelde, is meteen weg. Zou ze kaassoufflés erin gooien, denk ik lachend.

Maar Sander is me voor. 'Nou, dan gaan we er weer vandoor,' zegt hij. 'Passen jullie op? Bier drinken met een hand minder is een stuk lastiger.'

Nel zwaait overdreven flirterig naar Sander en geeft hem een vette knipoog.

Terug in de auto barsten we in lachen uit. Typisch Amsterdam-Noord, dit. Ruziemaken, bijl pakken, ermee dreigen de buurman zijn hersens in te slaan. Een bange buur die de politie belt. Sorry zeggen. Biertje drinken. Alles weer koek en ei. Of bier en nootjes, in dit geval.

Het leuke aan mijn werk vind ik dat het zo afwisselend is. Je kunt het retedruk hebben en van melding naar melding vliegen, maar je kunt ook te maken krijgen met een groot ernstig verkeersongeval en daar uren mee bezig zijn. Misschien is er aan het begin van je dienst een aanhouding met verzet, of misschien ben je meer bezig met hulpverlenende meldingen. Misschien ga je op tijd naar huis of misschien wordt het overwerk. Veel overwerk.

Ik vind het heerlijk om de ene dag door de wijk te wandelen en op iedere hoek een praatje te maken met de bewoners, ondernemers, daklozen, dealers, prostituees en uiteraard toeristen. En om de andere dag een gekke melding te krijgen van een burenruzie met bijl in Amsterdam-Noord. In ons werk kan het gelukkig nooit normaal.

35

Direct de voicemail

Werkplek: Amsterdam-Centrum
Functie: hoofdagent

Zondagnacht. Op mijn bureau wacht weer eens een berg achterstallig administratief werk. Om wakker en gefocust te blijven fiets ik elk uur een rondje door de wijk.

Als ik net weer achter de computer plof, trekt Patty, de chef van dienst van deze nachtdienst, een verontrust gezicht. Er is duidelijk iets niet goed.

'Wat is er?' vraag ik.

'Er stond net een meisje aan de balie,' begint Patty. 'Ze wilde samen met een vriendin de laatste trein terug naar huis pakken, maar die reed niet omdat er iemand voor gesprongen was. De volgende trein zou pas vroeg in de morgen gaan, waardoor de twee gestrand waren op Amsterdam Centraal.'

'Maar er stond maar één meisje aan de balie?' vroeg ik. 'Waar is haar vriendin?'

'Op het station werden ze aangesproken door een man,' gaat Patty verder.

Ze vertelt dat de man de meisjes niet alleen wilde laten wachten op het station, tussen al het schorem dat daar rondhing. Hij bood daarom aan hen mee te nemen op zijn scooter naar zijn huis, vlak bij het Amstelstation. De volgende morgen zou hij ze dan daarnaartoe brengen voor de eerste trein. Maar met zijn drieën op een scooter mag niet, dus stelde hij voor de meisjes een voor een naar zijn huis te brengen. De vriendin was eerst opgestapt, en het meisje dat de melding heeft gedaan, bleef achter.

Na een tijd wachten was de man nog steeds niet teruggekomen, waardoor het meisje ontzettend ongerust werd. De telefoon van haar vriendinnetje stond al de hele avond uit, en de man had daarom zijn nummer gegeven. Maar hoe vaak ze hem ook probeerde te bellen, hij nam niet op. Ten einde raad was ze daarom naar ons toe gekomen.

Tegen beter weten in bel ik het nummer van de vriendin. Direct de voicemail. Dan bel ik het nummer van de man. En jawel: direct de voicemail.

Razendsnel zetten we ons onderzoek uit. Met hulp, want al snel krijgen we van de informatiespecialisten op de meldkamer de naam te horen waaraan het telefoonnummer van de man gekoppeld is. 'Het is een nepdopeverkoper uit onze wijk,' vertelt Patty. 'Maar nog erger: hij heeft een zedenantecedent.'

Dat is van tig jaar geleden, maar toch heb ik meteen kippenvel. Een jonge meid achter op een scooter van iemand die ooit een zedendelict gepleegd heeft. Misschien zit ik vol onterechte oordelen, maar: alsof we nog niet alert genoeg waren.

De meldkamer en de officier van dienst delen onze zorgen. Ze geven ons het adres waarop hij woont door. Terwijl Patty nog meer informatie aan het verzamelen is, wil ik maar één ding: ernaartoe.

De meldkamer laat weten dat ze een auto gaan sturen naar het adres, maar dat duurt me te lang. Ik weet dat er in het district waarin de man woont een ander incident heeft plaatsgevonden en het waarschijnlijk erg druk is, en wegens personele krapte zijn er niet veel auto's op straat.

Nog voor ik goed en wel toestemming van Patty heb gekregen, spring ik achter het stuur van onze bus. Patty probeert het adres in de navigatie te zetten, maar daar wacht ik niet op. Ik weet zo uit mijn hoofd niet precies waar het adres is, maar wel goed genoeg om alvast de juiste richting op te scheuren. Met mijn rijstijl maak ik het Patty ook niet makkelijk: met gierende banden vlieg ik door de bocht en overal geef ik vol gas. Op dit moment kan het me allemaal geen zak schelen. Hoe sneller we er zijn, hoe beter. Natuurlijk wel veilig, maar dat kan samen met snel.

Patty vliegt de halve bus door, maar blijft ondertussen mensen bellen en zaken regelen. Chapeau. Als ik op haar plek had gezeten, had ik vermoedelijk al de hele bus ondergekotst.

Als ik de straat in race, kan ik het precieze huisnummer niet vinden. 'Je bent er voorbijgereden,' zegt Patty, die met de meldkamer aan de telefoon hangt.

We parkeren de auto, stappen uit en rennen naar het gigantische flatgebouw waarin de man woont. Naast de voordeur zien we een meldpaneel, met een superonlogische huisnummering. Kut.

Ik kijk omhoog naar de lucht, die al licht begint te worden, en zie een jongen uit een raam hangen om een sigaret te roken. 'Hé!' roep ik hem toe. 'Kun je ons binnenlaten?'

Zodra hij de deur open heeft gemaakt, ren ik door de gangen. Er is geen tijd te verliezen– God mag weten wat er met het meisje in die woning gebeurt.

Ik vlieg alle appartementen langs, trappen op, tot ik het juiste huisnummer heb gevonden. Hard sla ik met mijn vuist op de deur en druk daarna pas de bel in. 'Politie!' roep ik. 'Doe de deur open!'

Er klinkt gestommel in de woning.

'Politie!' roep ik nog een keer. 'Doe de deur open!' Het komt uit mijn tenen.

En dan gaat de deur open.

'What the fuck?' stamel ik als ik in het mij bekende gezicht van Abdel kijk. Het is inderdaad een dealer uit onze wijk. Patty had zijn achternaam anders uitgesproken, vandaar dat er bij mij geen belletje ging rinkelen toen ze zijn naam noemde. Hij doet geen heel nette dingen, maar is naar mijn 'gevoel' geen slechte man. De nachtdienst ervoor heb ik nog goed met hem gepraat.

'Ben jíj het?' Ik hoor de opluchting in mijn eigen stem, maar ik moet snel schakelen. Want hoewel ik opgelucht ben dat ik hem zie, wil dat niet zeggen dat er ook daadwerkelijk niets gebeurd is. 'Ben je alleen in de woning?'

'Nee,' zegt hij. 'Er is hier ook een meisje.'

'Godverdomme! Ik wil binnen kijken! Waar is ze?'

Hij stapt aan de kant om me binnen te laten en ik ren de kamer in. Op de bank in de woonkamer zit het vermiste meisje. Ze heeft al haar kleren aan en is ogenschijnlijk rustig.

Ik pak haar bij de schouders en sluis haar door naar Patty, die op de gang een gesprekje met haar gaat voeren. Als de deur bijna dicht is, gooi ik al mijn politionele sociale skills overboord. 'What the fuck is dit, man?' roep ik naar de dealer.

'Niks! Ik wilde ze helpen! Maar toen ik haar vriendin op kwam halen, was zij er niet meer. Ik heb overal gezocht!'

'Wat is er gebeurd? Heb je iets met haar gedaan?'

'Niks! Echt niet...'

Ik wijs naar het messenblok in de keuken. 'Ik steek al die messen in je rug als het anders blijkt te zijn, hè!' Het is eruit voor ik er erg in heb.

'Ik geloof je en ik snap het! Maar echt waar: ik heb niets gedaan. Echt niet. Ik heb zelfs mijn buurvrouw nog gevraagd om een iPhone-oplader. Check het maar!'

'Maar waarom neem je je telefoon dan niet op, klootzak! We maakten ons vreselijke zorgen.'

Hij pakt zijn telefoon uit zijn broekzak. Het is een klein, anoniem en goedkoop telefoontje zoals dealers vaak gebruiken. Een *burner phone*, zoals die ook wel genoemd wordt. Hij kijkt op zijn scherm. 'Ik ben niet gebeld,' zegt hij dan.

'Onzin, ik heb je minstens vijf keer gebeld!' Ik pak mijn diensttelefoon en laat hem het nummer zien. 'Dit is jouw nummer toch, of niet dan?'

'Ja...'

Ik bel hem weer, en direct begint het telefoontje te zoemen.

De dealer haalt zijn schouders op. 'Ik heb hem niet gehoord, ik denk omdat ik op de scooter zat. Trouwens, je belt ook anoniem.'

'Ja, wat denk je?! Ik werk niet bij de Efteling-politie, hè...' Mijn hartslag is torenhoog. Ik ben me kapotgeschrokken, maar als ik me bij Patty op de gang voeg, blijkt er inderdaad niets gebeurd te zijn. Iedereen is veilig, gelukkig. Toch leggen we de meisjes achteraf op het bureau nog uitgebreid uit dat het niet het allerveiligste idee is om met een onbekende man mee naar huis te gaan. Maar gelukkig zien ze dat zelf inmiddels ook wel in.

Mijn Fitbit trilt. Omdat mijn hartslag door alle bezorgdheid, boosheid en verwarring zo ontzettend omhoogging, dacht mijn Fitbit dat ik gesport had. Nog een meevaller deze avond.

36

'Ik ken jou'

Werkplek: Amsterdam-Centrum
Functie: hoofdagent

In het PLOT, de centrale ruimte waar alle belletjes worden gepleegd en camerabeelden live worden getoond, gaat de prostitelefoon over.

'Er doet een jongen vervelend voor mijn deur,' meldt een prostituee via de prostitelefoon. Ik vertel dat we eraan komen en spring met mijn collega Daryl meteen in de bus.

Als we aankomen op de Wallen, wijzen twee prostituees de jongen direct aan. 'Dat is hem!' zeggen ze. Daryl houdt hem staande, terwijl ik de vrouwen vraag me te vertellen wat er precies gebeurd is.

'Hij zat recht voor mijn raam,' zegt een van de twee. 'Of eigenlijk in mijn deuropening. Op een zelf meegebracht kussentje en met een boek.'

Dat klinkt als een gezellige picknick, maar niet op deze plek.

'We vroegen hem weg te gaan, maar dat wilde hij niet. Zo lopen we niet alleen klanten mis, maar het voelt ook als overlast. Intimidatie.'

Ik knik en kijk naar de jongen die met Daryl staat te praten. Hij heeft een rood kussentje en een boek onder zijn arm geklemd. Zijn hoofd komt me bekend voor. Maar dat komt vaak voor in ons werk. Elke wijk heeft zijn vaste gezichten, stamgasten als het ware, en soms blijft een gezicht van jaren geleden je nog bij.

Toch voelt het nu anders. Ik word onrustig en voel de neiging weg te gaan.

Dan kijkt de jongen me recht aan. 'Ik ken jou,' zegt hij luid.

'Ja,' zeg ik terwijl ik naar hem toe loop. 'Ik jou ook.' Ik heb een naar onderbuikgevoel, maar weet nog steeds niet waar ik hem nou van ken.

Als we de jongen om een identiteitsbewijs vragen, geeft hij een slap excuus waarom hij dat niet heeft. Daarom vragen we hem om zijn gegevens, die we direct controleren in onze politiesystemen.

En dan valt het kwartje.

Ik slik. Mijn hartslag gaat omhoog. Ik wist dat dit moment ooit ging komen, maar toch was ik er niet op voorbereid. Totaal niet.

Want dit is een van de jongens die Jan en mij tweeënhalf jaar geleden mishandeld hebben. Terwijl we een van zijn vrienden aanhielden, vloog hij ons met grof geweld aan. Hij sloeg zo hard op ons in dat we allebei een hersenschudding opliepen, waarvan ik tot de dag van vandaag nog klachten heb. Mijn bonkende hoofdpijn is een wekelijkse herinnering aan die vreselijke shitavond.

In een paar seconden kook ik van woede. Ik wil hem een duw geven, zodat hij achterover in de gracht van de Oudezijds Achterburgwal pleurt. Maar ik doe het niet. Uiteraard niet.

Wel vraag ik me af of het wel een goed idee is dat uitgerekend ik met hem praat. Hij vertoonde al afwijkend gedrag tegenover de prostituees, maar voordat ik zijn kant op liep, hoorde ik hem ook al heftige discussies met Daryl voeren. En hoewel het pijnlijk is om toe te geven: ik ben een beetje bang. Voor mezelf. Op dit moment vertrouw ik mezelf even niet. En dat voelt kut.

Ik voel me emotioneel niet stabiel. En dat is nog een understatement. Het liefst wil ik gewoon weglopen, maar in ons werk is weggaan nooit een optie.

De woede laait in me op. Het verdriet brandt in mijn keel en ik hoop maar dat er geen tranen komen. Ik bal mijn vuisten om de frustrerende onmacht de baas te blijven.

Ik wil hem op zijn bek slaan. Hard. Hem laten voelen wat ik voelde. Ik wil dat hij ook tweeënhalf jaar lang restklachten heeft van een hersenschudding.

'Daryl,' zeg ik zacht. Ik pak hem vast bij zijn elleboog en neem hem even apart. 'Dit is een van de jongens die Jan en mij tweeënhalf jaar geleden in elkaar hebben geslagen.' Mijn stem trilt.

Daryl kijkt me vol begrip aan en geeft een bemoedigend knikje met zijn hoofd. Stap maar aan de kant, zeggen zijn ogen. Ik ga het voor je regelen. Hij loopt naar voren zodat hij een beetje tussen mij en de jongen in staat en neemt het gesprek helemaal op zich.

Wát een opluchting. Meteen kalmeert mijn onderbuik en kan ik even rustig ademhalen. Maar doordat de angst voor mijn eigen handelen wegvloeit, winnen de boosheid en frustratie terrein. En ook al probeer ik het wel, ik weet al dat ik mijn mond niet kan houden. Ik kan me niet inhouden. Het móét eruit.

'Jij en je vriendjes hebben mij een hersenschudding geslagen,' zeg ik dan hard. 'Tot de dag van vandaag heb ik daar last van.'

'Ik heb geïnformeerd hoe het met je ging, hoor,' antwoordt de jongen.

Rot toch op, denk ik. Moet ik dit nou lief van je vinden?

'Trouwens,' gaat de jongen verder. 'Ik heb niets gedaan.'

'Je hebt je vrienden anders ook niet tegengehouden,' snauw ik hem toe.

De jongen haalt zijn schouders op en steekt een slap lulverhaal af waar ik alleen maar bozer van word. En verdrietig. Ik weet donders goed dat hij wel wat gedaan heeft, maar dat terzijde.

Na een waarschuwing vanwege het overlast gevende gedrag bij de prostituees stuurt Daryl de jongen weg. Terwijl ik hem nakijk, hoop ik dat hij met zijn kop tegen een lantaarnpaal aan loopt. Maar helaas, dat gebeurt niet. Hopelijk heeft zijn karma iets beters voor hem in petto.

Zodra de deur van de bus dichtgaat, kan ik echt opgelucht ademhalen. 'Ik moet even bijkomen,' zeg ik tegen Daryl, die gelukkig vol begrip is. Hoewel ik hem nog maar net ken, is hij ontzettend lief voor me. Hij luistert naar mijn klaagzang van woede en frustratie, terwijl de tranen achter mijn ogen branden.

Maar ik wil niet huilen. Dat is die klootzaak niet waard. Geen enkele traan meer.

Ik pak mijn telefoon. Ik weet dat ik Jan altijd mag bellen en dat hij deze dingen ook graag wil weten. Als geen ander weet hij hoeveel het me raakt.

'Hé!' roept Jan vrolijk door de telefoon.

'Hé,' zeg ik ook. Zo vrolijk mogelijk, maar Jan heeft me direct door.

'Wat is er, Liek?' vraagt hij, en dan komt het hele verhaal eruit. Het doet me goed om met hem te praten. Ook al zijn het maar een paar minuten, ik voel me direct beter.

'Zorg je goed voor jezelf?' vraagt Jan als ik wat bedaard ben.

'Ja.'

'Beloofd?'

Ik moet lachen. De lieverd. 'Beloofd.'

'Gaat het je wel lukken om te werken?'

'Yes. Het moet even zakken, maar dan gaat het wel weer.'

'Echt?' Zijn bezorgdheid doet me goed, maar is ook terecht. Want hij weet dat ik niet helemaal stabiel ben als het gaat over deze mishandeling.

'Echt,' druk ik hem op het hart.

Een paar minuten later komen we de klootzak weer tegen. Hij loopt langs de politiebus en tuurt door het open raam naar binnen. 'Waar is het Centraal Station?' vraagt hij aan Daryl.

Dit gaat me te ver. Maar gelukkig geldt dat ook voor Daryl. 'Zoek het lekker zelf uit,' antwoordt hij kortaf. Normaal gesproken zouden we hem als politieagenten de weg proberen te wijzen als we daar tijd voor hebben. Maar vandaag even niet.

'Wil je naar binnen?' vraagt Daryl als we bij het bureau aankomen. 'Even bijkomen?'

Ik schud mijn hoofd. Gek genoeg wil ik dat niet.

'Koffie halen dan?'

Ik knik. Dat is een goed plan. Bij een kop koffie vertel ik Daryl hoe heftig het incident was. En hoe ik me nu voel. Rustig. Toch kijk ik voor de zekerheid op mijn Fitbit om mijn hartslag te checken, maar ook die is gekalmeerd.

Tijdens een van de sessies met mijn psycholoog hebben we het over accepteren gehad. Accepteren dat iets gewoon is wat het is. Ik had daar veel moeite mee; vooral de gevolgen accepteren leek me een onmogelijke opgave. Ik wist dat ik een van die klootzakken weer tegen ging komen en keek op tegen dat moment. Ik was bang voor hoe ik me zou voelen, voor hoe ik zou reageren.

Maar nu, nu ik terugkijk op deze dienst, ging die eigenlijk best goed. Ik had het niet anders kunnen aanpakken. Ik heb Daryl direct verteld wat er gaande was, waarop Daryl me in bescherming nam op een voor mij veilige en fijne manier. Ik wilde Jan bellen en heb dat ook gedaan. Ik heb alles gedaan wat ik kon. Mijn gedachten waren misschien lelijk, maar ik heb er niet naar gehandeld. Ik heb me netjes ingehouden. Afgezien van mijn scherpe tong, maar goed, dat is nu eenmaal wie ik ben.

De dag erna word ik wakker met hoofdpijn. Een hoofdpijn die me direct herinnert aan mijn hersenschudding. Toch ben ik blij dat de eerste confrontatie met een van die klootzakken er nu op zit. Dat is een klein stapje in het hele proces. Want het blijkt maar weer: het moet helen. En dat duurt verrekte lang.

Nooit in mijn veertien jaar als politieagent heb ik zoveel moeite gehad met een incident loslaten. Zelfs als ik gewond raakte, kon ik me er vrij snel overheen zetten. Zo heb ik door een man een gescheurde kruisband en gescheurde meniscus opgelopen. Dat deed me veel verdriet en leverde veel frustratie op, maar deze mishandeling was anders. Die ging dwars door mijn uniform heen en was gericht op Jan en mij. Op de mens in het uniform. En dat gaat veel dieper dan een verrotte knie waar ik de rest van mijn leven oefeningen voor moet doen om hem sterk te houden.

Maar ook al was de mishandeling op mij als persoon gericht, als persoon in uniform heb ik nu goed en redelijk gehandeld. En voor het eerst sinds een lange, lange tijd kan ik met een heel klein beetje tevredenheid erop terugkijken.

37

Dieren

Werkplek: overal in Amsterdam

Ik ben geen softie – behalve als het om meldingen of incidenten met dieren gaat. Politiewerk gaat vaak om mensen, maar in sommige gevallen zijn er ook dieren bij betrokken. En daar word ik behoorlijk verdrietig van.

Op een van de drukke straten in Amsterdam-West is een hond aangereden. Het wanhopige baasje heeft de dierenambulance gebeld, maar wij krijgen de melding ook.

'Ik heb de dierenambulance al gebeld,' zei hij, 'maar ze zijn er nog niet!'

Ik kijk naar de levenloze hond die ik in mijn armen krijg en alles wat ik denk is: nee. Het enige wat ik wil, is keihard wegrennen. Me omdraaien, huilen, wegrennen.

Maar wegrennen is geen optie. Huilen eigenlijk ook niet. En dus kan ik alleen maar handelen.

'Ik heb dieren-EHBO gehad,' hoor ik mezelf zeggen. Ik weet niet zo goed waarom, want ik weet er bijna niets meer van. Waarschijnlijk om mezelf te overtuigen van mijn kunnen, alsof ik mijn eigen persoonlijke cheerleader ben.

Ik check de hartslag in de oksel van de hond. Geen hartslag. Fuck. Dat gaat meteen al mis. Ik voel nog een keer en nog een keer. Hoewel ik niet in God geloof, zeg ik hem dat hij me nu best zou mogen helpen.

Maar het enige wat ik voel, is mijn eigen torenhoge hartslag in mijn keel. De tranen branden achter mijn ogen. Ik grijp dieper in zijn zachte vacht. Zijn nog warme vacht.

Geen hartslag. Dat wordt dus reanimeren. Fuck.

Om een hond te reanimeren moet je hem – anders dan bij mensen – op zijn zij leggen. Dat wist ik nog.

Terwijl de wereld om ons heen in rap tempo doorgaat, staat de vierkante meter waarop ik met de hond in mijn armen zit stil. Rechterzij. Het ezelsbruggetje waarom dat zo is ben ik vergeten, maar dit kan ik me weer herinneren.

Met mijn oor hang ik voor zijn snuit. Ik hoor van alles: een toeterende scooter, schreeuwende mensen, een straatartiest die vrolijk op zijn gitaar pingelt alsof er niets aan de hand is. Maar niets wat op ademen lijkt. De borstkas van de hond houd ik vast, om daar net zoals bij mensen de ademhaling te controleren. Maar ook daar voel ik geen beweging.

Shit.

Ik hoop uit alle macht dat er toevallig een dierenarts langsloopt die zegt: 'Ik kom je helpen!' Maar het blijft stil, afgezien van het snikken van het baasje, dat naast me op een parkeerplaats zit. Mijn collega heeft, heel lief, een beetje privacy gecreëerd door de auto tactisch neer te zetten.

Hoeveel borstcompressies moet ik ook alweer doen? En wanneer moet ik beademen? Ik kan het me niet herinneren, dus uit pure paniek doe ik maar wat. Ik blaas lucht in de longen via zijn neus en zie de borstkas zachtjes omhooggaan. Even laait er hoop in me op, maar de hond blijft slap. Een slappe, zwart-witte, warme en superzachte vaatdoek met mijn zuurstof in zijn longen.

Met elke seconde word ik misselijker en onzekerder. Op dit moment haat ik het uniform. Ik voel me vreselijk voor schut staan, want iedereen die nu denkt dat ik een hond aan het redden ben, heeft het mis. Ik doe maar wat en bak er helemaal niks van.

Ik krijg een brok in mijn keel van machteloosheid en frustratie. Maar opgeven is geen optie.

Gelukkig komt de dierenambulance snel. En hun oordeel komt ook heel snel: de hond valt niet meer te redden. Hij was op slag dood, door de impact van de aanrijding.

Ik kan wel janken van opluchting. Want zijn dood heeft in elk geval niet aan mij gelegen. Soms kan een kort gesprekje met een professional een wereld van verschil maken in hoe je iets verwerkt. Als je je bijvoorbeeld onzeker voelt over je handelen, is de bevestiging van een arts of verpleegkundige dat je het goed gedaan hebt heel waardevol. Ik ben de vrouw van de dierenambulance dan ook enorm dankbaar. Want als ik hem wel had kunnen redden en me dat niet was gelukt, had ik me een vreselijke mislukkeling gevoeld. Het verdriet van het baasje doet me namelijk pijn.

Ik voel de tranen over mijn wangen lopen, veeg ze snel weg en drink wat water. Door met de dienst, denk ik.

Tot ik thuiskom. Daar huil ik tranen met tuiten om een hond die ik met geen mogelijkheid had kunnen redden, waarbij ik me toch blijf afvragen of het misschien mijn schuld is dat hij niet meer leeft.

Op een andere dag krijg ik van mijn collega Eva een melding van een verwaarloosde poes met kittens. Het gaat om een winkel: de eigenaar heeft de katten alleen om de muizen weg te houden. Dat die katten ook verzorgd moesten worden toen de gemeente zijn winkel had gesloten wegens een overtreding van vergunningsvoorwaarden, was hij voor het gemak even vergeten. Hij was tijdens de sluiting lekker op vakantie gegaan.

Ik beweeg hemel en aarde om die katten daar weg te halen. 'Je moet het niet in je hoofd halen om te proberen de katten terug te krijgen,' zeg ik terwijl mijn stem trilt van woede.

Hij heeft pech dat hij juist mij treft. Toeval is het niet – Eva vond dat ook zijn verdiende loon. Ik app Eva een foto van de poes en kittens die ik in veiligheid heb gebracht.

Weken later appt Eva mij een foto van de moederpoes. Die woont nu bij haar collega van de meldkamer. Ik word er zo blij van. Ik houd van mijn vriendinnen.

Elke keer als ik langs die winkel loop, kijk ik even naar binnen. Om mijn belofte – of misschien lichte bedreiging met een nepglimlach – kracht bij te zetten. De man knikt altijd naar me. En meer communicatie hebben we niet nodig.

'Kat in het water!' roept mijn lieve collega en een van mijn beste vriendinnetjes Daniëlle over de portofoon. Meteen rijden Christina, met wie ik dienst heb, en ik naar de desbetreffende gracht. 'Hij belandde voor mijn neus in het water. In gevecht met een andere kat,' zegt ze als ze me ziet.

De kat spartelt in het water. Gespannen kijken we toe hoe een collega met een touw de kat uit de gracht probeert te vissen. Na vele mislukte pogingen lukt het hem eindelijk en trots takelt hij hem uit het water. De held van de week!

Ik kan onze katten reddende collega wel zoenen, maar houd me in. In plaats daarvan pak ik de zeiknatte, onderkoelde en hartverscheurend krijsende kat op en laat hem niet meer los.

En dan komen de tranen, tranen van blijdschap en ontlading. Daniëlle slaat even een arm om me heen. Die kent mijn hart, dat zo zacht is als een marshmallow, al lang genoeg om te weten waarom dit me zo raakt. En Christina moet lachen, ook zij kent me inmiddels niet anders als het om dieren gaat.

Als je trouwens cynisch bent ingesteld en je afvraagt waarom er zoveel politieagenten tijd hebben voor het redden van een kat: dit is tijdens de avondklok. Coronatijd, en dus doodstil op straat.

Maar ook buiten diensttijd haal ik gekke capriolen uit voor dieren. Zo lag ik zelfs een keer op mijn buik in de eendenstront om een bij te redden. Mijn vriendinnetje en ik zaten op een vlonder in het zonnetje te kletsen toen de bij naast ons in het water terechtkwam en dreigde te verdrinken. Mandy keek vol ongeloof toe en heeft het er tot op de dag van vandaag over. Het is een symbool van onze vriendschap geworden: we hebben zelfs het plan allebei een matchende bijentattoo te laten zetten.

Amsterdam mag dan een wereldstad zijn, maar de melding van een ontsnapte pelikaan had ik er toch niet zo snel verwacht. Pellie – ik geef hem maar meteen een naam – haalt met zijn ontsnapping uit Artis zelfs het nieuws. Vele Amsterdammers zagen zijn avonturen in de Amsterdamse grachten.

We krijgen eerst een spoeduitleg over het vangen van een pelikaan voordat we ons vol goede moed naar de Muidergracht begeven. Daar is hij voor het laatst gespot. Ik probeer hem te vangen.

Maar Pellie is sneller. Ik blijf op straat achter met een paar dwarrelende veren van Pellie terwijl ik hem naar het spoor zie vliegen. Shit.

Snel rijden we in de auto naar het station. De treinen rijden onder een last: de machinist weet dat er iets gaande is op of langs het spoor en rijdt daarom een stuk langzamer dan normaal.

'En Pellie? Hoe is het met Pellie?' vraag ik.

'Onduidelijk. Of hij is onder een sneltrein terechtgekomen, of hij is precies tussen twee sporen geland. We kunnen het niet met zekerheid zeggen...'

Samen met zijn verzorgers hollen we naar het bewuste spoor, waar we Pellie op de rails zien staan. En gelukkig is de snoekduik van zijn verzorgers beter dan die van mij: een beetje stoffig, nog een paar veren minder, maar hartstikke levend belandt Pellie weer in hun armen en ze brengen hem weer terug naar Artis.

Eigenlijk ben ik daar stiekem niet zo blij mee. Dierentuinen vind ik zielig, en volgens mij had Pellie het prima naar zijn zin in de grachten…

Jan komt terug van vakantie. 'Ik heb wat voor je meegenomen,' zegt hij hardop lachend terwijl hij me een piepklein beeldje geeft. In, jawel, de vorm van een pelikaan. En als zelfs mijn maatje Patrick in Limburg een filmpje van mijn snoekduik langs ziet komen, barst ook hij in lachen uit. 'Iedereen vangt boeven,' zegt Patrick, 'en wat doe jij?'

Ik vang pelikanen. Of tenminste, ik probeer het.

Weet je wat pulletjes zijn? Ik wist het ook niet, tot ik bij de waterpolitie met schipper Jan een melding krijg: 'Er zijn pulletjes in een put terechtgekomen. Vlak naast het water, en alleen te bereiken vanaf het water.'

Pas als we er zijn, horen we dat het om babyeendjes gaat. Ze zijn in een soort put in stilstaand, vies, stinkend water terechtgekomen waar de moedereend er niet meer bij kan.

Jan houdt de boot zo stil mogelijk, terwijl ik over de rand van de speedboot ga liggen. Een voor een graai ik de eendjes op de tast uit hun benarde positie. De moedereend kwaakt boos in mijn oor en maakt mijn zenuwen er niet minder op.

Mijn vingers graaien in het vieze, stinkende water. In gedachten zie ik al voor me hoe een halve Amsterdamse rattenpopulatie aan mijn vingers gaat knagen, of dat mijn hand stuit op andere, inmiddels al dode babyeendjes die ik vol goede moed eruit probeer te scheppen… Maar ik heb geluk: ik kom ervanaf met niet meer dan stinkende handen. En een blij kwakende moedereend.

Mijn laatste – hartverscheurende – dierenverhaal is er weer een met een hond.

'Vermoedelijk is er tijdens het uitlaten een hond ontsnapt,' horen we van de meldkamer. 'Want hij ligt op het spoor achter het Amstelstation.'

'Is de hond dood of levend?' vraag ik, maar de meldkamer kan daarop geen antwoord geven.

'Willen jullie daarheen gaan?'

Bart, mijn maatje voor vanavond, en ik stemmen toe. Maar niet voor we collega's hebben verzameld die gespecialiseerd zijn in het werken op en om het spoor. Dit is noodzakelijk, want er zijn nogal wat risico's. Hoogspanning is er maar één van.

In de auto naar het station gaat mijn hartslag al omhoog. 'Bart,' zeg ik, 'ik vertel het je maar alvast. Als de hond inmiddels dood is, dan word ik gek. Dan heb je niks aan me. Ik ga alleen maar heel hard janken.'

Meteen moet ik terugdenken aan mijn hondenreanimatie. Ik vertel hem in het kort wat er toen is gebeurd. Het is beter dit maar gewoon direct te zeggen. Dan weet hij meteen wat hij aan me heeft.

Niks dus als de hond niet meer leeft.

Bart reageert heel lief en vol begrip. 'Hopelijk loopt het allemaal goed af.'

Maar dat doet het niet. We vinden een hond, een prachtige grote witte hond. Een aangereden, dode hond.

De lieve schatten van de dierenambulance helpen ons. Ik ben ze daar enorm dankbaar voor, want ik voel me zo ontzettend klote. Ik weet dat ik in tranen uitbarst als ik die hond van het spoor moet tillen.

Aan de andere kant wil ik me niet laten kennen en praat ik mezelf moed in. Want een lijk van een mens verslepen kan ik wel gewoon zonder tranen en vind ik geen probleem.

Maar gelukkig zegt Bart: 'Ik help de dierenambulance wel met tillen, Liek.'

Op een afstandje blijf ik bibberen. Verwoed probeer ik mijn tranen weg te slikken. Het is nog een geluk dat ik het hondenlijf niet van dichtbij heb gezien.

Wat ik hiervan geleerd heb: ik moet het aangeven als ik ergens mee zit. Me niet stoerder voordoen dan ik ben. Zodat ik op een afstandje mijn marshmallowhart kan beschermen als dat even kan. Mijn vrienden en collega's pesten me er soms mee, maar dan denk ik: ach, ik heb andere kwaliteiten. Ik weet in heel Amsterdam de lekkerste koekjes, taartjes en koffie te vinden.

En daar zijn mijn collega's me dan weer dankbaar voor.

38

Kan dat blauwe licht uit?

Werkplek: Amsterdam-Centrum
Functie: hoofdagent

Triggerwaarschuwing: dit verhaal bevat content over zelfmoord. Ben je of ken je iemand die hulp nodig heeft bij het vinden van ondersteuning en crisishulp? Aarzel dan niet en neem contact op met 113 Zelfmoordpreventie. Anoniem en vertrouwelijk. Als je op het punt staat zelfmoord te plegen, mag je ook 112 bellen.

Zondagnachtdienst. Op de fiets met Kevin. We maken een paar rondjes door onze mooie wijk. Dan komt er een melding van een heterdaadinbraak bij een snackbar. Volgens de eigenaar was er op de camerabeelden iemand te zien. En de snackbar is dicht. De ultieme heterdaad.

Daar worden we blij van. Als we de inbreker vangen tenminste.

Gelukkig hebben Kevin en ik twee voordelen: we zijn op de fiets én we bevinden ons op maar een paar straten afstand van de snackbar! Deze is voor ons! De snackbar zit een paar huizen naast het woonadres van mijn vriendin Serena. Ik weet precies waar we moeten zijn.

Staand op de trappers racen we zo hard als we kunnen de grachten over. Een taxi die voor ons rijdt gaat vol in de ankers. Ondanks de koele zomernacht staan de ramen open.

‘Even doorrijden!’ roept Kevin. ‘We zijn op weg naar een spoedmelding.’

‘De dames moeten even uitstappen,’ klinkt het op zijn Amsterdams van achter het stuur.

‘JA, DAAR HEEFT ONZE INBRAAKMELDING GEEN TIJD VOOR!’ antwoord ik.

Verdomme, wat kan ik slecht tegen dit soort dingen.

Kevin duwt de deur die opengaat weer dicht en roept: ‘Eén moment!’ En we frommelen ons langs de taxi.

We zitten weer op snelheid. Met volle vaart rijden we de straat in. De snackbar zit op de hoek. In het steegje staat de inbreker, met naast hem een man. Later blijkt hij de neef van de melder te zijn.

De kassa van de snackbar ligt met kapotgetrokken snoer aan de voeten van de inbreker.

We slaan de inbreker in de boeien, en even voelt het als een cadeautje dat je niet echt verdiend hebt. Een seconde vraag ik me nog af of dit wel echt de inbreker is. Hij beweegt niet hemel en aarde om weg te komen. Hij rent niet weg en hij vecht niet. Dat wijkt af van het gebruikelijke gedrag van de gemiddelde inbreker.

Verbaasd over deze makkelijke aanhouding brengen we hem naar de auto van de collega’s die de melding eigenlijk gekregen hadden. Want zeg nou zelf: een inbreker achter op je bagagedrager naar het politiebureau brengen is misschien iets te ambitieus. Ook al is hij zo tam als deze snuiter.

We lopen langs drie studentes die in die steeg wonen. Dan maakt onze inbreker een nare, smerige, seksueel getinte opmerking naar die meiden. Ik trek hem hardhandig mee. ‘Bek houden, jij,’ snauw ik. Ik heb daar een bloedhekel aan.

Als we de inbreker aan onze collega’s hebben overgedragen, loop ik terug naar de studentes. ‘Mijn excuses voor het gedrag van die man. Hij had die opmerking niet mogen maken.' De meiden zeggen dat het wel goed zit en een van hen geeft ook nog een goede getuigenverklaring.

Kevin en ik maken foto's van het gesloopte raam en de kassa. We willen net wegfietsen als we Serena tegenkomen, die klaar is met werken. Ze voelt voor mij als een jonger zusje en ik voor haar als haar grote zus. We begroeten elkaar met een knuffel en ik vertel blij dat we de inbreker van 'haar' snackbar gevangen hebben. Daarna stappen we snel weer op onze fiets.

'Doe voorzichtig, zus,' roept ze nog achter ons aan.

We rijden naar het cellencomplex om de aanhouding aan de hulpofficier van justitie uit te leggen. Die moet de verdachte voorgeleiden en dus, om de rechtmatigheid te toetsen, moet hij of zij de situatie exact kennen.

We stoppen het proces-verbaal van voorgeleiding en de identiteitsstaat – een document dat wordt opgemaakt aan de hand van het nemen van foto's, vingerafdrukken en na het checken van de identiteit van de verdachte – in ons vest en in de nu complete stilte van de nacht stappen we weer op de fiets. Ik ril van de kou. Ik heb ook trek. Gelukkig weet ik dat er op het bureau een stapel pannenkoeken met een litertje stroop op me wacht.

In de verte kan ik bureau Burgwallen al zien. Warmte en eten. Ik kan niet wachten. Maar dan verbreekt een melding op brute wijze de stilte op straat.

Een jongeman is van vierhoog van een bouwsteiger gesprongen. Of gevallen. De toedracht is onduidelijk, maar in ieder geval ligt hij nu roerloos op straat.

We horen vrijwel direct na het uitgeven van de melding dat hondengeleider Paul ter plaatse is.

Ik vind het altijd fijn als er ergens een hondengeleider komt ondersteunen bij een melding. Ze hebben een opleiding gevolgd om met honden te werken. Daardoor zijn ze inzetbaar voor het handhaven van de openbare orde, maar ook voor zoek- en speuropdrachten. Een hondengeleider en zijn of haar hond vormen een hecht team en zijn tijdens de dienst solo. Solo, maar wel met hond.

Maar nu is Paul als eerste bij een melding. Hij kan vast wel wat hulp gebruiken en in deze casus heeft hij niets aan zijn hond. Die blijft achter in de auto. We sprinten die kant op.

Paul zit over de jongen heen gebogen en is aan het reanimeren.

Er heerst een doodse stilte.

Letterlijk, want als ik de jongen op de grond bekijk, lijkt er geen spoor van leven meer in zijn gezicht te zitten. Wit. Bijna doorzichtig, zo wit. Dat is overigens niet gek, want in zijn achterhoofd zit een vrij groot gat waar van alles uit komt stromen dat erin hoort te zitten. Onder andere donkerrood, dik bloed. Uit ervaring weet ik dat dat vermoedelijk geen goed nieuws is.

Ik vang de man op die ons gebeld heeft en dirigeer hem en zijn vrouw rustig hun huis in. Ik geef aan dat ze maar even thee of zo moeten gaan drinken. Niet kijken. 'Als de rust daar buiten weer een beetje teruggekeerd is, kom ik nog even bij jullie langs,' beloof ik.

Het is beter dat ze alle heftigheid op straat verder niet zien. Dit aanzicht was al schokkend genoeg en ze kunnen ons op het moment niet verder helpen.

Ook ik kan even niets doen. Kevin helpt Paul met de reanimatie. Ik ga met mijn rug naar Paul en Kevin staan zodat ik een veilige werkruimte voor hen creëer. Bovendien kan ik zo alles zien wat er om ons heen gaande is. Zodra er meer collega's arriveren, kunnen we een politielint spannen, maar tot die tijd doe ik het even zo.

Ook in de stilte van de nacht blijkt dat niet voor niets te zijn, merken we algauw.

Er komt een man aanlopen, in pyjama. 'Kan dat blauwe licht uit? Ik probeer te slapen!'

Ik sta met mijn oren te klapperen. Hoor ik dit goed? Zou hij blind zijn? Nee. Dan zou hij het blauwe zwaailicht ook niet zien. Ik voel een hele berg verontwaardiging opborrelen, maar ik antwoord zo netjes mogelijk: 'Nee, sorry, meneer. Gaat u alstublieft terug naar binnen. Dit kan traumatisch zijn om naar te kijken.'

Hij moppert nog een keer luidkeels over het zwaailicht. Hij meent het serieus.

Ik zeg beleefd maar met flink verheven stem: 'Nee, meneer! We zijn iemand aan het reanimeren. Ga naar binnen!'

Door het flitsende blauwe zwaailicht en bij het zwakke licht van de straatverlichting kan ik van de man alleen zijn silhouet en zijn extreem lange, onverzorgde teennagels zien. Hij staat zich hier in zijn pyjama en op blote voeten te beklagen over het feit dat hij niet kan slapen door het zwaailicht. Zonder zich ook maar iets aan te trekken van Paul die aan het reanimeren is. Ik kan er met mijn pet niet bij.

Als-ie vervolgens nóg een keer begint over dat-ie zo niet kan slapen, flip ik. In Platamsterdams snauw ik: 'ER LEGT HIER IEMAND DOOD TE GAAN. LOOP DOOOOOR!'

Paul schreeuwt er luidkeels nog wat achteraan en gaat onverminderd door met reanimeren.

Eindelijk gaat de man terug naar binnen.

Hoofdschuddend blijven Paul, Kevin en ik achter op de stille straat, wachtend op de ambulance en het Mobiel Medisch Team. Op de ambulance zit alleen een verpleegkundige. Maar bij heel heftige incidenten komt ook het MMT. Soms met de auto en soms met de helikopter. In het laatste geval landen ze zo dicht mogelijk in de buurt, om vervolgens het laatste stukje met een politieauto gebracht te worden.

Bij het MMT zit een anesthesioloog, en soms een trauma-arts. Anesthesiologen zijn gespecialiseerd in het stabiliseren van slachtoffers. Zoals mijn vriendinnetje Renske van het MMT zegt: 'We halen alles uit de kast om iemand terug te sleuren naar het leven.' In feite brengen ze een beetje ziekenhuis naar de straat.

De ambulance is er. Ik ken de chauffeur. Ik geef hem een blik van herkenning en een gezien de situatie misschien iets te blij 'Heeeey' met een grote glimlach.

Vlak daarna arriveert ook het MMT.

Vandaag heeft Renske dienst als MMT-arts. Ze is een van de stoerste en slimste vrouwen die ik ken. Renske bevestigt wat we allemaal wel zagen en voelden aankomen: de jongen is dood. Paul heeft zijn uiterste best gedaan, maar heeft hem helaas niet kunnen redden.

Ik tast de broekzakken van de jongen af, op zoek naar een identiteitsbewijs. In zijn kontzak vind ik een portemonnee. Zo'n doorleefde portemonnee van leer. Er zit een identiteitsbewijs in. Met een goed gelijkende foto van de jongen.

Ik pak mijn diensttelefoon uit mijn vest en haal de persoonsgegevens door onze politiesystemen. Ik krijg nul hits. Dat betekent dat hij niet in Nederland ingeschreven staat en ook nog nooit in aanraking is geweest met de politie.

Dat kan kloppen, want het gaat om een Duitse identiteitskaart. Ik ga op zoek naar iets anders wat zou kunnen helpen bij het onderzoek. Een pasje van een hotel bijvoorbeeld. Misschien ligt daar een afscheidsbrief of iets anders wat ons meer duidelijkheid kan geven.

Ik vind niets bruikbaars in zijn portemonnee. Geen aanknopingspunten om te bewijzen dat hij naar Amsterdam is gereisd om een einde aan zijn eigen leven te maken.

Maar hij ligt hier wel. Geboren in 1993 en overleden in 2021. Op een koude zomernacht in Amsterdam.

Onwaarschijnlijk jong.

We leggen een laken over de jongen heen. Om te zorgen dat het laken niet wegwaait, til ik het been van de zojuist doodverklaarde jongen op en stop het laken eronder. Een beetje wat je normaal gesproken 'instoppen' zou noemen. Zo kun je iemands 'eer' toch nog een beetje bewaren. En uiteraard – niet geheel onbelangrijk – het lichaam onttrekken aan het zicht en uit beeld brengen van eventuele sensatiezoekers met camera. Aan het hoofdeinde begint het witte laken meteen donkerrood te kleuren, maar beter iets dan niets, denk ik maar. Nu is het wachten tot de tent over hem heen geplaatst wordt voor het onderzoek van Forensische Opsporing en de recherche.

Dus er is even tijd voor een knuffel met Renske. Twee dagen voor deze knuffel zat ik op een vrije ochtend nog gezellig met haar te ontbijten en nu staan we naast een jongen die vermoedelijk een einde aan zijn leven heeft gemaakt.

Want dat is wel waar het op lijkt: de melders zagen dat de man vol daadkracht de trap van de bouwsteiger op liep. Niet stiekem en in stilte sluipend zonder geluid te maken zoals een inbreker zou doen. En ook niet als een dakloze op zoek naar een slaapplek. Deze jongen liep heel doelgericht naar de top van de steiger. En toen klonk er een doffe klap. Daar lag de jongen.

Van gezellig samen ontbijten met Renske naar een melding waarbij we onze krachten bundelen. Zo werkt het in vriendschappen tussen hulpverleners. En eerlijk: ik vind het fijn dat dat zo is. Misschien ziet onze knuffel er een beetje gek of respectloos uit voor anderen. Maar het helpt ons een beetje normaal te blijven. En af en toe is een portie liefde tijdens een gekke dienst ook gewoon echt precies wat je nodig hebt. Bovendien ben ik nou eenmaal een echte knuffelkont.

Ik ben blij dat wij niet degenen zijn die het slechte nieuws moeten brengen aan de mensen die van deze jongen houden. Dat doen onze Duitse collega's. Ik vraag me af of hij al als vermist is opgegeven. Of er iemand een vermoeden had dat het niet goed met hem ging.

Maar lang denk ik er niet over na. Want de realiteit is dat dit ons werk is.

De chef van dienst regelt met de meldkamer dat 'het hele circus', zoals we dat noemen, opgestart wordt. Dat klinkt gezelliger dan het is. Want we hebben het dan over onder andere Forensische Opsporing, de recherche en een schouwarts.

Niet echt een circusact, wel een applaus waard. Want ik heb echt veel respect voor hun werk.

The show die 'ons politiewerk' heet must go on. Ik had het al koud in mijn korte mouwtjes, maar inmiddels sta ik bijna fysiek te bibberen.

Als we terug zijn op het bureau heb ik het nog steeds koud. Ik loop de trap op, rechtstreeks door naar de koelkast. Ik pak mijn pak pannenkoeken, gooi er drie tegelijk in de magnetron, verzuip ze in de stroop en val aan. Mijn haar slingert door de stroop, maar mijn trek wint en met plakkerig haar eet ik verder. Na een paar minuten voel ik me weer fit.

Ik schuif mijn bord aan de kant en begin vol goede moed met alles wat op papier moet. Kevin werkt aan de (vermoedelijke) zelfmoordzaak en ik aan de inbreker. Als Kevin klaar is, vult hij mijn proces-verbaal van bevindingen nog een klein beetje aan. En ik dat van de zelfmoordzaak. Daarna zetten we een zooitje handtekeningen en fietsen we nog een rondje door de koude, stille nacht. Als ik thuiskom, val ik als een blok in slaap.

De volgende nacht verlenen we nog nazorg bij de melders. Ik ben deze avond niet met Kevin, want zijn reeks nachtdiensten zat er weer op, maar ik ben met Lex. Lex is op latere leeftijd voor een carrièreswitch gegaan. Van de mediawereld naar de politie. En hij vindt het de beste keuze ooit. Ik ben het ermee eens. Hij is opgewekt, gezellig, werkt hard en lult net zo slap als ik. We kletsen elkaar de oren van de kop.

De melders van gisteren kunnen ons al hun vragen stellen. Ik vind het naar dat deze lieve, zachtaardige mensen dit hebben moeten zien en meemaken. We praten over zelfmoord. Een gek onderwerp om het zomaar met onbekenden over te hebben. Maar vanuit onze politie-ervaring kunnen we toch helpen. Juist erover praten helpt voor de verwerking.

In overleg melden we ze ook aan voor slachtofferhulp. Hopelijk kan ook dat helpen met de verwerking.

Een paar uur na het gesprek zitten Lex en ik alweer op de fiets in een achtervolging van een straatrover over de Wallen, en we pakken hem! Niet veel later huilt de stoere straatrover krokodillentranen. Lex en ik trappen er niet in en slaan hem in de handboeien.

Ik houd zo van de afwisseling van ons mooie werk. Het kan nooit normaal en ik zou het echt niet anders willen.

Later krijg ik bericht van de melders dat ze erg blij waren dat we langs waren geweest en dat het ze zeker geholpen heeft. Dat doet me goed.

Om onze eigen geestelijke gezondheid in de gaten te houden en goed te blijven functioneren met alles wat we zien, debriefen we over heftige incidenten als dit. Soms met het Team Collegiale Ondersteuning erbij. Dat is ook een van mijn taakaccenten. We ondersteunen collega's die iets heftigs hebben meegemaakt. Voor collega's, door collega's.

Deze debriefing is zonder TCO, maar we checken wel hoe we ons voelen, hoe het liep en of we tevreden zijn over ons eigen en elkaars handelen. Gelukkig kunnen we alleen maar zeggen dat we allemaal tevreden zijn.

De zwaailichtmopperaar krijgt vermoedelijk een bezoekje van zijn wijkagent, om te kijken of het wel goed met hem gaat. Hij was immers ook getuige van een traumatische situatie en hij reageerde een beetje bijzonder. Misschien heeft ook hij wel zorg nodig.

39

Hij had geen broek aan

Werkplek: Amsterdam-West
Functie: surveillant, in (doorstroom)opleiding tot agent

Het is een saaie ochtenddienst. Mijn collega voor vandaag en ik hebben onze fiets geparkeerd en wandelen rustig over de roerige markt. Op zoek naar werk. 'Ik had net zo goed in mijn nest kunnen blijven liggen,' zeg ik vandaag al zeker voor de vijfde keer.

We steken onze hand op naar alle marktkoopvrouwen en -mannen en met sommige maken we een praatje. Eentje probeert de oren van onze kop te lullen met een reeks lelijke roddels over de andere marktkooplui... En als we ergens allebei geen behoefte aan hebben, is het dat wel. We zijn dan ook blij verrast als er via de portofoon een melding binnenkomt. We zijn geen noodhulpeenheid, maar hebben zogenoemde vrije surveillance. Daarbij fietsen we extra rondjes langs beruchte overlastplekken en ondertussen wachten we af of er een melding komt waarbij we kunnen assisteren. We hebben een iets vrijere rol dan de noodhulp en worden niet helemaal geleefd door de meldkamer.

De meldkamer heeft de melding aan de noodhulpauto gegeven die het dichtst bij de locatie rijdt. Wij besluiten terug te lopen naar onze fiets en ook even een kijkje te nemen, want deze melding is er weer een in de categorie 'het kan ook nooit normaal' en het is er een waar mijn nekharen van overeind gaan staan: een man stond met zijn piemel te 'zwaaien' naar jonge kinderen die op straat spelen.

De kinderen zijn vreselijk geschrokken naar huis gerend. Een moeder heeft ons uiteindelijk gebeld. Tussen het incident zelf en het uitgeven van de melding is logischerwijs wat tijd verstreken. We brainstormen over hoe groot het zoekgebied moet worden. Gelukkig zijn we met de fiets vrij snel en wendbaar.

Er komt geen signalement. De kinderen waren – geheel logisch natuurlijk – te overstuur. Het enige wat ze nog wisten te zeggen was dat de man geen broek aanhad.

'Wat een kutsignalement,' roep ik naar mijn collega.

'Eerder een klotesignalement,' roept hij terug.

Hardop lachend fietsen we wat rondjes door de wijk waar het gebeurd is.

Een paar jongens staan een voetbal hoog te houden.

'Die hebben verstand van ballen. Ik ga even vragen of ze hem toevallig gezien hebben,' kondig ik aan

'Houd nou op. Dit kan echt niet,' roept mijn maatje, ondertussen gierend van het lachen.

'Jongens, mag ik jullie wat vragen?' Ik stop met mijn fiets voor hun neus.

Ze antwoorden niet direct.

'Dat doe je al!' roept er eentje na een paar tellen.

'Goed. We zoeken een man die zojuist kleine kinderen heeft lastiggevallen door zijn piemel te laten zien,' zeg ik. Ik tel in mijn hoofd af… Drie, twee, één… Het kan niet lang duren of die jongens gaan megahard lachen en piemelgrappen maken.

'Aan kleine kinderen? Waar?' De jongens roepen door elkaar. De verontwaardiging spat ervanaf.

'Ja, aan kleine kinderen,' bevestig ik, en ik wijs naar de plek waar het ongeveer was en vertel daarna dat hij mogelijk deze kant op gelopen is.

'We gaan helpen zoeken!'

'Dat is heel lief, jongens, maar dat hoeft niet, hoor. Ik vroeg me af of jullie hem misschien gezien hebben. Dan weet ik of we in de juiste richting zoeken,' leg ik uit.

Een andere jongen, die de bal hoog aan het houden is terwijl-ie met me praat, zegt bijdehand: 'Hoe moeten we nou weten of we hem gezien hebben als we niet weten hoe hij eruitziet?'

'Goed punt,' zeg ik. 'We weten alleen dat-ie geen broek aanhad... Verder niks.'

De jongen laat de bal op de grond vallen. Gezamenlijk barsten de jongens in lachen uit.

'Ieuw, mevrouw, ik kijk niet naar mannen, hoor!' roept een van hen.

'Ik ook niet!' zegt een andere.

'Oké, jongens, dank je wel! Mochten jullie hem toevallig zien, wil je dan de politie bellen?'

Ze knikken en ik stap weer op de fiets.

We fietsen verder en praten hier en daar met wat mensen in de wijk. Dan horen we over de portofoon dat er een nieuwe melder gebeld heeft.

Iemand heeft een man zonder broek aangetroffen en denkt dat het onze verdachte is.

We fietsen er razendsnel naartoe.

Daar staan de jongens van zojuist.

'We hebben hem gevonden, hoor!' Triomfantelijk staan ze om hem heen als een soort menselijke kooi. Ze schelden hem uit voor alles wat los- en vastzit.

Ik begrijp het, maar zeg er uiteraard wat van.

De man zonder broek staat glazig voor zich uit te staren en lijkt niets te horen van alles wat er geroepen wordt. Samen met twee ter plaatse gekomen collega's van de noodhulp houd ik me met hem bezig.

Mijn maatje gaat een gesprek met de jongens aan. Ik vind het mooi om te zien hoe hij met de jongens staat te praten. Als een soort grote broer of neef. Algauw gaat het gesprek over geestelijke gezondheid. Hij legt de jongens uit dat deze man vermoedelijk psychische hulp nodig heeft.

Hoe er zo een beetje verbinding gemaakt wordt tussen de politie en de jeugd vind ik mooi. Dat is niet altijd even makkelijk en het gaat mijn maatje nu goed af. Tegenwoordig zijn er jeugdagenten, als taakaccent bij de politie. Mijn vriendinnetje en collega Daniëlle is jeugdagent en in die hoedanigheid werkt zij ook veel samen met ketenpartners uit haar wijk in Watergraafsmeer. De jeugd is de toekomst en zij gamet bijvoorbeeld met regelmaat online met de jeugd. Het gamen is dan het middel, maar het doel is beter contact. En dat lukt. Jongeren weten haar te vinden als ze problemen of vragen hebben. Ook zeker offline. De ouders van de jongeren weten de jeugdagenten ook te vinden. Zo kan er eerder worden ingegrepen als er signalen zijn dat kinderen op het criminele pad raken. Op deze manier is de stap om hulp te vragen als bijvoorbeeld je naaktfoto is verspreid een stuk laagdrempeliger.

Een supergoede ontwikkeling. De politie en andere ketenpartners fungeren als bruggenbouwer en schakel met de jeugd. Tegenwoordig zit de politie ook veel meer op sociale media. Lang niet alle politieagenten zijn het daarmee eens. Maar ik ben er een groot voorstander van, want sociale media zijn wel de plek waar de kinderen van tegenwoordig veel informatie zoeken. En vinden. Zo bereikt jeugdagent Kim van der Weij met een mix van dansfilmpjes en serieuze informatieve filmpjes heel erg veel jeugd op TikTok. Ook komen onderwerpen als pesten, sexting, huiselijk geweld en suïcidale gedachten aan bod op sociale media. Collega's die zich hier ook online (informatief) over uitspreken, maken naar mijn idee een verschil. De jeugd is tenslotte de toekomst. En we bouwen op die manier een bruggetje.

De man zonder broek blijkt al langere tijd volledig in de war en hij verlaat met regelmaat gewoon echt zonder broek zijn huis. En nu lijkt hij een psychose te hebben. Hij heeft dus vooral hulp nodig. Hij wordt niet strafrechtelijk vervolgd. Maar we zijn wel blij dat hij gevonden is. De wijkagent zal de geschrokken kinderen en hun boze en bezorgde ouders later nog bezoeken.

Helemaal aan het einde van onze dienst, al omgekleed en wel, roept mijn collega me na: 'Vond geen bal aan deze dienst, maar het was wel gezellig!'

Ik stap op mijn fiets en zwaai. 'De ballen!'

Dit soort meldingen maken onze humor er niet beter op.

Maar who cares? We gaan lachend weer naar huis.

40

Bijzonder terugbelverzoek

Werkplek: Amsterdam-Centrum
Functie: hoofdagent

Ik heb een terugbelverzoek in mijn inbox. Er was een telefoontje binnengekomen via 0900-8844 (geen spoed, wel politie). Iemand had specifiek naar mij gevraagd om me ergens advies over te vragen. Meer staat er niet in het verzoek. Ik toets het telefoonnummer uit de e-mail in en wacht af.

Na een paar keer overgaan hoor ik een voor mij vaag bekende stem: 'Hallo?'

'Hoi, u spreekt met Lieke, van politiebureau Burgwallen. U had gevraagd of ik u wilde bellen.'

'O! Ja! Hoi Lieke, met Abdel! Wat fijn dat je zo snel belt,' klinkt het ineens enthousiast.

'Abdel... Van de Wallen? Dealer Abdel?' vraag ik.

'Eh, ja... die Abdel, ja.'

'Oké, brand maar los,' zeg ik terwijl ik heel even moet schakelen met mijn gedachten.

'Ja, ik heb een wat gekke vraag,' begint Abdel. 'Ik wil je graag samen met mijn zus om advies vragen.'

'Dat kan. Ik heb de komende drie dagen nachtdiensten. Ik zal je aanspreken als ik je zie.'

'Nee, ik wil graag echt een serieus gesprek, op het politiebureau, met mijn zus dus.'

Ik ben een klein beetje van mijn stuk gebracht. Dat moet wel iets serieus zijn dan. 'Oké,' zeg ik. 'Het kan aan het begin van mijn nachtdiensten. En anders pas over ruim een week.'

Twee dagen later komt Abdel binnen, met zijn zus. Hij is gekleed in zijn gebruikelijke outfit, waarin hij straks vrijwel zeker doorgaat naar de Wallen om te gaan dealen. Zijn zus is gekleed in een pantalon en matchend colbertje. Ik vraag me af of zij weet wat haar broer op de Wallen uitvreet, maar mijn gevoel zegt van wel.

Ze vertellen me een vrij zorgelijk verhaal, over een familielid van wie ze allebei ontzettend veel houden. Ze maken zich zorgen en weten niet meer wat ze nog kunnen doen.

En daarom vragen ze mij om advies. Ik heb een paar opties die we zouden kunnen proberen en zo maken we een plan. Er zijn maar minimale mogelijkheden om te helpen, maar ze zijn zichtbaar opgelucht met het kleine beetje advies en hulp van mijn kant.

Dan vraagt Abdels zus uit het niets aan hem: 'Hoe ken je haar eigenlijk?'

Er valt een lange stilte. Ik weet niet wat zij wel of niet weet, dus ik houd semiwijselijk mijn mond…

Abdel geeft antwoord: 'Ik ken haar van de Wallen. Je weet toch… wat ik doe en zo… En zij oordeelt niet zo snel.'

Om die laatste zin heb ik even een binnenpretje.

Want ik vind het best bijzonder dat hij ondanks zijn staat van dienst toch een vrij kwetsbaar verhaal van hem en zijn zus met me komt delen.

Een verhaal vol zorgen, schaamte maar vooral ook verdriet.

Ik vraag me af of hij me echt zo ziet. Ik doe namelijk echt mijn best om niet te snel te oordelen. Maar vaak gaat dat ook volledig mis. De kunst is om daarna mijn oordeel bij te stellen.

Want dealer Abdel is de dealer uit het hoofdstuk 'Direct de voicemail', waarin ik dreigde om messen in zijn rug te steken.

Ik zie mezelf alweer schreeuwend als een viswijf in zijn deuropening staan omdat ik bang was dat-ie vreselijke dingen had gedaan, gebaseerd op weinig info en een oud antecedent waarvan ik niet eens precies wist wat het was.

Tot zover mijn niet oordelende gedrag.

Maar hij zag of voelde het anders. En daar gaat het dan maar om, denk ik.

Het is weer even stil. Dan zegt zijn zus tegen mij: 'Ik vond het een fijn gesprek', en vervolgens tegen haar broer: 'Jammer dat je niet eerder met me naar de politie durfde, want dit voelt nu al beter.'

'Tja, met mijn staat van dienst is naar de politie gaan een grotere stap dan met jouw soort leven, hè?'

De snauw is lief bedoeld, want het is overduidelijk dat broer en zus erg op elkaar gesteld zijn. Ik begrijp het echter wel.

Het was voor mij ook een bijzonder terugbelverzoek. Maar met een klein succesje voor de bezorgde broer en zus. Inmiddels hebben ze contact gehad met een ketenpartner, die gaat proberen te helpen bij wat er speelt.

Na dit gesprek tref ik Abdel nog een aantal keer op de Wallen. In de weekenden zie ik hem rondhangen op zijn vaste stekkie. Hij is dan weer druk bezig met het (proberen te) verkopen van gestampte paracetamol of ander wit op cocaïne lijkend poeder. Die wikkels nepdope vormen zijn inkomen in het weekend. Soms maak ik een kort praatje met hem over de vraag waarom hij zo blijft hangen in het wereldje van de drugs en andere 'kleine' criminaliteit op de Wallen.

Hij is geen slechte man. Maar hij doet wel slechte dingen. Nou vind ik dat je slechte dingen kunt opdelen in categorieën, hoor. Want paracetamol verkopen aan een dronken toerist die denkt dat-ie zichzelf van de kaart snuift met jouw gestampte hoofdpijnpoedertje is wat mij betreft toch wel een stuk minder slecht dan vele andere criminele activiteiten.

Overigens, misschien vraag je je af waarom een boel van de dealers – van echte en nepdrugs – in onze wijk, die we bij naam kennen, niet vastzitten. Het antwoord is simpel en ook wel frustrerend: zo werkt ons rechtssysteem.

Gestampte paracetamol verkopen aan toeristen die denken dat ze een snuif coke kopen, is strafbaar in de algemene plaatselijke verordening van Amsterdam. Maar erg hoge straffen hangen er niet aan. De betreffende dealer krijgt ook een gebiedsverbod. En gebiedsverboden bouwen op qua tijd, maar blijven van tijdelijke aard. En dan begint het weer opnieuw. Je zou het ook wel draaideurdealen kunnen noemen.

Dus zo werkt het. Wij kennen hen en zij kennen ons. Het is geen ouwe-jongens-krentenbrood alsof we al jaren dikke maatjes zijn. Maar als je al langer in de binnenstad werkt, dan ken je veel van die jongens wel. Sommige van gezicht, sommige van naam en sommige ken je ietsje beter. Zoals Abdel.

Of de 'oude garde' die keer op keer terugkomt. Laatst hoorde ik Richard, een zeer ervaren collega die al sinds 1980 in onze mooie wijk werkt, met een dealer praten: 'Word je hier nou niet eens te oud voor?'

De dealer in kwestie had een gevat antwoord: 'Jij loopt hier toch ook nog steeds?'

Ja, daar had hij niet van terug. 'Dat is waar! Fijne avond.'

'Jij ook!' antwoordde de dealer overduidelijk gemeend.

41

Samen verdrietig

Werkplek: Amsterdam-West
Functie: surveillant, in (doorstroom)opleiding tot agent

Ik zit naast een snikkend meisje dat zojuist haar snot heeft afgeveegd aan haar lichtgrijze trui. Aan de donkergrijze vlekken te zien heeft ze er al heel wat tranen en snot mee weggeveegd.

Het meisje is een jaar of veertien en omdat ze voor ons bureau met haar fiets gevallen was, lieten we even een ambulance komen om te checken of alles medisch gezien wel in orde was. Ze was ontroostbaar aan het huilen.

Maar ze kon of wilde niet vertellen waar ze pijn had. We deden ons best, maar het werkte niet. Mijn maatje Appie, een van de beste boevenvangers die ik ken en een waanzinnig lieve, betrokken collega, zei dat hij het toch wel zorgelijk vond, hoewel ze geen pijn aanwees. Daar was ik het mee eens.

Ze hoefde gelukkig niet naar het ziekenhuis. Het was de schrik.

Ik zit naast haar terwijl lieve Appie een bekertje water voor haar haalt.

Dan besluit ik voor de rechtstreekse aanpak te gaan: 'Heb je misschien niet echt veel pijn door de val met je fiets, maar ben je verdrietig?'

Haar adem stokt en ze probeert zo stilletjes mogelijk te huilen, maar dat gaat maar een paar seconden goed.

Ik sla voorzichtig een arm om haar heen. 'Het is oké, je mag huilen. Je hoeft het niet binnen te houden.'

Ze hapt naar adem en dan komt het hoge woord eruit: 'Opa is doohooohooooohooood.'

De tranen stromen over haar wangen. Dikke tranen, schokkende schouders en een stokkende adem. Ze kruipt tegen me aan en ik aai haar over haar rug en bovenarm. Haar shirt is klam van het zweet en ze voelt helemaal warm aan.

Ik voel een brok in mijn keel, maar slik hem weg. Mijn eigen lieve opa is ook nog maar kort dood. En hoewel ik blij ben dat-ie geen pijn meer heeft, had ik toch liever gehad dat hij honderdvijftig was geworden. Maar helaas, ook opa's hebben niet het eeuwige leven.

Als politieagent wil je graag iets kunnen betekenen. Iets doen. Dat is vast de reden dat Appie met nog een bekertje water aan komt lopen. Hij geeft het haar.

'En ook een voor jou, Liek,' zegt hij met een knipoog. We zijn omringd door bekertjes 'ik wil graag helpen, maar ik weet niet hoe'-water. Langzaam komen er steeds meer opgepropte gebruikte tissues tussen te liggen. Appie had een hele stapel meegenomen.

Machteloosheid is de grootste frustratie in ons werk. Soms kun je gewoon helemaal niks, ook al wil je nog zo graag.

Het enige wat ik nu kan doen is luisteren. Het meisje veegt haar mouw weer langs haar neus en kijkt dan vol walging en zelfbewust naar die mouw. 'Sorry...' mompelt ze.

'Geeft niets,' zeg ik ter geruststelling. Als ik snot en tranen al niet kan hebben, had ik ander werk moeten kiezen. Als agent zie je nou eenmaal met regelmaat vrijwel alles wat het menselijk lichaam kan produceren. Misschien smerig, maar al die gorigheid levert wel vaak goede verhalen op.

'Kan ik iets voor je doen?'

Het blijft stil.

'Zal ik iemand voor je bellen? Of moet ik je naar huis brengen? We kunnen ook een rondje lopen en samen ijs gaan eten. Of gewoon even heel hard gillen,' opper ik.

'Nee, ik fiets straks gewoon naar huis. Ik heb geen trek in ijs.'

Ik hoor de twijfel in haar stem. Alleen kan ik er niet uit opmaken of ze twijfelt over het ijs of over het naar huis fietsen. 'En heb je wel trek in naar huis fietsen?' Ik vraag het haar maar gewoon.

'Nee, want iedereen is verdrietig.'

'Dus jullie zijn allemaal samen verdrietig,' mompel ik, zoekend naar de juiste woorden.

Het meisje vertelt me dat haar opa haar superheld was.

Ik moet weer denken aan mijn snotterendepiepstemspeech op de uitvaart van mijn eigen opa: 'Dag Oop, dag superheld.'

Ik voel de brok in mijn keel weer. En slik hem weer weg. 'Mijn opa is ook onlangs overleden,' begin ik voorzichtig.

Het meisje kijkt me onderzoekend aan en haalt nog een keer haar mouw langs haar neus. 'Je ziet er niet verdrietig uit.'

Ze moest eens weten hoe ik erbij liep toen mijn opa net dood was.

'Nee. Niet meer,' zeg ik.

En dan volgt er een gesprek over de dood. En over verdriet.

'Ik was blij dat mijn opa geen pijn meer had. Iemand om wie je geeft gun je geen pijn. En mijn opa had veel pijn,' begin ik.

'Ik kan soms niet meer stoppen met huilen. Het lijkt alsof het verdriet nooit meer weggaat.' Ze vraagt het bijna. Alsof ze van mij wil weten of dat verdriet nog verdwijnt.

Ik heb hier niet voor geleerd. Ik weet helaas wel wat dingen over rouw, maar ik durf het toch niet echt aan mijn ervaringen te vertellen. Straks zeg ik iets verkeerds. En wie zegt dat de dingen die ik over rouw heb geleerd oké zijn voor haar? Rouw is voor iedereen uniek.

In gedachten weeg ik mijn woorden af. Niet mijn sterkste punt, blijkt maar weer, want hoe langer ik nadenk, hoe moeilijker het wordt om een goed antwoord te formuleren.

'Is jouw verdriet over je opa nu weg?' Ze stelt nu echt een vraag.

'Nee, niet helemaal. Soms mis ik hem natuurlijk, maar ik geloof erin dat hij met me meekijkt. En ik wil hem graag trots maken. Mijn opa was ook mijn superheld.'

Ik zie mezelf weer zitten aan mijn geliefde keukentafel. Het papiertje waar ik mijn woorden voor opa's speech op krabbelde, was al nat van de tranen voor ik 'Lieve opa' geschreven had. Het werd niets. Behalve dan een papiertje vol traanvlekken. Van die dikke druppels.

Ik hoor mezelf weer bellen met Sylvia. Ik zei haar door mijn tranen heen dat ik het niet kon. Ik kon niet schrijven voor opa.

Laat staan dat ik later kon speechen bij zijn uitvaart. Ik snotterde aan de telefoon, terwijl ik eerder die dag nog snotterend bij haar op de bank zat te verkondigen dat ik hoe dan ook iets voor opa wilde speechen. Maar ze gaf me een peptalk zoals alleen zij dat kan. En ze had gelijk.

Schrijven ís mijn ding. Ik kon dit!

In plaats van een speech schreef ik een brief. De speech schreef ik later.

'Ik heb een brief geschreven aan mijn opa,' vertel ik het meisje.

'Mijn spelling is niet zo goed, dus schrijven kan ik niet,' zegt ze snikkend.

Ik slik. Alweer.

Ik hoor weer de woorden van iemand die dicht bij me stond, na het lezen van mijn brief aan opa: 'Grappig, vroeger maakte je broer spelfouten en tegenwoordig doe jij het.'

En ja, ik weet dat deze woorden niet naar bedoeld waren, maar toch zijn ze jarenlang – tot op de dag van vandaag – blijven hangen. Ik schreef een brief voor mijn dode opa. Een dt-fout meer of minder maakt dan echt niet uit. Dit had ik echt niet nodig op dat toch al vrij kwetsbare moment. En opa was toch al dood en ik weet zeker dat het hem ook niet uit zou maken.

'Lieverd, het maakt niet uit als je spelling niet goed is. Het is belangrijk dat je doet wat je fijn vindt. Doe wat goed voelt of wat je leuk vindt,' zeg ik tegen het meisje. 'Als je je niet druk hoeft te maken om je spelling, zou je dan wel een brief voor je opa willen schrijven?'

Ze knikt met een voorzichtige glimlach.

Ik denk aan de peptalk die Sylvia me gaf over de speech. Over de kracht die ze me gaf. Het zelfvertrouwen. De paar mensen die me uit den treure hebben gemotiveerd, zijn mede de reden dat ik nog schrijf. En om heel eerlijk te zijn waren dat er niet bijzonder veel vroeger. Jaren geleden zag ik een filmpje van Will Smith die een stukje vertelde over je omringen met mensen die je aanmoedigen, die je cheerleaden, in je geloven en je helpen je angsten te overwinnen. *'Seek those who fan your flames.'* Die woorden zijn blijven hangen.

'Mijn opa heeft vroeger een wereldreis gemaakt en daarover kreeg hij ruzie met zijn vader. Maar het was het allermooiste dat hij ooit voor zichzelf heeft gedaan. Dat vertelde hij elke keer dat ik hem zag,' vertelt het meisje.

Hoe gaaf is dat? Het doet me denken aan de wereldreis van mijn eigen vader. Stoer, vind ik het.

De tranen branden achter mijn ogen. Alweer. Of nog steeds.

Met een glimlach om haar lippen vertelt het meisje verder. 'Ik vind schrijven eigenlijk heel leuk.'

'Dat begrijp ik heel goed,' antwoord ik. 'Het is ook mijn grote hobby.' Ik verzwijg dat ik door meningen van anderen al tig keer ben gestopt met schrijven. Daar ben ik niet echt trots op. 'Je kunt ook een brief schrijven die alleen voor je opa bestemd is. Die hoef je aan niemand te laten lezen. Soms is het schrijven van de woorden al een soort troost of opluchting. Zonder dat iemand ze ooit leest.'

Als ze weer een beetje tot zichzelf is gekomen, breng ik haar naar haar fiets. Voordat ze op de fiets stapt, geeft ze me een dikke knuffel.

'Vergeet niet dat je opa hoe dan ook trots op je is. Met of zonder spelfouten,' druk ik haar op het hart. 'Als je daar ook maar een moment aan twijfelt, denk dan aan zijn wereldreis.' Ze knikt, zwaait en fietst weg.

Ik loop snel het bureau in en drink nog een bekertje water. Het is dan wel geen jenever, maar: 'Proost, Oop! Op het leven. En op de dood, want die hoort erbij.'

En dan ga ik een dikke knuffel halen bij Appie.

42

Fouilleerverrassingen

Werkplek: cellencomplex hoofdbureau
Functie: surveillant

Kleine disclaimer: dit hoofdstuk bevat onsmakelijke details. Lees vooral verder, maar zeg niet dat ik je niet gewaarschuwd heb.

Het is een saaie dienst op het cellencomplex als er een 'vrouwtje nieuw' binnenkomt, de benaming voor nieuwe arrestanten die gefouilleerd en ingeboekt moeten worden. Ze loopt moeilijk, alsof ze pijn heeft. Ze wordt verdacht van meerdere winkeldiefstallen bij het grote overdekte winkelgedeelte in de Bijlmer. We krijgen het verzoek om heel zorgvuldig te fouilleren, want enkele gestolen goederen zijn nog niet teruggevonden.

'We zijn altijd zorgvuldig met fouilleren,' mopper ik terug. We hebben het tenslotte over eenieders veiligheid. We hoeven maar iets scherps over het hoofd te zien of we missen een mogelijk wapen dat tegen ons gebruikt kan worden. Of waarmee de verdachte zichzelf kan verwonden. Want ook dat komt helaas veel voor. En ook drugs mogen we niet over het hoofd zien. Wij dragen namelijk de verantwoordelijkheid voor de gezondheid van de arrestanten.

Een tijdlang hadden we een overlast gevende, verslaafde dakloze man in de binnenstad. Hij had een heel nare wond aan zijn been, maar weigerde alle mogelijke zorg. Ik had hem al vaak gezien, dus ik had de wond ook al in verschillende stadia mogen (of moeten) aanschouwen. Hij liep er al zo lang mee rond dat zijn been inmiddels kleuren vertoonde waar de gemiddelde Gay Pride-boot jaloers op zou zijn.

Op momenten was het zo erg dat het bot door de wond zichtbaar was. Af en toe kronkelden er bij het bot van zijn scheenbeen maden rond. Maden, ja. Bepaalde vliegen leggen eitjes op rottend vlees. En daar komen maden op af. En in dit geval ging het om rottend vlees van een levend mens. Meestal droeg de dakloze man wel een verband om zijn wond, maar dat was vaak oud en smerig. En dat maakte de hele situatie er niet beter op.

Het was mensonterend. Onder de Amsterdamse politieagenten en burgers was de man beroemd en berucht. Hij stonk zo ontzettend dat je hem van honderden meters afstand al kon ruiken. Hij weigerde te douchen. Als iemand hem ergens voor aanhield, was de ongeschreven regel dat diegene hem zelf moest fouilleren. En niet alleen vanwege de stank.

Want we hebben het allemaal met onze eigen ogen gezien. En met onze eigen neus geroken. Voor we het wisten, zat hij dus rustig zijn naar binnen gesmokkelde drugs te 'roken' in zijn cel. Want deze verslaafde man bewaarde drugs in de wond op zijn been. En een aansteker en basepijp! En dat alles dus onder het – vaak vieze – verband.

Uiteindelijk heeft de man na heel veel aandringen hulp geaccepteerd en kon hij naar Griekenland terugkeren. Hoe het met zijn wond is, weet ik niet. Ik hoop voor hem, en eventueel de Griekse politie en zorgverleners, dat die ondertussen geheeld is.

Terug naar 'vrouwtje nieuw': we zijn aan haar fouillering begonnen en het ene na het andere vermoedelijk van diefstal afkomstige voorwerp komt tevoorschijn.

We zetten haar tegen de muur. 'Wilt u uw benen wat verder uit elkaar zetten? Dan kunnen we verdergaan met fouilleren,' zeg ik. Maar ze weigert. 'Mevrouw, we gaan u hoe dan ook fouilleren. Als u niet meewerkt, wordt het er niet leuker op.'

'Nee, ik doe dus echt niet mijn benen uit elkaar voor een fouillering,' zegt de vrouw.

'Waarom niet?' vraag ik. 'Het maakt het een stuk makkelijker, hoor. Wij doen dit ook niet voor onze lol, maar het is in het belang van ieders veiligheid dat we weten wat u bij zich hebt.'

'Ja, dat begrijp ik allemaal wel. Maar het gaat niet,' roept ze wanhopig.

'Hebt u ergens pijn of zo? Of is er iets anders waardoor het niet gaat?' vraag ik.

Het blijft even stil. 'Het gaat niet!' snauwt ze ineens. 'Het doet pijn!' En dan wijst ze tussen haar benen.

'Wat doet er pijn?'

Ze spreidt haar benen en trekt een moeilijk gezicht. Een gezicht dat iemand trekt die moet poepen of kramp heeft. Ze kreunt een keer luid en vangt dan met haar handen tussen haar benen onder haar jurk iets op. Tenminste, zo lijkt het. Ik ben even bang dat het een baby is. Zouden we door de vele lagen kleding gemist hebben dat ze zwanger is? Nee, zo makkelijk gaat bevallen niet. Mijn verknipte gedachten gaan alle kanten op, en op het cellencomplex kun je ook echt van alles verwachten, dus zo heel gek is het niet eens. Maar dan laat ze me zien wat ze tussen haar benen had verstopt. En ik schrik me helemaal het leplazarus.

Het is een bevroren kip.

Geen gigantische plofkip, maar toch een kip van bijna een kilo. Hij ziet er qua omvang niet uit als iets wat je zo even in je vagina wegstopt.

What the fuck. Deze kip kun je toch niet zo zonder glijmiddel en het nodige puffen wegmoffelen in een overvol winkelcentrum? Bijna vraag ik de vrouw vol bewondering hoe ze het voor elkaar heeft gekregen, maar ik houd me in.

'Hij is niet meer helemaal bevroren...' zegt ze zachtjes terwijl ze met haar vingertoppen in het vlees knijpt. Haar lange nagels deuken het ontdooide kippenvlees in.

Ik ril. Jaren geleden lag ik bij een gynaecoloog in de beugels voor een inwendig onderzoek. Hij schoof enthousiast de eendenbek zonder hem warm te maken bij me naar binnen. Ik had me nog nooit zo vaginaal beledigd gevoeld. Geschokt reageerde ik met: 'Tyfus, wat koud!' En ik schopte hem bijna voor zijn hoofd. Hij schrok zich kapot. 'Sorry, sorry, sorry. Ik had hem warm moeten maken!' Ik wil me niet voorstellen hoe het moet voelen om een bevroren kip bij jezelf naar binnen te schuiven.

De vrouw strekt haar hand met de kip erin naar me uit. 'Waar moet ik hem laten?' vraagt ze. Ja, goeie.

Mijn collega pakt snel een plastic politietas. 'Doe hier maar in.' Plof. Daar ligt-ie.

De vrouw mag even haar handen wassen en dan brengen we haar naar de cel. We geven haar een bekertje warme thee en gaan verder met de dienst.

De half ontdooide kip ligt in de hoek in de doorschijnende plastic tas. Bij de rest van de gestolen goederen.

Succes met de inbeslagnames, collega's, denk ik.

43

Blubber en blowjob

Werkplek: Amsterdam-Centrum
Functie: hoofdagent

Ik ben net in uniform met de pont het IJ overgegaan om ijskoffie te halen bij Pont Neuf in Noord. Eigenlijk is het nog niet echt weer voor ijskoffie, maar de zon schijnt, dus dat vond ik reden genoeg.

Op de pont terug naar het centrum sta ik slurpend van mijn koffie te genieten van de zon op mijn gezicht. Ik zou eigenlijk alleen een bos in beslag genomen sleutels wegbrengen naar de recherche en daarna binnen mijn administratie gaan doen. Maar het zonnetje schijnt en ik stel mijn administratie graag uit. En een ontplofte mailbox heb ik toch al standaard.

Iemand op de pont heeft commentaar op mijn genietende hoofd: 'En wij maar belasting betalen, hè?'

'Gelukkig betaal ik zelf ook belasting. En ik betaal mijn eigen ijskoffie, meneer,' antwoord ik terwijl ik eigenlijk geen zin heb om me te verantwoorden.

'Misschien moet je boeven gaan vangen in plaats van pauze houden,' gaat hij door.

Ik heb echt totaal geen zin in dit gesodemieter en eigenlijk wil ik hem een snauw geven.

Maar gelukkig neemt iemand anders het voor me op en kan ik rustig verder genieten van mijn ijskoffie.

De pont is weer aan wal, ik wens de moppersmurf een ontzettend fijne dag en stap vrolijk op de fiets.

Onder het Centraal Station door, het mooi betegelde fietstunneltje door.

Dan word ik aangesproken door een bouwvakker. 'Mevrouw, er ligt hier iemand en ik weet niet of hij dood is of dat hij slaapt.'

Onhandig stap ik van mijn fiets, want ik wil geen ijskoffie verspillen.

Met de beker in mijn hand loop ik achter de bouwvakker aan. Voor de zekerheid meld ik over de portofoon aan het bureau dat ik solo even ga kijken naar de dode of slapende man.

'Ja, is goed. Als hij dood is of je collega's nodig hebt, dan horen we het wel.' Ik moet lachen om de reactie van de altijd nuchtere maar vrolijke Johan.

De bouwvakker kijkt niet raar op van deze woorden. Ik ook niet. Ik ga er toch al van uit dat-ie niet dood is, maar dat het gaat om een dakloze die lekker ligt te slapen.

En gelijk heeft-ie. Het leven op straat is al hard genoeg, dus als je dan kunt uitslapen in een rustige bouwput, *why not*?

Ik loop de zanderige bouwput in. De blubber blijft aan mijn schoenen plakken en ik glibber soms een beetje weg. Waar de bouwvakker één stap zet, moet ik er twee zetten. Dus ik moet bijna rennen om hem bij te kunnen houden. Dan zijn we er, bij een klein inhammetje. Daar ligt hij. Ik bekijk zijn gezicht. Hij ziet er bleek uit. Ik zie geen ademhaling, maar hij ligt ook goed ingepakt.

'Goeiemorgen. *Good morning.*' Ik doe het altijd maar meteen in twee talen, want veel van de daklozen hier spreken geen Nederlands.

'*Hello?* Hallloohooo? Wakker worden. *Wake uuuhuuup, wakeywakeeey.*'

De bouwvakker kijkt me vertwijfeld aan. 'Denk je dat hij dood is?'

'Nee, ik denk dat-ie zichzelf in coma heeft gezopen en gewoon diep slaapt,' antwoord ik.

Een chiquer antwoord dan dit kan ik hem niet geven. Dat komt mede door de stinkende alcoholwalm om hem heen en de halveliterblikken goedkoop bier bij de voeten van de slapende man.

Ik geef de niet zo schone slaper een pijnprikkel in zijn schouder en voel me een beetje ongemakkelijk tegenover de bouwvakker als hij totaal geen sjoege geeft. Ik kan toch behoorlijk hard knijpen.

Zo meteen komt-ie vast ineens overeind en schrik ik me het leplazarus. Ik zie het al voor me.

Ik rammel hem door elkaar. Eerst een beetje voorzichtig. Daarna wat harder. Maar hij geeft nog altijd geen sjoege. Verdomme.

'Meneer! Je bent toch niet dood, hè?' zeg ik een beetje sarcastisch. Ik denk oprecht nog steeds niet dat hij dood is.

De bouwvakker lacht. 'Straks lul je tegen een dooie.'

'Dat is niet erg,' antwoord ik. 'Dan hoort-ie het toch niet. En daarbij zou het niet de eerste keer zijn.'

Ik rits de jas van de man een stukje open en geef hem met mijn knokkels een flinke pijnprikkel over zijn borstbeen. Dit moet hij wel voelen, want ik doe er echt mijn best op.

'KUUUUUURVA!' klinkt het luid en duidelijk met een zware, boze, maar toch nog slaperige stem.

'Hij is niet dood,' mompel ik tegen mezelf. Toch prettig.

'Kurva' is Pools en heeft meerdere betekenissen, maar de algemene strekking is dat het niet zo aardig is. Voor mij betekent het nu gewoon dat hij niet dood is.

'Wake up, chef!' Veel collega's en ik gebruiken de algemene aanspreektitel 'chef' vaak in situaties op straat waarin we iemands naam (nog) niet weten of even zijn vergeten.

De aangesprokene kan dus een dealer zijn die rondhangt in het portiek van een buurtbewoner – 'Niet rondhangen hier, chef. Doorlopen.' – maar ook een slapende dakloze in een bouwput.

'KURVA!' klinkt het weer.

'Good morning! You are not allowed to sleep here.'

'Kurva!'

'POLICE! Wake up! Open your eyes! You have to go!' Ik ben er inmiddels een beetje klaar mee.

Dan doet de man eindelijk zijn ogen open en boven zijn hoofd ziet hij mij in uniform langzaam in een ongeduldig viswijf veranderen. *'I go,'* zegt hij dan heel rustig.

'Yes, thank you.'

'Kurva,' moppert hij nog een keer bij zichzelf, terwijl hij ondertussen zijn deken oprolt.

Ik geef via de portofoon aan het bureau door dat de man nog leeft en dat we zo de bouwput uit komen wandelen.

De man neemt ook de lege bierblikken mee. Daar scoort hij dan wel weer punten mee bij me.

'*Have a good day,* chef!' En ik zwaai naar hem terwijl hij de blikken in een prullenbak deponeert.

Met vieze modderschoenen stap ik weer op mijn fiets. Nog steeds heb ik geen zin in mijn berg administratie, dus ik fiets nog even een rondje over de Wallen. Het is prachtig, zo met het zonnetje erbij. De zomer komt eraan en dat maakt me blij.

Dan komt er een melding via het bureau. Een prostituee die net begonnen is aan haar werkdag heeft een conflict met een klant. Ik rijd direct die kant op.

Een motorrijder is al ter plaatse als ik mijn fiets parkeer.

'We kijken mee via de camera's,' hoor ik Johan over de portofoon roepen.

Binnen praat ik met de prostituee. Omdat ik alleen binnen sta en de motorrijder buiten, houd ik het rode gordijn van haar deur open. Zo kunnen we elkaar wel zien. Wel zo veilig.

'Ik was een man aan het pijpen en hij wilde het condoom afdoen,' vertelt ze. 'Hij zei: *"I want a real blowjob."* Maar daar begin ik natuurlijk niet aan. En dat heb ik tegen hem gezegd.'

'Hoe reageerde hij toen?'

'Hij wilde me meer betalen, maar ik bleef weigeren.'

'Uiteraard.'

'Toen werd hij boos en wilde hij zijn geld terug omdat-ie ook nog eens niet was gekomen,' eindigt de vrouw haar relaas.

'Oké, dank je wel.'

Ik loop naar buiten en vertel de man dat het nou eenmaal niet de bedoeling is dat er blowjobs gegeven worden zonder condoom. De motorrijder had ook al een paar keer geprobeerd het hem uit te leggen.

'But I wanted to pay her more,' legt de man uit. De verbazing is in zijn ogen te lezen. Hij lijkt niet te begrijpen wat het probleem is.

'Yeah, but probably not enough to get an STD,' zeg ik.

Blijkbaar is hij niet tevreden met mijn antwoord. Hij draait zich om naar mijn collega en vraagt: *'Did you ever have a blow job with a condom?'*

Uiteindelijk legt de man zich erbij neer dat hij niet gepijpt zal worden zonder condoom én dat hij zijn 50 euro niet terugkrijgt.

Dan doet de prostituee haar deur nog verder open. 'Mijn vloer is vies.'

Dat is gek. Die man had toch een condoom om? En hij was niet klaargekomen door al dat gedoe met dat condoom. Dus het lijkt me stug dat die man de vloer vies heeft gemaakt.

Maar ik bedenk gauw genoeg dat ze het niet over de man heeft. Ze heeft het over mij. En mijn modderschoenen.

Op haar torenhoge hakken staat ze driftig met een babydoekje de vloer te dweilen.

Ik bied aan te helpen, maar ze dirigeert me direct weer naar buiten. Ik heb al genoeg gedaan, vrees ik. Ze bedankt me voor onze komst.

Ik stuur m'n maatje Reinier in Den Helder een berichtje om te vragen hoe zijn dienst is. Hij heeft vandaag ook ochtenddienst. We zijn allebei niet zo goed in dat heel vroege opstaan. Hij appt dat hij het druk had met een agressieve winkeldief, waardoor hij niet toekwam aan zijn werkzaamheden als wijkagent. Hij vraagt hoe het bij mij gaat. Ik app: Ja, rustig wel. Dakloze man bleek toch niet dood en een andere man wilde geen condoom om bij een prostituee. Even een broodje eten nu.

Het kan ook nooit normaal, terwijl dit toch eigenlijk echt best normaal is bij de politie.

Dankwoord

Voor een politieagent met schrijven als hobby was er maar één ding dat moest gebeuren om mijn droom werkelijkheid te laten worden: flink wat angst en onzekerheid overwinnen. Maar gezien het feit dat je dit nu leest, kan ik vol overtuiging zeggen: *If you can't beat the fear, just do it scared.*

Als je tot hier bent gekomen, dan bedank ik sowieso jou, de lezer. Ik bedank iedereen die mijn boek en misschien ook mijn andere schrijfsels al gelezen heeft. Zonder lezers is schrijven misschien veel minder eng, maar ook veel minder leuk. Dank je wel, lieve lezer. Ik hoop dat het inkijkje in ons dagelijkse werk en in mijn hoofd je een breder beeld gegeven heeft van het dagelijkse politiewerk.

Natuurlijk bedank ik mijn collega's. Zonder alle avonturen die ik met jullie heb mogen meemaken, had ik dit boek natuurlijk nooit kunnen schrijven. Sommige collega's heb ik bij naam genoemd en andere – vooral in oudere verhalen – zijn anoniem gebleven. Ik ben jullie allemaal dankbaar voor jullie aandeel in dit boek. Samen lachen, samen huilen. Voor dat laatste ben ik extra dankbaar. Ik ben trots op mijn collega's en medehulpverleners, trots op hoe ze er elke dag weer staan, ook als gisteren een zware dag was. Trots op de samenwerking. Trots op het feit dat we allemaal anders zijn maar toch ook zo hetzelfde. Ik ga (bijna) elke dag blij naar mijn werk en blij weer naar huis en dat is echt mede dankzij jullie.

En verder bedank ik de lieve mensen om mij heen. Jullie weten zelf wie jullie zijn. En daarbij, als ik namen ga noemen, vergeet ik geheid iemand. Met sommigen praatte ik nooit over mijn boek en met anderen elke dag. Maar één ding is zeker: jullie geloven in mij en dat betekent meer voor me dan ik ooit in woorden uit kan drukken. De peptalks, het begrip, de borrels, de wandelingen, de berichtjes, de belletjes, de koffietjes, de kaartjes, de knuffels en soms alleen een trotse blik.

En bij dat laatste zit meteen een stukje gemis. Die trotse blik had ik graag gekregen van een aantal mensen die er niet meer zijn. De dood hoort bij het leven, maar lieve jullie, wat had ik graag jullie trotse blik in levenden lijve gezien. En mijn boek aan jullie kunnen geven. Dan konden jullie lezen dat jullie simpele maar wijze woorden en levenslessen voor altijd in mijn doen en laten doorleven. Het verliezen van mensen van wie ik zielsveel hield leerde me – *the hard way* – levenslessen over genieten en doen wat me blij maakt.

Opa en oma Hester, eigenlijk wilde ik tot halverwege 2021 Liekeschrijft als auteursnaam behouden. Want zo kent men me inmiddels een beetje, maar ik draag jullie naam en dit doe ik met trots!

Noor Houtakkers, mijn redacteur. Dank je wel, geweldige Noor. Je humor, je strenge woorden en ook je peptalks en troost tijdens mijn 'sos, Noor, ik kom er niet meer uit'-momentjes. Ik kan me geen betere redacteur wensen. Kunstenaar, ontwerper, ondernemer en redacteur in één. Duizendpoot. Ik ben er trots op dat ik met jouw sturing en hulp mijn droom onder minimale stress heb mogen waarmaken.

En natuurlijk mijn uitgever HarperCollins Holland. Voor mij is dit mijn grote kleinemeisjesdroom, voor jullie is het dagelijks werk. Bedankt voor jullie vertrouwen, jullie inzet voor mijn grote droom. Jullie zijn te gek! Bedankt dat ik jullie auteur mag zijn naast zoveel grote namen! Ik ben er supertrots op en dankbaar voor.

En uiteraard een dikke shout-out aan Amsterdam en al zijn bewoners en bezoekers. Ik houd van onze stad. Ik maak nog steeds foto's van de Westerkerk en honderden andere mooie plekjes in de stad. Ik sta midden op de Bloemgracht stil als het licht zo mooi op het oude bureau Raampoort valt. Ik geniet van de Wallen op elk moment van de dag. Ik dwaal graag met een koffie to go door de Jordaan en ik wandel duizend keer dezelfde rondjes door het park. Ik zoek nog steeds graag een mooi plekje op om te genieten van een zonsondergang.

Ik scheld op de toeristen die niet kunnen fietsen, maar zelf fiets ik ook door rood als mijn collega's er niet zijn (en het veilig is natuurlijk).

Ik haat hondenpoep op de stoep, maar zet de politieauto stil om de zoveelste hond te knuffelen.

Maar als ik hoor dat mijn hartstikke oude buurvrouw met grof geweld van haar Rolex is beroofd, kan ik bijna janken van woede. Beste crimineel, waar is je Amsterdamse eer gebleven?

Soms maak ik me zorgen om onze stad en de inwoners. Waar gaan we heen, wat blijft er nog over?

'Wees lief voor de stad, en voor elkaar,' zei ooit onze burgervader.

Op elke straathoek in mijn mooie stad ligt wel een herinnering, en ligt die er nog niet, dan ga ik die in de toekomst nog maken.

Een lang verhaal kort: Amsterdam is mijn bloedgroep. Ik heb Amsterdam nodig. Dank je wel, prachtige stad, ik ben elke dag weer verliefd op je.